中国世界遗产全记录丛书

COMPLETE RECORDS OF CHINA'S WORLD HERITAGE SERIES

中国
世界文化遗产与文化景观遗产全记录

Complete Records of China's World Cultural Heritage and Cultural Landscape Heritage

主 编 / 于海广 副主编 / 陈少峰 张 伟

齊魯書社
·济南·

图书在版编目（CIP）数据

中国世界文化遗产与文化景观遗产全记录 / 于海广主编. -- 济南：齐鲁书社, 2022.7（2024.1重印）
ISBN 978-7-5333-4563-1

Ⅰ. ①中… Ⅱ. ①于… Ⅲ. ①文化遗产－概况－中国②自然遗产－概况－中国 Ⅳ. ①K203②K928.7

中国版本图书馆CIP数据核字(2022)第078598号

策划编辑　傅光中
责任编辑　王亚茹　井普椿
责任校对　王其宝　赵自环
装帧设计　刘羽珂

中国世界文化遗产与文化景观遗产全记录
ZHONGGUO SHIJIE WENHUA YICHAN YU WENHUA JINGGUAN YICHAN QUANJILU
于海广　主编

主管单位	山东出版传媒股份有限公司
出版发行	齊魯書社
社　　址	济南市市中区舜耕路517号
邮　　编	250003
网　　址	www.qlss.com.cn
电子邮箱	qilupress@126.com
营销中心	（0531）82098521　82098519　82098517
印　　刷	山东临沂新华印刷物流集团有限责任公司
开　　本	720mm × 1020mm　1/16
印　　张	25.5
插　　页	3
字　　数	370千
版　　次	2022年7月第1版
印　　次	2024年1月第2次印刷
标准书号	ISBN 978-7-5333-4563-1
定　　价	88.00元

前 言

2011年，我们曾在山东画报出版社出版了《中国的世界非物质文化遗产》一书，得到了社会的认可，并受到褒奖。去年末，这本书的责任编辑傅光中先生又与我联系，这时他已调至齐鲁书社高就，希望我能承担齐鲁书社组织的一套系列丛书中的《中国的世界文化遗产、世界文化景观》(后改定《中国世界文化遗产与文化景观遗产全记录》)一书的写作任务。对他的信任我自然很感谢，但这时我已退休多年，且年逾七十，不敢轻易应允，又觉得这是一个很好的选题，就和参加《中国的世界非物质文化遗产》写作的几个老学生商议，他们都爽快答应协助我共同完成。考虑到他们都有重任在身，我又拉上了一位老学生——滨州市博物馆的研究馆员张卡。经过一年多的努力，书稿终于交付。所以我首先要说明，这一写作任务，是由于他们的努力和直接参与才得以完成的。

我国历史悠久，地域辽阔，民族众多，创造并遗留下来的文化遗产、文化景观遗产必然很丰富，成为联合国教科文组织列入世界文化遗产名录最多的国家之一，这是我们文化自信的基础，也是可以进行这类写作的底气所在。既然接受了这一任务，就要力争写好，现把编制写作大纲时的想法及写作过程中的体会简述如下，以代前言。

第一，对每项遗产，首先要对其主要内容、基本面貌有准确地把握，并客观地介绍出来。这包括各项遗产的产生时代、发展过程及现存状况等内容，也就是说要让读者首先知道它是什么，为什么能列入世界顶级的遗产名录。而要达到这一目的，就要把它放到当时的时代背景去进行剖析，如当时的社会环境，人们的信仰、习俗以及当时的生产力水平和生产技术水平，这样读者对它的认识才能更深入、更有亲切感和说服力。

例如要介绍人人都知道的北京故宫，首先点明它是明清时代的“紫禁城”，是皇帝处理朝政和相关人员生活的地方，是全国政治中心中的中心，而它的建筑布局的主要特点就是以中轴线为基础，以左右对称为原则来规划建设的，这样再写它的规格之高、气势之大、建筑之恢宏就顺理成章了。又如介绍澳门历史城区古建筑，强调澳门是中国领土不可分割的一部分，但数百年来它的不同寻常的经历，造就了别具特色的历史遗存，既有浓郁的中国传统风格的庙宇，如妈阁庙、哪吒庙，又有富于中华民族特色的郑家大屋，而更多的则是依西式风格建造的教堂、修道院、医院、衙署等。它们的风格迥异，各有渊源。这是两种文化在澳门的直接碰撞，是特殊时期、特殊条件下文化交流和融合的结果。今天澳门已经回归，但这些中式的、西式的建筑依旧存在。建筑艺术没有国界，审美观念是人类共有的财富。每当我们看到澳门矗立的这些域外风格的建筑群，虽然内心不免生出一些酸楚，但我们还要努力去保护它们，以激励人们用更大的热情把澳门建设得更美好，这又是中华民族固有的大度、包容的美德和自信心的表现。这样去介绍澳门历史城区的遗产就更有意义了。再如山西云冈石窟，是反映佛教圣地石窟寺等艺术的遗产，就大多数读者来说，对这类文化遗产内涵了解不多，或了解不够深入。为抓住读者的兴趣，在写作时，作者把云冈石窟近百年的营造过程和凿雕内容分为三个发展阶段去介绍，把相邻两段的发展变化融入其中，把各阶段继承了什么和有哪些创新进行扼要的归纳说明，读者开始时会感到有些生涩，但细品下去就能体会到佛教文化在雕塑艺术方面的味道，由“看热闹”转入“看门道”。这样也是对佛教文化、佛教造像知识的一种普及。

中国的37个世界遗产项目，都是中华优秀文化遗产中的极品，其面貌各有千秋，内容互不相同，我们尽量从个案的实际出发，从不同的角度去揭示它们各自的独到之处，把它们各自的亮点和最出彩的内容提取出来，让读者体会到它们得到世界文化遗产之冠受之无愧、货真价实，并发自内心地为之自豪、倍感骄傲。

第二，对每项遗产，如何把它的特色、价值及意义之所在，能够科学地概括出来并向读者交代清楚，让人们既知其然又知其所以然，这是写作内容的着力点，也是一大难点。这些遗产项目内容广泛，涉及领域很广，需要较全面的知识积累方能驾驭。联合国教科文组织在颁布遗产入选名录时，会把确认的理由、该项遗产的核心内容和主要价值做简要概括，主要是给申报单位的一种反馈，但这种概括往往过于简单，又太模式化；另外在遗产项目申报时，申报国（地区）也很注重对项目意义、价值的申述，但局外人又难以看到。为此，我们在收集资料时必须下很大的功夫，花费很多的精力，去查阅资料，去理解和梳理，在各篇中也用了较大篇幅进行阐述，其目的就是让读者从更深层次去了解该项遗产好在哪里，它蕴含的意义是什么，特别是在当今社会给人们什么启示。这对加深遗产项目内涵的理解也是一种补充。

例如对平遥古城，它不仅因保存完整给人们留下深刻印象，而且其总体结构也清楚地体现出当时城市规划设计的理念，如城址的形状、城门的位置、街道的布局、院落的结构、店铺以及宗教寺院的分布，也都是按当时的设计来完成的，它把明清时期的一个商贸城市风貌活灵活现地展示出来，成为名副其实的“实体活标本”。又如对闻名世界的长城，它当年的防御功能如今已经不复存在，留给我们的不仅是一项浩大的工程，让我们看到的也不仅是长城的雄伟、壮观，它留给我们的更是中华民族的一笔伟大的精神财富，一股坚韧不拔、持之以恒、不屈不挠的力量，一种维护民族尊严的英雄气概。直到今天，它仍是鼓励人们砥砺前行的精神支柱，用“把我们的血肉筑成我们新的长城”的豪迈气势来建设和保卫我们的家园。再如丝绸之路遗产项目，属于条带状遗产类型，也叫线性文化遗产，而且丝绸之路的长安—天山廊道还是跨国遗产，是远距离文化交流的网络通道，沿途有多处相关联的遗产点，它们之间关系密切，是文化传播、交流的历史见证。今天作为文化遗产地来认识其意义和价值，一方面是在历史发展中造就形成的，另一方面是在申遗过程中几个国家（地区）联合申报、共同协作、合力保护形成的，这是在新的历史条件下文化合作的最好形式。

第三，提高读者对文化遗产的保护意识，正确理解遗产保护和开发利用的关系，是我们写作的又一个主要目的。众所周知，文化遗产是我们的宝贵财富，保护文化遗产是我们义不容辞的义务和责任。在我们中国有保护文化遗产的优良传统，但也存在破坏文化遗产的某些陋习。在对文化遗产的保护历程中，既有成功保护的典型范例，又有因认识不足带来的遗憾。正面的经验是宝贵的，负面的教训更要引以为戒。在介绍遗产的产生、发展过程中，不乏看到进行修缮、加固或重修、重建的记载。虽然我们是从营建历史的角度来介绍，但也清楚看到当时人们对文化载体即文化遗产的保护观念和采取的措施。我们更不会忘记在抗日战争、解放战争时期，为避免战争对文物古迹造成破坏，对文物古迹密集区尽量采取非战争的手段，北平（北京）的和平解放是最典型的例子。

新中国成立后，党和政府重视对文化遗产的保护，把文物保护工作正式列入国家管理体系，从中央到地方建立各级管理机构，先后颁布了一系列法律法规，而且随着环境的改变，法律法规也不断健全和完善，充分体现了我国对文化遗产的保护、管理以政府为主导的优势；对文化遗产“保护为主、抢救第一、合理利用、加强管理”的方针，逐渐得到落实，也更加深入人心。在本书的写作中，我们也刻意把对文化遗产保护的理念贯穿其中。例如早在1951年，丽江当地政府部门便做出了“保留旧城，另辟新城”的城市规划决策，保留旧城内部建筑不变。这一前瞻性决策，对保护丽江古城起到了至关重要的作用。设想这一保护理念，如果当时能在更大范围内推广，我们国家的文化遗产现状将是另一番天地。又如20世纪80年代，在讨论平遥古城保护与现代化城市改造的策略时，阮仪三教授及其团队力主保护古城风貌的方案得以实施，这都是采用以保护为主政策的成功范例。

另外，在各篇的介绍中，我们也刻意突出法律法规在文化遗产保护中的重要作用。例如《中华人民共和国文物保护法》《中华人民共和国城市规划法》《中华人民共和国土地管理法》等，都是对文化遗产进行保护的法律依据和坚强后盾；国家文化、文物主管机构，各省、市、自治区政府所制定的法律法规，也包括各遗产管理单位所颁布的有针对性的管理条例、管理制度都具有法律效力，例如北京市文物局颁布的《周口店遗址保护规划》、西藏自治区政府制定的《西藏自治区布达拉宫保护管理办法》、河北省人民代表大会常务委员会颁布的《承德避暑山庄及周围寺庙保护管理条例》等。这些法律法规、条例办法，使遗产保护走向法制管理的轨道，是加强遗产保护力度的强有力支撑。随着国家经济建设的飞速发展、经济实力的提高，我国财政用于遗产保护的经费投入也大幅度增加；同时专业队伍在扩大，保护理念和技术手段在改进。可以说，我们国家的遗产保护事业现已进入最好的时期。

第四，书中所介绍的近40项文化遗产，其内涵构成非常丰富，内容也非常广泛，为了从一开始就能更好地抓住读者的兴趣，我们在每项遗产的篇名上花了些心思，没有采用习惯上只用遗产名称作为篇名的方法，而是用主、副标题来定篇名。把遗产名称作为副标题，而主标题则根据该项遗产最突出的特征或最突出的意义，尽量用比较生动、有吸引力的词语加以概括，希望能达到“引人入读”的效果。

例如安阳殷墟，我们用“甲骨王陵宫殿群　十二商王居住地”为题，因为甲骨文、商王陵墓、宫殿遗址是1928—1937年对殷墟发掘时轰动世界学术界的三项重大发现；又根据《史记·殷本纪》等文献记载，作为商代晚期都城的殷墟，经历了从盘庚迁殷到周武王灭商建周，共有十二位商王，殷墟所有的重要价值，都可以放到这个标题中去阐释。福建土楼是很具地域特色的建筑形式，它有城堡的防御功能，或者说它本身就是城堡，同时是当时客家人用生土建造的居所，因此将其概括为“独具特色古城堡　生土夯筑客家屋”是很贴切的。平遥古城作为保存完好，而现今仍在延续使用的城址建筑群，我们用“城墙斑驳依旧在　往昔活力焕春风”为题，把它既是历史遗产又能为当代服务的作用体现了出来。大运河是中国先民建造的浩大工程，它巧妙地把人工开凿的渠道和自然江河相连通，贯通了5万里水路，从其始建、增建、使用至今已有2500年，在水上运输、农田灌溉、防洪排涝等方面发挥了巨大作用，用“穿越两千五百年　贯通水路五万里”作篇名，应该说是很恰当的。广东开平碉楼与村落也是很有特色的遗产项目，祖居广东的华侨在外赚钱后，不忘家人，留恋故土，就在家乡投资兴建家园，但土匪趁机抢劫成了一大隐患，于是又建了很有特色的防御性碉楼，而所建的居所也是既巧借了自然环境，又吸收了外域的建筑风格，由此造就了融为一体的碉楼与村落。我们用“侨民恋乡建家园　碉楼矗立山水间”为篇名，把侨民、防御、碉楼、环境、居所几个基本要素融于其中。

俗语说“山高皇帝远”，湖南、湖北、贵州的多民族聚居地区，当时国家管理起来是很困难的，而利用当地的土司进行管理，则可收到较好的效果，土司遗址就是这种现象的历史遗存，也具有重要的意义和价值，为后来的区域自治和边疆地区少数民族管理等工作提供了经验，有着重要的借鉴意义。由此把这一遗产篇名归纳为“区域自治的先行　民族管理之借鉴”。这也是土司遗址除实体遗存外的另一种宝贵遗产。不一而足，我们对每种遗产的篇名确实进行了许多思考，虽说还有不尽如人意之处，但也希望能成为本书的亮点之一。

最后要说明一点，那就是整个的写作过程，也是我们学习的过程，既然要写给别人看，首先自己心里要明白，才能写得踏实，才能有底气，所以从收集资料、整理资料开始，大家都特别用心。比如说张伟，为了获得更丰富的第一手资料，加深对遗产内容的理解，他利用假期把自己承担写作的遗产点全部实地考察了一遍，为较好地完成写作任务起到了重要作用。其他每个参与写作的人，也都有繁重的教学、科研任务，有的还身兼行政职务，但都很负责地完成了各自分配到的内容，如张卡一人完成12篇，克服了种种困难。所以书稿完成后，我们最大的体会，首先就是对这些遗产项目的认识和理解更深入了，感情更深厚了，在我们的头脑中，它们一个个都鲜活了起来，不再局限于过去对它们的敬仰，而是增加了对它们的理解与认识。

还是那句老话，完成了撰稿任务，犹如交出了一份答卷，能否达到预期的效果，是否可以得个好分数，还要让读者们来评判。

收笔于新中国国庆七十二年日，庚子中秋节，还是个双庆好日子。

于海广

目 录 CONTENTS

世界文化景观遗产

PART 01

世界文化遗产

Complete Records of China's World Cultural Heritage
and Cultural Landscape Heritage

巍峨壮观十万里　驰名全球在中华

——长城

长城是中国也是世界上修筑时间最长、工程量最大的一项古代防御工程，分布于中国北部和中部的广大土地上，总计长度达20000多公里。我国新疆、甘肃、青海、宁夏、陕西、内蒙古、山西、河北、北京、天津、辽宁、吉林、黑龙江、河南、山东等省、市、自治区都有古长城、烽火台的遗迹。1961年3月4日，长城被国务院公布为第一批全国重点文物保护单位。1987年12月，长城被列入世界文化遗产名录。

1929年山东的锦阳关长城
（《亚细亚大观》第6辑）

一、历史沿革

长城修筑的历史可上溯到西周时期，当时周宣王为防御北方一些部落的侵袭，修建了长城和烽火台。到了春秋战国时期，诸国为了争霸，互相防守，根据各自的防守需要在边境上修筑起长城，最早建筑的是公元前7世纪的“楚方城”，其后齐、韩、魏、燕、赵、秦、中山等大小诸侯国都相继修筑了“诸侯互防长城”，用以自卫。其中，秦、赵、燕三国和北方强大的游牧部落毗邻，在修筑“诸侯互防长城”的同时，又在北部修筑了“拒胡长城”，以后历代君主几乎都对其进行加固增修。这时长城的特点是东、南、西、北方向各不相同，长短不一，从几百公里到几千公里不等。为了与后来秦始皇所修万里长城区别，史家称之为“先秦长城”。

公元前221年，秦始皇吞并六国，统一天下，建立了中国历史上第一个统一的多民族的中央集权国家。为了巩固王朝的安全，秦始皇三十二年（前215），始皇帝嬴政派大将蒙恬率30万大军北击匈奴，取河南地，其后筑起了“西起临洮（今甘肃岷县），东至辽东（今辽宁境内），径数千里”的长城，创造了人类建筑史上的奇迹。

汉初，匈奴乘中原战乱越过长城，和汉王朝以战国秦、赵、燕长城为界对峙。由于长城年久失修，汉朝在北方守军稀少，因此强大的匈奴不断进入长城以内。汉武帝登基后，连续多次发动对匈奴的抗争，将其驱逐至漠北，并修复了秦长城，又修建了外长城，筑成了一条西起大宛贰师城、东至鸭绿江北岸全长近1万公里的长城。

此后，南北朝、隋、唐、宋、辽、金、元各朝也不断对长城进行修筑。明代为了防御鞑靼、瓦剌的侵扰，对长城进行了20次大规模的修建，工程延续了200多年。初期修建的长城，东起鸭绿江，西达祁连山麓；中叶以后，修缮了自山海关至嘉峪关一线的长城，至今保存比较完好。如今人们见到的长城大都是明代筑成的，明长城东起鸭绿江，西到嘉峪关，横跨辽宁、河北、天津、北京、山西、内蒙古、宁夏、陕西、甘肃诸省区，长达7000余公里，是历史上修筑最完善的长城。到了清朝，虽然有康熙的“不修边墙”令，且颇为有名，但实际上清代长城的规模也是相当大的，且地域跨度之大是空前的，其修筑范围基本包括了淮河以北所有省份，黄河以北尤为密集。可以说，自春秋战国时期开始到清代的2000多年间，长城的修筑一直没有停止，所以长城堪称“上下两千年，纵横十万里”的伟大工程奇迹。

二、雄关胜迹

长城以其蜿蜒曲折、奔腾起伏的身姿点缀着中华大地的锦绣河山。它既是具有丰富文化内涵的文化遗产，又是独具特色的自然景观，拥有许多雄关胜迹，包括山海关、慕田峪长城、司马台长城、金山岭长城、古北口长城、八达岭长城、嘉峪关、九门口长城等。

（一）山海关

山海关号称万里长城第一关，是明长城的重要关隘，地处河北省秦皇岛市东北25公里处。它北接峰峦起伏的燕山山脉，南临波涛汹涌的渤海之滨，自古以来就是兵家必争之地，素有“两京锁钥无双地，万里长城第一关”之称。

1928年的山海关城楼及其附近古代建筑遗迹（《亚细亚大观》第5辑）

山海关高14米，周长4公里，整座城池与长城相连，依山就势而建。关城辟有四门，东门面向关外，名镇东门，城楼上高悬“天下第一关”的大字匾额，气势最为雄伟；西门面对关内，名迎恩门；南门面向渤海，称望洋门；

北门面向燕山山脉，叫威远门。登上山海关城楼，纵目远眺，南边一直延伸到渤海之滨俗称“老龙头”的宁海城；朝北望去，远处是建立在燕山欢喜岭上的威远城。它们彼此呼应，构成了完整的山海关防御体系。

（二）慕田峪长城

慕田峪长城位于北京市怀柔区境内，建于1404年，海拔最高处1039米，城墙全长3000多米，蜿蜒于崇山峻岭之中，高低曲直相间，蔚为壮观，是明代长城中保存最完好的长城段之一。由于地理位置十分重要，慕田峪长城自建成以来就是重要的军事防御关口和守卫北京的重要屏障，有“危岭雄关”之称。

慕田峪长城最有特色的地方是地势的曲折：由山腰直伸山顶，在山顶立一敌楼后又突然下降，翻身向下返回山腰，而后又骤然升起，绕了一个大弯，其形状酷似牛犄角，因此称为“牛犄角边”。长城从“牛犄角边”继续往前延伸，便是著名的箭扣长城。慕田峪长城旅游区群山环抱，风景清幽秀雅，漫山青翠葱茏，是万里长城的精华所在。

北京市怀柔区慕田峪长城
（贺伟摄于2019年8月）

（三）司马台长城

司马台长城位于北京市密云区，建于1368年，城墙全长约19公里。这段长城东起望京楼，西至后川口，依险峻山势而筑，以司马台水库为界分为东西两段，集万里长城的所有特点于一身，并以其独具的“险、密、奇、巧、全”五大特点著称于世，被称为万里长城中“最奇妙的一段长城”。

司马台长城处于燕山山脉，横卧于山峰之巅，并在陡峭的山峰间架起一座高达100米、宽有一砖、坡度为85度的几近垂直的天梯，天梯两侧为900米的深渊，此处只能利用四肢爬行而过。司马台长城敌楼密集，共有敌楼35座，楼间距平均140米。其中，最具代表性的敌楼是仙女楼和望京楼。望京楼是司马台长城的制高点，海拔986米，视野开阔，隐约可见北京城轮廓。仙女楼是司马台长城所有敌楼中建造得最美的一座，掩映在山腰的树丛中，处处给人以精巧秀丽之感。

（四）金山岭长城

金山岭长城位于河北省滦平县与北京市密云区交界处，始建于1368年，城墙全长约10.5公里。此段长城地处燕山山脉，海拔700米，修筑于燕山第一峰雾灵山与古北口卧虎岭之间的大、小金山之上，故金山岭长城是中国万里长城中最具有代表性的精华地段之一，充分发挥“因地形，用险制塞”的修筑原则，依山设险，凭水置塞，因而有“万里长城，金山独秀”之美誉。

由于金山岭长城修筑的位置地势低缓，易攻难守，所以在修筑时充分考虑到军事上的需要，城墙厚实坚固，以巨石为基，楼台密集，一般每50—100米一座，并加筑各种防御设施，使其形成了一个强固的军事防御体系。金山岭长城建造精美，像一条巨龙环卧于群山之巅，绵延逶迤，气势磅礴。

（五）古北口长城

古北口长城位于北京市密云区，始建于556年，于1378年增修扩建，城墙全长40多公里。此段长城地处燕山山脉蟠龙山、卧虎山两山南面的浅山丘陵地区，跨山而建，构筑于山顶之上，随山势升降，蜿蜒曲折。因其山陡路险，地理位置又十分重要，作为北京北部的第一道军事防线，此处历史上战争不断，有“北京东北门户”之称。

古北口是明万里长城中最坚固、最雄伟的一段，保留了明长城的精华部分，景色秀丽，名胜古迹众多。这里是清帝王去东北祭祖、狩猎、巡视必经之处，曾设驿道、建营城，清康熙皇帝曾在这里避暑，乾隆皇帝曾在这里阅兵。

（六）八达岭长城

八达岭长城位于北京市延庆区，始建于1505年，海拔1015米，城墙全长3741米，是明代长城中最具有代表性的一段，也是当今保存比较完整的一段。八达岭长城是明长城的一个隘口，地形之险要、景色之壮观，使其博得长城名关险隘之首的美名。

作为居庸关长城的前哨，八达岭长城是明代重要的军事防御关口，也是北京城北面的重要屏障，历代多以重兵把守，素有“第一屏障”之称。古人说：“居庸之险，不在关城，而在八达岭也。”至今八达岭山崖下还留有“天险”二字的题记。所以古时战争从这里强攻取胜的不多，大都是绕道南口对此前后夹击，夺取居庸关，然后攻破北京。八达岭高居关沟北端最高处，两峰夹峙，居高临下；

1926年的北京八达岭长城
（《亚细亚大观》第2辑）

登高远望，一个堡垒连着一个堡垒，一段城墙连着一段城墙，气势十分雄伟。

（七）嘉峪关

嘉峪关位于甘肃省西北部，距酒泉城西大约40公里，是万里长城最西端的一个关口。嘉峪关始建于明洪武五年（1372），因关城在嘉峪山麓而得名，号称“天下第一雄关”。它在军事上是明代河西地区的屏障，在建筑上是古代军事建筑史上的一座丰碑，迄今保存完好，屹立于祁连雪峰和北山荒漠之间，具有珍贵的历史文化价值。

嘉峪关关城设有东、西二门，东为光华门，西为柔远门。门上面均有城楼，形制相同，面宽三间，周围有廊，三层歇山顶，高17米，结构精巧，气势雄伟。两门内北侧有宽阔的通道直通城顶。登关楼远望，塞外风光，戈壁沙海，尽收眼底，长城若游龙，时隐时现，蔚为壮观。

甘肃嘉峪关（李江摄，《中国世界遗产影像志》）

嘉峪关不仅是重要的军事要塞，而且是古代通往西域的要道，汉武帝时张骞两次出使西域，都经过这一带，著名的丝绸之路也从嘉峪关附近通过。

（八）九门口长城（水上长城）

九门口长城位于辽宁省绥中县，始建于洪武十四年（1381），全长1704米，是在百米宽的河面上筑起的规模巨大的过河城桥。城桥上设有敌楼12座、战台4座、哨所4座、烽火台2座、城堡1座，构成完整、严谨的军事防御工程。其外墙用巨大条石砌起8个梭形桥墩，形成九个水门，呈现出“城在水上走，水在城中流”的奇特景观。

三、民族象征

长城在世界建筑史上有着特殊的地位，逶迤的城墙随地形曲折蜿蜒，即使在世界范围内，长城建筑的规模和气势，都未有能与之抗衡者。两千多年的修筑史，赋予了长城深厚的中华文化内涵。首先，它体现的是中华民族的坚韧毅力和不怕牺牲的精神。这种坚韧毅力表现在坚持不懈、坚韧不拔地对长城的持续修建上。穿戈壁、走大漠，不论地形如何险峻，地貌怎样复杂，长城的修筑者们始终没有低头屈服。其次，在审美层次上，它成为中华民族智勇双全的象征，具有重要而丰富的审美价值。在军事史上，长城以其巧妙的军事防御建筑和完备的战略工事设计，赢得了无数军事爱好者和研究者的青睐。与世界上许多伟大的人类历史遗迹一样，长城的军事实用功能现已不复存在，可是作为建筑美学上的典范却长久地保存了下来，其审美价值历久弥新。

长城的象征意义是在中国人民的不断抗争中实现的，它体现的是中华民族无畏大勇的精神。长城深入西部荒漠，为了祖国的统一和安全，戍边将士在这里前仆后继，付出生命和血汗，所以长城成为中华民族勇敢精神和智慧表达的载体。长城还体现了当时人类追求和平、避免战争的愿望，表达了我国人民追求和平的一贯传统。正如国歌所唱“把我们的血肉筑成我们新的长城”一样，无论何时何地、何种处境，长城精神深深地根植于我们的思想，是一种力量、智慧的象征，是中华儿女热爱自己的祖国和民族、维护国家和民族尊严不受侵犯的精神标志。又如现代歌曲所唱“长江、长城，黄山、黄河，在我心中重千斤”，对于中华儿女而言，长城已不只是精神和力量的象征，也是国家和民族的标志。

1928年的山海关附近长城
（《亚细亚大观》第5辑）

四、传承与保护

长城保护是指对与长城防御体系（含各代长城墙体与附属工程，以及烽燧指挥、驻军补给等各种体系的遗址）相关的各种遗址、遗迹、文物（包括边寨、马市遗址、修建长城的砖窑、采石场遗址、长城附近遗留的各种文物和人类活动遗迹）及民俗、文化等所进行的保护工作。为贯彻《长城保护条例》中关于“国家实行长城保护总体规划制度”的有关规定，更好地发挥长城在实现中华民族伟大复兴中的独特作用，2019年1月22日，中华人民共和国文化和旅游部、国家文物局联合印发了《长城保护总体规划》。这一规划，成为保护长城的总体目标和制定保护原则的基本依据。长城保护的总体目标，主要包括传承弘扬长城精神、宣

1929年山东的齐长城青石关关址(《亚细亚大观》第6辑)

传推介长城文化、保护长城建筑遗产和延续长城文化景观四个方面的内容。保护原则可分为保护理念和保护实践两个层面，在保护理念方面，要坚持价值优先、整体保护的原则，预防为主、原状保护的原则，因地制宜、分类保护的原则，属地管理、加强协调的原则，适度开放、合理利用的原则。在保护实践方面，要坚持不改变原状原则、最低程度干预原则、预防为主原则、分类保护原则、分级保护原则。

长城既是中华民族的宝贵文化财富，也是全世界人民的珍贵文化遗产，保护长城、弘扬长城精神，是所有中华儿女共同的责任。

参考文献

[1]赵迎新主编:《中国世界遗产影像志》，中国摄影出版社2014年版。

[2]《长城》，http://www.whcn.org/Detail.aspx?Id=1740，2019-

10-02。

[3]柳正恒编著:《中国世界自然与文化遗产旅游·宫殿、坛庙、陵墓、长城》,湖南地图出版社2002年版。

[4]宋存洋编著:《长城》,黄山书社2014年版。

[5]罗哲文:《长城》,北京出版社1982年版。

[6]《长城保护这样做》,http://www.sohu.com/a/291315892_152615,2019-10-02。

[7]中国长城官网,http://www.thegreatwall.cn,2019-10-02。

（张　莹　谭必勇）

雕像壁画相媲美　经卷文书洞中匿

——敦煌莫高窟

20世纪初期西方“探险家”拍摄的敦煌莫高窟

敦煌莫高窟是甘肃省敦煌市境内的莫高窟、西千佛洞的总称，位列我国三大石窟之首，也是世界上现存规模最宏大、保存最完好的佛教艺术宝库。1987年12月，敦煌莫高窟被联合国教科文组织列入世界文化遗产名录。

世界遗产委员会对敦煌莫高窟的评价是：莫高窟地处丝绸之路的一个战略支点。它不仅是东西方贸易的中转站，同时也是宗教、文化和知识的交汇处。莫高窟的492个小石窟和洞穴庙宇，以其雕像和壁画闻名于世，展示了延续千年的佛教艺术。

一、营造历史

根据学者多年的调查研究，敦煌莫高窟现存洞窟是由北凉、北魏、西魏、北周、隋、唐、五代、北宋及与其并行的张氏、曹氏归义军政权，直至西夏、元等朝代，历经4世纪到14世纪共1000多年的时间相继营造的。

敦煌莫高窟最早开凿的年代，根据现存的武周圣历元年（698）《李君修莫高窟佛龛碑》记载，是前秦建元二年（366）。该碑文对此的记载带有浪漫主义色彩："厥初秦建元二年，有沙门乐僔，戒行清虚，执心恬静。尝杖锡林野，行至此山，忽见金光，状有千佛，遂架空凿险，造窟一龛。"碑文还记载了乐僔之后，法良禅师在其侧续造一窟。可以肯定，这两窟是莫高窟最早的洞窟。

从十六国、北魏、西魏、北周到隋以前200多年时间是敦煌莫高窟的开凿早期，此间所开凿洞窟被视为早期洞窟。421—433年，北凉占据了敦煌，莫高窟也第一次正式开始大规模的营造。这次营造活动的内容，包括第268窟、第272窟的改建和第275窟的新建，主要是在本土汉晋文化艺术基础上，直接受到西域（龟兹）佛教石窟艺术的影响，同时不同程度地吸纳印度、阿富汗、波斯以及希腊、犍陀罗艺术的成分，形成了有敦煌特色的西域式佛教艺术。北魏在敦煌撤镇建瓜州，西魏继之，皇室东阳王元荣跨两朝为瓜州刺史，在莫高窟开凿了一些洞窟，将深受南朝汉文化影响的佛教艺术移植西来，带来了神话题材和南朝"秀骨清像"的艺术风格，掀起了敦煌艺术汉化高潮。北周时代，建平公于义为瓜州刺史，同时受到中原和西域两方面艺术的影响，大兴佛法，建窟16个。

隋代是莫高窟开凿的一个兴盛期，保留下来的隋窟有70余个。国家统一与政局稳定，突厥、吐谷浑的降服，经略西域的成功，再加上杨坚、杨广两代笃信佛教，用行政手段弘扬佛教，这些都促进了莫高窟的繁盛。经过了十六国、北朝200多年的文化艺术积累和经验创造，隋代在原有魏晋传统受到南朝文化艺术强大影响所形成的地方风格的基础上，对中原与西域两种风格不断融合、取舍，昭示着莫高窟一个新的艺术繁荣时期的到来。

唐代是莫高窟开凿的鼎盛时期，在现存的492个洞窟中，唐代修造的有228个，开凿最多，反映了唐代敦煌佛教的兴盛。唐代莫高窟有两个突出特点：一是高度的艺术成就，这在敦煌莫高窟得到了充分反映，最具代表性的洞窟，最有历史艺术价值的洞窟，最精美的彩塑、壁画，最灵动的飞天，都诞生在唐代；二是壁画内容和绘画风格上的重大变化和创新——中国化、本土化、世俗化，这些正是莫高窟艺术的价值所在。

安史之乱是唐朝由盛到衰的转折点，也导致敦煌转入吐蕃势力统治之下。吐蕃占领沙州后，敦煌发生了较大变化，而吐蕃笃信佛教，又推动了莫高窟佛窟的兴建。吐蕃占领敦煌60多年，建了50多个洞窟，在艺术上也取得了新的成就，将各宗各派经变汇于一窟，人物造型真实，线描纯熟，色调清雅，神情娴静，风格清新恬和，但人物形象的精神面貌和主题画的意境创造的艺术性开始下降。

唐宣宗大中二年（848），沙州大族张议潮趁吐蕃王朝发生内乱，率各族人民起义，敦煌历史进入唐朝末期的归义军政权时期。归义军对敦煌地区近200年的控制，保障了丝路通达，带动了莫高窟的继续兴盛，几乎每一任节度使都会营造自己的大窟。莫高窟此时无论在藏经还是佛教艺术上，都代表了西北地区汉化佛教的最高水平，但由于统一的画院风格和明显的公式化倾向，这一时期佛教造像人物的精神面貌和意境创造均缺乏内在的生命力和审美理想。

1036年初，沙州回鹘取代了曹氏归义军政权。回鹘占据沙州32年，留下了部分“回鹘洞”，特别是其中数百条回鹘文题记，是敦煌地区别有风格的回鹘文化的珍贵遗产。

北宋神宗熙宁元年（1068），西夏再克瓜、沙二州，敦煌历史进入西夏统治时期，长达159年。此间，敦煌逐渐失去中西交通、经济、文化交汇点的重要地位，成为其历史文化发展历程中的转折点。作为佛教圣地的莫高窟仍受到人们的重视，新建、重修石窟等活动也仍然盛行，因此西夏留下的洞窟不少，但多为重修。莫高窟第97窟、第491窟是西夏新建洞窟的代表，其创作内容明显受到汉文化和吐蕃密宗佛教文化的影响。

20世纪初莫高窟覆钵式洞窟及其墙壁上琳琅满目的佛教壁画

1227年，西夏被蒙古汗国所灭，敦煌隶属于拔都大王。1277年，元朝将敦煌收归朝廷，设沙州，治敦煌。元朝统治者大力提倡佛教，密宗流行，敦煌莫高窟保留了元朝10个洞窟，第3窟、第61窟甬道、第465窟都是藏密风格。

明代西筑嘉峪关以为国门，敦煌失去了屏蔽河西和中西陆路交通枢纽的地位，信奉伊斯兰教的吐鲁番占据敦煌。在此期间，流行了一千多年的佛教几乎绝迹，被佛教徒视为圣地、极盛一时的莫高窟，由此衰败，佛像毁坏，不少佛龛被流沙淹埋。

二、遗产价值

莫高窟是集建筑、彩塑、壁画于一体的宝库，内容涉及古代社会的艺术、历史、经济、文化、宗教、教育等领域，具有珍贵的历史、艺术、科学价值，是中华民族的历史文化瑰宝、人类优秀的文化遗产。

（一）莫高窟代表着中国佛教艺术的独特成就

敦煌莫高窟是世界上现存规模最大、内容最丰富的古代佛教艺术圣地，是代表人类创造性的天才杰作，反映了中国古代艺术的高水平和相关时代绘画、雕塑艺术的发展历史。

莫高窟是古代丝绸之路上最恢宏的石窟建筑。各窟的大小相差甚远，最大的第16窟有268平方米，最小的第37窟高不盈尺。殿堂窟、禅窟、大佛窟、涅槃窟等丰富的形式，从多个方面反映了中外文化融合的现象。

莫高窟现存2400余身生动传神的彩塑。作为石窟主体的塑像，主要是对佛、菩萨、弟子、尊神以及一些鬼神与神兽等形象的塑造，手法多为圆塑、浮塑、影塑等。由于塑造的年代不同，呈现不同的风格，既有魏晋南北朝时的“秀骨清像”与“曹衣出水”，又有隋唐时期的“吴带当风”与“雍容厚重”。

壁画是莫高窟艺术中最精彩的部分，现存45000平方米。莫高窟的壁画是一部精彩的画史，其绘画技法最初以中国传统的线描和晕染相结合的手法为主，后又随着时代的前进而不断发展——十六国的古朴典雅，北魏的浑厚庄重，西魏的飘逸清秀，北周的圆浑明暗，隋代的丽雅精细，唐代前期的灿烂辉煌……其中表现出的蓬勃向上的艺术生命力，给人们以美好的审美享受。尤其是盛唐，将莫高窟的壁画艺术推至鼎盛，以“净土变”“维摩变”“报恩经变”等为题材的巨幅壁画，将已高度成熟的中国传统人物画、山水画、宫观台阁建筑画、花鸟树木风景画，运用中国式的空间构成法，形象地描绘出佛国世界的宏伟壮丽、气象万千，展现了大唐盛世的恢宏气象。

（二）莫高窟见证了石窟艺术中国化的进程

习近平总书记在视察莫高窟时指出：敦煌文化展示了中华民族的文化自信。只有充满自信的文明，才会在保持自己特色的同时包容、借鉴、吸收各种不同文明。绵延千年的敦煌石窟常建常新，不断融入中国传统文化的内涵以及中华民族的审美风范，不断产生新的题材内容、新的艺术形式，创造出与印度佛教艺术和佛教理论不同，而富有中华民族精神和民族气派的佛教艺术和佛教思想，体现了石窟艺术中国化的进程。

石窟建筑融合了很多中国特有的建筑艺术。比如，北朝中心塔柱窟虽受到印度支提窟的影响，但改变了原来印度覆钵式圆形塔的形式，成为方形楼阁式的塔形；窟顶改变了印度圆拱顶的形式，成为两面斜坡的人字披形式，体现了中国传统的建筑风格。隋唐以后敦煌石窟流行覆斗顶方形窟、佛坛窟，这是以中国传统的斗帐形式和殿堂形式对佛教石窟进行改造的结果。

莫高窟第275窟交脚弥勒菩萨塑像

经过北朝和隋代对具有浓厚印度和西域样式雕塑艺术的消化吸收，以及与中国本土塑像艺术的长期融合，唐代彩塑艺术逐渐创造出富有中国审美精神，且动态、神韵具有民族化特征的经典传世之作。比如，颇具特色的“敦煌菩萨”，既有别于印度、西域及东南亚菩萨的风格，又与中国中原一带的菩萨形象不同，形象典雅优美，别具一格。

壁画中的北朝人物画多模仿外来佛教艺术人物画的形式和技法，而隋唐人物画则吸取了外来艺术中人物造型准确、比例适度、凹凸法晕染的长处，同时与中国讲究线描和神韵的传统绘画技法相结合，创造出新的佛教人物形象，丰富和提高了佛教人物画的表现力，成为能够充分表现中国审美、中国神韵的佛教人物画。

（三）莫高窟保留了大量的历史信息，为已消逝的古代文明提供特殊的见证

敦煌彩塑、壁画及文书档案等保存着浩如烟海的珍贵实物信息，在不同程度上提供了古代中国尤其是河西及敦煌地区有关宗教信仰、思想观念、政治斗争、民族关系、中外往来、社会生产、民情风俗、生产技术、建筑服饰、刀兵甲胄、典章文物等发展演变的形象资料，具有珍贵的历史和考古价值。敦煌艺术中所包容的古代文化内涵极为丰富。敦煌莫高窟已不单纯是一处佛教艺术遗存，更是一座包蕴广博的古代文化博物馆，从中可以印证中国古代很多历史文化现象，探索中国艺术发展的历史，补充古代历史记载的不足。

在阔达45000平方米的壁画中，从农耕渔猎、婚丧嫁娶、酿造冶炼、商旅贸易、琴戏歌舞到使者交会、王者出行等均有涉及，由此映射出中国各族人民在不同历史时期的社会生活状态，人们可以从中了解古代社会的许多信息。例如，莫高窟面积最大的壁画——第61窟的《五台山图》，将今山西太原到河北正定方圆500里的山川景致与市井风貌进行描绘，为人们了解中国古代

莫高窟面积最大的壁画——《五台山图》(《敦煌艺术十讲》)

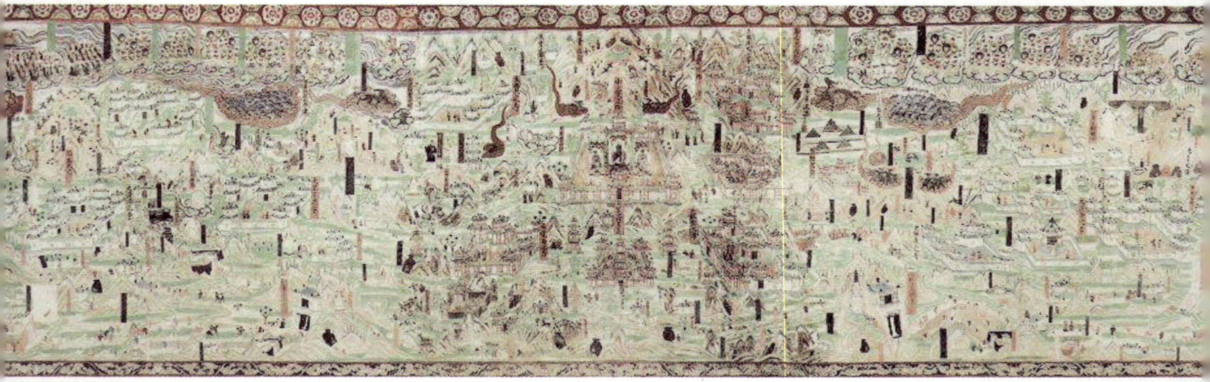

社会生活、生产情况提供了形象的资料。

张大千临摹敦煌壁画期间留影（《敦煌艺术十讲》）

（四）莫高窟对重新认识中国古代艺术、开启中国现代美术具有启蒙价值

从美术史方面看，敦煌石窟反映了一千多年间中国美术的发展及演变，保存了唐代和唐以前系统而丰富的建筑、雕塑、壁画，成为认识和研究这一阶段中国美术史不可多得的资料。随着敦煌石窟艺术公之于世，世人认识到那些传世的反映文人趣味的书画之外，中国古代文明还有如此辉煌的艺术宝藏。人们意识到，像敦煌石窟这样由古代无名艺术家们创造的艺术具有极强的生命力，直到今天仍可视作取之不尽、用之不竭的创作源泉。张大千、王子云、常书鸿、关山月等富有远见的艺术家看到了这一点，身体力行，到敦煌石窟进行临摹、研究，不仅自己学习，还把敦煌艺术介绍给世界，使人们对中国传统美术有了新的认识，并从敦煌艺术中看到了过去所忽视的中国传统美术的意义。对于当时的很多艺术家来说，敦煌艺术使他们对中国传统绘画产生了信心，对画家们如何改革当时中国绘画具有现实意义和启发作用。从这个意义上讲，敦煌艺术开启了中国现代美术的大门。

（五）敦煌藏经洞不仅见证了“吾国学术之伤心史”，还形成了世界范围内的敦煌学

清光绪二十六年（1900），敦煌莫高窟的藏经洞被道士王圆箓

上图：1900年王圆箓发现敦煌藏经洞时内景

下图：20世纪初发现的敦煌遗书部分书影

发现，洞内的经卷、手稿、文书、绢画、法器、织绣保存完好，数量多达5万余件套。继而大量的文物从他手中流散到国外，至今仍被收藏于法、英、俄等国。中国文物流失国外令人十分心痛，以致陈寅恪先生发出“敦煌者，吾国学术之伤心史也”的无奈感叹。洞内的文物涉及多个学科，饱含关于古代宗教、政治、经济、军事、文化等方面的众多信息，自然吸引了国内外学者对藏经洞内所发现的文物资料开展一系列研究与探索。随着研究范围的扩大，藏经洞文献所涉及的问题、敦煌石窟艺术、敦煌历史文化等，都被归入其中，从而形成一门包罗万象的世界显学——敦煌学。

三、保护与传承

（一）遗产的真实性及完整性

近代以来，随着敦煌藏经洞的发现，英国的斯坦因、法国的伯希和、俄国的奥登堡、日本的吉川小一郎和橘瑞超、美国的华尔纳等蜂拥而至，他们通过各种手段从道士王圆箓手中拿走藏经洞内的文物，甚至还盗走莫高窟的壁画和彩塑。这些盗窃和破坏活动，使敦煌文物遭到很大损失。但是敦煌莫高窟的整体犹在，其主体石窟和彩塑、壁画基本保留，原有的规模和风貌也基本保留了下来。

20世纪40年代，在莫高窟的保护问题上，常书鸿等艺术家从一开始就确立了原状保护的原则。20世纪60年代，建筑专家梁思成对莫高窟加固工程提出“有若无，实若虚，大智若愚”的设计理念。在随后的保护实践中，无论是对洞窟赋存环境的改变，还是对壁画修复材料的选用，都尽可能符合“最小干预文物本体”的原则，遗产的真实性和完整性得到保障。

（二）保护历程

1944年，国立敦煌艺术研究所成立，常书鸿任所长，标志着敦煌莫高窟保护与研究工作正式开始。1950年，敦煌艺术研究所改名为敦煌文物研究所。1951年，文化部委托清华大学、北京大学、古代建筑修整所的古建筑、考古专家，勘察莫高窟保护现状，制定保护规划，并在此后的10年间，抢修了5座唐宋木结构建筑，维修加固了3处崩塌崖面和数百个洞窟。1961年，敦煌莫高窟被列为第一批全国重点文物保护单位。1963—1966年，先后三期完成了敦煌莫高窟576米崖面和354个洞窟的维修加固。1984年，敦煌文物研究所改名为敦煌研究院，段文杰任院长，同年完成莫高窟南区南段26个洞窟和172米崖面的加固工程。1999—2002年，敦煌研究院与美国盖蒂保护研究所、澳大利亚遗产委员会合作，制定了《敦煌莫高窟保护与管理总体规划》。2008年12月，总投资2.61亿元的莫高窟保护利用工程获国家发改委的批复，立项开工，工程包括保护利用设施、崖体加固及栈道改造、风沙防护、安防等。这是莫高窟文物保护史上规模最大、涉及面最广的一项综合性保护工程。

（三）保护现状

自中华人民共和国成立以来，莫高窟的保护不断向科学化、精细化、系统化等方面提升，取得良好效果。

在保护观念方面，完成了从“抢救性保护”到“科学化保护”再到“预防性保护”体系的完善。对文物本体及环境进行监测，为开展“预防性保护”提供科学依据。

在法律保护方面，制定了专项保护条例及长期保护规划，为莫高窟保护工作提供了指导和依据。

在科学研究方面，一方面加强基础研究，以对资料的梳理、解读为基础，从考古学、美术学、宗教文化、民俗文化等多学科着手，对其进行专题研究和综合研究，发表了许多有影响的研究成果；另一方面加强应用研究，在对石窟本体及周围环境的地质、物理、化学、生物、气候等方面的监测和研究，保护工作的现状评估，以及保护手段改进等方面，取得可喜的成就。

在展示利用方面，当地首开国内数字化技术与文化遗产保护结合之先河，经过20多年的不懈努力，已经完成了敦煌文物信息的数字化采集，摄制了高清数字化主题电影等，实现了对敦煌莫高窟这一世界文化遗产的多媒体和多层面展示。

（四）展望未来

2019年8月19日，习近平总书记视察敦煌莫高窟，勉励文化工作者讲好敦煌故事，传播好中国声音，努力为构建“一带一路”服务，为敦煌莫高窟的发展指明了大方向。未来敦煌研究院要进一步加强国际合作的力度，利用数字技术保存并分享敦煌石窟艺术，吸引各方面专家学者对其开展全方位的研究，充分挖掘这一人类珍贵文化遗产的历史、艺术、科学价值，为当今世界不同地域、不同种族的文化交流与文化认同做出贡献；同时，加大敦煌石窟保护管理的力度，提升保护管理的水平，把一个真实、完整的敦煌石窟传承给我们的下一代。

参考文献

[1]敦煌文物研究所编著:《中国石窟·敦煌莫高窟》第三卷，文物出版社1987年版。

[2]史苇湘:《敦煌历史与莫高窟艺术研究》，甘肃教育出版社2002年版。

[3]樊锦诗、赵声良:《灿烂佛宫：敦煌莫高窟考古大发现》，浙江文艺出版社2004年版。

[4]樊锦诗口述，顾春芳撰写:《我心归处是敦煌：樊锦诗自述》，译林出版社2019年版。

[5]赵声良:《敦煌艺术十讲》，文物出版社2017年版。

[6]赵声良:《敦煌石窟艺术简史》，中国青年出版社2015年版。

（张　伟）

殿堂宫室近万间　百万珍奇寓其中

——明清故宫

北京故宫（以下简称故宫）也称“紫禁城”，是明清两代的皇宫，历经24位皇帝，至今已有600多年历史，1987年被联合国教科文组织列入世界文化遗产名录，成为中国首批世界文化遗产之一。世界遗产委员会认为，紫禁城是中国5个多世纪以来的最高权力中心，它以园林景观和容纳了家具及工艺品的9000多个房间的庞大建筑群，成为明清时期中国文明无价的历史见证。

沈阳故宫是清朝初年的皇宫，它与北京故宫是中国仅存的两大宫殿建筑群。2004年，沈阳故宫作为明清皇宫文化遗产扩展项目被列入《世界遗产名录》。

一、故宫的历史

北京故宫在1925年之前叫紫禁城，始建于1406年。明成祖朱棣在南京登基后不久就开始谋划迁都，建设宫殿则是其中最为关键的一环。1406年，一场举全国之力、集天下能工巧匠、汇八方珍稀物料、耗二三十万人力的紫禁城建设工程拉开序幕，至1420年竣工。紫禁城完工后，明朝正式迁都北京，紫禁城作为皇宫登上历史舞台。

紫禁城占地72万平方米，有房屋近万间。明成祖时期的文渊阁大学士金幼孜在紫禁城竣工时所作的《皇都大一统赋》如此描述："栋宇崇崇，檐楹秩秩。以盖以覆，陶冶埏埴。以绘以图，黝垩丹漆。焕五彩之辉煌，作九重之严密。天地洞开，驰道相连。金铺绚日，玉柱凌烟。星罗棋布，璧璨珠联。虹飞霞拥，龙翔凤骞。超凌氛埃，壮观宇宙。规模恢廓，次第毕就。"然而，刚建成9个月，紫禁城主体部分奉天、华盖、谨身三大殿便因为雷击导致火灾而毁于一旦，重建工程持续了20年。明中期的嘉靖、万历时期是紫禁城发展的重要阶段：明王朝自永乐以后并无多大的盛世，嘉靖、万历时期一是由于皇帝在位时间长，政权相对稳定，二是其时宫殿建筑本身也到了需要发展的时候，因此对宫殿建筑进行了较大规模的整修增扩。[①]此时的紫禁城愈加接近现在我们所看到的样貌。有明一代在紫禁城居住生活的皇帝共有14位，直至1644年闯王李自成率军攻入北京，作为明朝统治符号的紫禁城在这场大动荡中无法独善其身，再次被烧毁。

故宫太和殿（陈少峰摄）

① 罗哲文：《"康乾盛世"是紫禁城宫殿建筑最辉煌的一段历史时期——兼谈有中国特色的文物建筑保护维修的理论与实践问题》，《故宫博物院院刊》2005年第5期。

1644年，清朝顺治帝入主紫禁城后开始着手宫殿的重修工程，修复了中轴线上的主体建筑和城门。康熙十八年（1679），太和殿再次毁于火灾，这也成为紫禁城大规模建设增扩的契机。现存故宫建筑的大部分是康乾时期大修或重修、重建的，太和殿重建于康熙三十四年（1695）。建福宫、宁寿宫及花园（乾隆花园）和文渊阁、畅音阁等重要建筑都为乾隆时期所新建或彻底改建。[①]乾隆是最热衷于“装修改造”紫禁城的皇帝，他登基后将自己为皇子时居住的西二所改造为独立的宫殿——重华宫；改造养心殿并设立“三希堂”——“三希堂”是乾隆的小书房，因其中珍藏王羲之《快雪时晴帖》、王珣《伯远帖》和王献之《中秋帖》三件书法稀世珍品而得名；而乾隆改造紫禁城宫殿，规模最大、影响最深远的是1771年在东部修建的皇极殿、宁寿宫等建筑，占皇宫总面积的六分之一。[②]总体而言，我们现在所看到的故宫，其总体布局、主体建筑基本上是清朝鼎盛时期所建。

沈阳故宫凤凰楼（陈少峰摄）

清代共有10位皇帝住过紫禁城。1924年，冯玉祥发动“北京政变”，以铲除封建帝制复辟之祸根为由，将溥仪驱逐出紫禁城。1925年，故宫博物

① 罗哲文：《“康乾盛世”是紫禁城宫殿建筑最辉煌的一段历史时期——兼谈有中国特色的文物建筑保护维修的理论与实践问题》，《故宫博物院院刊》2005年第5期。

② 刘潞：《乾隆皇帝与紫禁城宫殿》，《紫禁城》2008年第10期。

院成立，往日的紫禁城成为公共文化空间。

沈阳故宫由努尔哈赤开始建设，皇太极时期建成，清朝迁都北京后成为“留都宫殿”，后来康熙、乾隆皇帝对其进行了扩建和改建。现在的沈阳故宫占地面积4.6万平方米，包括各种建筑114座500余间，并在其遗址上建立了沈阳故宫博物院。

二、故宫的建筑

“宫殿是中国古代建筑中发展最为成熟、成就最高、规模最大的一类建筑，故宫则是历代宫殿建筑的集大成者，也是我国古代宫城发展史上现存的唯一实例和最高典范。”①

（一）紫禁城是中国传统文化的复杂集合体

自古以来，皇宫就是天下统治中心的象征，蕴含着复杂的政治、哲学、伦理、宗教和文化意义。“宫殿营造的指导思想是儒家礼制，是尊卑贵贱的等级制度，它鲜明地反映了中国传统文化中注重巩固人间社会政治秩序的特点，特别是体现统治者的权威与财富，也象征着封建王朝的强大。”②这一点也体现于“紫禁城”三个字上——在中国古代的星辰崇拜和神话传说中，夜空中的紫微星乃天帝的居所，称为紫宫，而皇帝作为上天之子，君权神授，所居住的宫殿也以“紫”命名，加之皇宫对普通人而言是绝对的禁地，所以皇宫被称作“紫禁城”。

《吕氏春秋·慎势》说：“古之王者，择天下之中而立国，择国之中而立宫，择宫之中而立庙。”“王者居中”是封建帝王营建都城和宫殿所遵从的

① 郑欣淼:《故宫与故宫学》，紫禁城出版社2009年版，第31页。
② 郑欣淼:《故宫与故宫学》，紫禁城出版社2009年版，第31页。

礼制与规范。为强调封建帝王的统治中心地位，明清时期整个北京城的布局与秩序围绕中轴线展开。这条中轴线的中心就是紫禁城，紫禁城的中心则是太和殿，它是中国现存古建筑中开间最多、进深最大、屋顶最高的宫殿，也是皇帝举行朝政大典和登基、大婚、出征等国之大典的地方。紫禁城以太和殿为核心，以中轴线为基准线进行规划布局，完美体现了中正无邪、皇权至上的等级礼制，同时诠释了平衡对称和壮丽雄伟的宫殿建筑美学。故宫“前朝后寝”（前朝三殿与后庭三宫）、“左祖右社”（左太庙、右社稷坛）、“五门三朝”（大清门、天安门、端门、午门、太和门和三大殿）的布局，可谓皇宫建筑规划布局上的典范。

太和殿内部陈设和装饰（陈少峰摄）

此外，“紫禁城的建筑还以布局、数目、色彩的变化，暗含了五行学说关于物质相生相克的关系，体现了天子至尊、国泰民安等思想以及趋吉避凶的象征意义”[①]。比如，“前朝后寝”的布局——外朝雄伟蕴含阳刚气魄，内廷纤秀蕴含阴柔精美；皇帝居“乾”清宫，皇后居“坤”宁宫，两者之间的交泰殿也体现了阴阳调和。所以紫禁城内凡属文化、文治方面的宫殿、设施，多在东侧，从木，从春；属兵刑、武备方面的宫殿、设施，多在西侧，

① 洪华：《紫禁城建筑的文化内涵——阴阳五行学说》，《北京联合大学学报》2001年第1期。

从金，从秋。其中最典型的是文华殿和武英殿。[①]紫禁城的宫殿以金黄色为主，黄色属土，象征尊贵；宫墙以红色为主，红色属火，象征喜庆；红黄并用显示紫禁城的天下至尊。文华殿后的文渊阁屋顶为黑色，且不用火属的红色宫墙，也是因为黑色属水，寓意作为图书馆的文渊阁能免于丙丁之火。

（二）紫禁城是中国官式建筑艺术的结晶

紫禁城的建筑之美是一种服务于功能的理性之美，它是“一个‘主题先行’的艺术结晶，即中国帝王意志、统治思想、传统文化的艺术结晶”[②]。

从空间布局上讲，作为单体建筑和院落结构分散排列构成的建筑群，故宫并未给人以单调无聊和平铺直叙的感觉，它以严格的对称原则和中心突出原则为指导，对72万平方米的巨大空间和众多单体建筑进行布局，将对称美学发挥到极致的同时，又以建筑的大小、高低、宽窄、疏密使空间主次分明、错落有致，加上其中作为建筑装饰的数不清的牌匾、楹联、砖雕、彩绘等，一起造就了古代建筑空间美学的艺术精品。

从均衡与比例上讲，紫禁城严谨的对称布局和对称的建筑设计所形成的均衡之美令人赞叹，同时它又以建筑与建筑之间、建筑物各部分之间比例的调和，共同谱写出和谐的旋律。以宫殿屋顶为例，故宫的屋顶制式与外形多样，比如太和殿用重檐庑殿顶、中和殿用四角攒尖顶、保和殿用重檐歇山顶，其他宫殿和建筑还有单檐、硬山、悬山、卷棚等多样化的屋顶样式。

从建筑装饰艺术上讲，在理性审美理念的指导下，故宫很多建筑装饰往往兼具艺术之美和实用功能，这也是故宫建筑艺术的一大特色。最具代表性

---

① 姜舜源：《故宫建筑揭秘》，紫禁城出版社1995年版，第9页。

② 李文儒：《故宫院长说故宫·序二》，天地出版社2017年版，第5页。

太和殿大吻和脊兽（《故宫院长说故宫》）

的便是屋脊两端的大吻，它们是宫殿构造中的必要组成部分，起着防水、排水和连接固定建筑两坡及飞檐的作用，同时是对宫殿进行装饰的重要载体——以琉璃烧制的瑞兽为外形，生动而富丽堂皇，是屋顶上引人注目、活泼灵动的装饰品。太和殿屋脊上的大吻有着“天下第一吻”的美名，是中国最大的琉璃大吻，由13块琉璃件构成，总高3.4米，重4.3吨，是正脊吻烧造的杰作。

三、故宫的珍藏

世界遗产委员会在对紫禁城进行评价时说：“故宫不只是宏伟的古建筑，还包括珍藏其间的文物精品，它们联结在一起，成为中华传统文化的一个载体与中华文明成就的一个标志。”①所以故宫的文物藏品是其作为世界文化遗产的重要组成内容。故宫博物院现有文物藏品共25大类1807558件（套），其中包括书画碑帖等纸质文物、铜器、金银器、漆器、珐琅器、玉石器、陶瓷器、古代织绣件、雕刻工艺品、其他工艺品、文房四宝、明清家具、大型西洋钟表、宗教文物、武备仪仗、帝后玺册、铭刻、甲骨、古籍文献与宫廷乐器等。故宫文物占全国博物馆藏品总量的十分

① 郑欣淼：《故宫与故宫学》，紫禁城出版社2009年版，第36页。

之一，涵盖几乎所有的文物品类，它们既是中国古代文化艺术和手工技艺的精华，又是明清统治文化和皇族生活的缩影，具有极高的文化价值、艺术价值、历史价值和研究价值。

书画艺术品历来受到统治者的青睐，大量稀世珍品被搜罗到皇宫中，所以书画作品是故宫藏品中最重要的组成部分。故宫博物院藏有历代绘画作品近5万件（套），其中近千件为国家一级文物，几乎囊括了中国绘画史上各个时期的名家名品，最著名的如《洛神赋图》《游春图》《步辇图》《韩熙载夜宴图》《清明上河图》等稀世珍品。

故宫的玉石藏品也非常丰富，其中明清之前的玉石藏品主要是历代皇家收藏的精品和传世古玉，涵盖新石器时代到元朝各个历史时期的典型作品；明清玉器主要是进贡礼品和宫廷用玉。这些玉器品种齐全、工艺精湛、用途广泛，是考察和研究我国玉器发展和玉石文化的珍贵资料。其中，“青玉大禹治水图山子”是玉雕中的巅峰之作，高224厘米，重5吨，是中国最大的玉雕作品，其玉料是一块6吨多重的罕见新疆和田玉。此玉山以圆雕、浮雕和线刻手法生动展现了大禹治水的壮观场面，远观造型立体雄伟，近看细节生动逼真，加之无与伦比的巨大体量，确实不愧为稀世珍品。

故宫收藏的钟表主要是18—19世纪的产品，除了国内制造品，更多的是英、法、日、美和瑞士等国的顶级产品。它们造型别致、色彩绚丽、生动有趣，既是计时器，又是艺术品。故宫博物院所藏西洋钟表是明清时期中国宫廷中西文化交流盛况的重要遗存，其在承载中外文化交流和影响方面所显现出来的代表性、典型性、广泛性，是世界其他博物馆的同类藏品难以比肩的。

在诸多藏品中，最具“宫廷”特色的当属清代宫廷所遗留的文物。这类文物品类多、范围广，主要包括帝后玺册、档案文书、武备仪仗、宫廷乐器、服装饰品、家具餐具等。这些文物材质珍贵、制作精美、数量庞大，展示了最后一个封建王朝奢华的宫廷生活和御用匠人们精湛的手工技艺，同时为清代宫廷文化研究提供了重要资料。

四、故宫的保护与利用

（一）故宫的保护

对故宫的保护是一项庞大的工程，主要包括故宫的安全防卫、建筑物的检测修缮和收藏文物的保护修复。故宫博物院成立以来，对故宫的修缮维护工作从未停止，近期的“故宫整体修缮”工程和“平安故宫”工程更是取得了令人瞩目的成绩。“故宫整体修缮”工程从2002年持续到2020年，是自故宫博物院成立以来规模最大的修缮工程，以“完整保护，整体维修”为方针，保护故宫整体布局，彻底整治故宫内外环境，保护故宫文物建筑，系统改善和配置基础设施，合理安排文化建筑的使用功能，提高文物展陈艺术品位与改善文物展陈环境等。作为木结构建筑群，火灾对故宫是灾难性的，消防安全一直备受故宫博物院重视，2013年以来的“平安故宫”工程主要是消除火灾、偷盗、水灾等风险，基本解决了故宫的安全隐患。

故宫整体修缮工程
（陈少峰摄）

进入21世纪以来，故宫博物院耗时7年完成了文物清点工作，做到了真正意义上的“摸清家底”，为后续文物保护和开发利用奠定了基础。文物的抢救、修复是故宫博物院的常规和重点工作，故宫博物院拥有顶级的文物修复人员，成立了文物修复中心和研究中心，同时积极开展与国内外文博

机构和研究机构的合作与交流，力求管理和保护好这批绝无仅有的国家宝藏。

（二）故宫的文化传播

展览是博物馆最主要的文化传播方式，故宫博物院在展览上做出了诸多努力与改进。首先，增加开放面积。近年来，故宫在科学管理和保护的基础上不断增加开放面积，由原来总面积的30%增加到80%以上，极大提升了游客的体验。其次，创新展览理念。故宫在加强原址展览和专题展览的同时，举办了大量有特色并符合当代文化审美与需求的主题特展，备受好评。再次，采用网络化和数字化的展示手段。故宫在端门建立了数字展馆，将馆藏中难以实物展出和暂时没有展出机会的文物以数字化影像的形态呈现，并辅以AR/VR、互动技术等科技手段，带给参观者新奇的体验；故宫在其官方网站上举办了大量的虚拟展览，使公众可以足不出户地饱览故宫藏品的魅力。

故宫文创产品（陈少峰摄）

近年来，有效利用影视综艺渠道进行文化传播，成为故宫的一大特色，也取得了显著的传播效果，纪录片《我在故宫修文物》和综艺节目《国家宝藏》《上新了·故宫》等颇受好评。同时，故宫利用多元灵活的互联网传播将自己打造成了文博界的“网红”，在互联网空间中，传统的故宫华丽转身，尽情展现其现代化的一面。

（三）故宫的文创产品

在我国文创开发热潮中，故宫文创走在了前列。故宫博物院以“把故宫带回家”作为文创理念，以庞大的文化资源为IP，开发了近万种文创产品，年销售额超过10亿元。故宫文创跳出了单纯做文物复制品的藩篱，找到了一种将创意融入现代生活、贴近年轻人的开发之道。琳琅满目的文创产品以一种“接地气”和“反差萌”的气质打动了年轻消费者的心，它们不仅在生活中有实用功能，同时兼具时尚和特色，并带动消费者对其中的文化内涵产生好奇和兴趣。“把故宫带回家”，实质上就是曲高和寡的世界文化遗产走向大众、融入社会生活的过程，这是故宫文创的开发理念，也是故宫文创的成功之处。

参考文献

[1]罗哲文：《“康乾盛世”是紫禁城宫殿建筑最辉煌的一段历史时期——兼谈有中国特色的文物建筑保护维修的理论与实践问题》，《故宫博物院院刊》2005年第5期。

[2]刘潞：《乾隆皇帝与紫禁城宫殿》，《紫禁城》2008年第10期。

[3]郑欣淼：《故宫与故宫学》，紫禁城出版社2009年版。

[4]洪华：《紫禁城建筑的文化内涵——阴阳五行学说》，《北京联合大学学报》2001年第1期。

[5]姜舜源：《故宫建筑揭秘》，紫禁城出版社1995年版。

[6]李文儒：《故宫院长说故宫》，天地出版社2017年版。

（陈少峰）

始皇帝威名扬四方　建陵园创人间奇迹

——秦始皇陵及兵马俑坑

1987年12月，秦始皇陵及兵马俑坑被联合国教科文组织批准列入《世界遗产名录》。

世界遗产委员会对秦始皇陵及兵马俑坑的评价是：毫无疑问，如果不是1974年被发现，这座考古遗址上的成千件陶俑将依旧沉睡于地下。秦始皇，这个第一个统一中国的皇帝，殁于公元前210年，葬于陵墓的中心。在他陵墓的周围环绕着那些著名的陶俑。结构复杂的秦始皇陵是仿照其生前的都城——咸阳的格局而设计建造的。那些略小于人形的陶俑形态各异，连同他们的战马、战车和武器，成为现实主义的完美杰作，同时也保留了极高的历史价值。

一、秦始皇陵的营造

关于秦始皇陵的修建时间，据《史记·秦始皇本纪》记载："始皇初即位，穿治郦山，及并天下，天下徒送诣七十余万人，穿三泉，下铜而致椁，宫观百官奇器珍怪徙臧满之。"这说明秦陵的修建工程，从公元前246年秦庄襄王去世、嬴政继立秦王位就开始了。

据《吕氏春秋》《汉旧仪》等书记载，秦始皇陵的建造是仿照都城咸阳的形制设计的。先后主持这一宏大工程的是当时秦国的名相吕不韦和李斯。吕不韦在嬴政继王位后便担任相邦一职，当时嬴政年幼，军国大事全部交由吕不韦处理。吕不韦主持了秦陵的设计、选址与修建工作，但由于他主张薄葬，所以秦陵前期的修建规模并不大。秦陵的大规模修建是在秦统一中国以后。随着统一的封建中央集权制国家的建立，皇权得到了极大的加强。在"事死如事生"观念的影响下，修建秦陵与修阿房宫、筑秦驰道一样，成为展示国家实力和皇权至上的象征。史书记载，建造陵墓动用的劳动力最多时达到70余万人，这还没有计算为修陵运送粮食的人。正如日本汉学家曾布川宽所言："修秦始皇陵用的劳力和财力都是天文数字。"

秦始皇陵依咸阳城形制，建造了内、外两道城垣，内、外城墙四面都有城门。位于内城南部的秦始皇陵，封土呈覆斗形，至20世纪60年代，尚存封土高76米。经钻探所知，墓葬至少在东、西、北三面有墓道，陵园内发现的陪葬坑、陪葬墓达600多处。此外，陵园内还有已被毁掉的规模宏大的地面建筑群，以及埋藏的大批珍贵文物，其中铜车马和大量兵马俑的出土让世人叹为观止。秦二世二年（前208），农民起义军攻打到戏水（在今陕西临潼东），秦王朝岌岌可危。当时负责陵墓工程的少府章邯把修陵的人武装起来抵抗农民军。于是，秦始皇陵工程草草结束。随着秦朝的覆亡，当年高台华屋鳞次栉比、辉煌壮观的秦始皇陵，不久便灰飞烟灭、屋倒墙颓，只剩下一抔黄土，甚至惨遭项羽焚烧毁掘。清代诗人袁枚《始皇陵咏》生动描述了秦始皇陵当年的悲惨遭遇："生则张良椎之荆轲刀，死则黄巢掘之项羽烧。居然一抔尚在临潼郊，隆然黄土浮而高。……"

对于秦始皇陵的保护，早在秦代就设有管理机构和专门人员进行守护。西汉政府把对秦始皇陵的保护，列于历代帝王陵墓之首。北魏明确规定，在秦始皇陵"四面各五十步，勿听耕稼"。隋炀帝也曾下诏保护秦始皇陵。到了唐代，为了保护秦始皇陵，不仅规定"无得刍牧，春秋致祭"，还下令置庙，增加配享。北宋政府在保护秦始皇陵方面用力最多，曾多次下令保护。明清时期，政府虽也多次下令保护历代帝王陵墓，但均未惠及秦始皇陵。不过明代的都穆和清代的毕沅曾在秦始皇陵做过实地调查。

20世纪初，日本人足立喜六和法国人维克多·萨加林等到秦始皇陵进行考古调查。1922—1923年，时任陕西省建设厅厅长的刘楚材曾主持在秦始皇陵植树，可惜有事无功，所种植的树木没有成活。1956年，秦始皇陵被列为陕西省名胜古迹第一批重点文物保护单位；1961年3月，被国务院公布为第一批全国重点文物保护单位，并竖立相关保护标志。1962年，立“秦始皇帝陵”碑亭。同年，陕西省考古工作者开始了秦始皇陵的考古调查工作。

1974年3月29日，临潼西杨村的农民在打井时偶然发现了兵马俑，考古工作者随即展开勘探工作。同年7月15日，秦兵马俑考古队进驻西杨村，在西杨村发掘4个俑坑，最大的面积12600平方米，最小的520平方米，清理出兵马俑达2000多个。1979年10月1日，秦始皇兵马俑博物馆建成并对外开放。1986年春天，临潼地方政府也成立了保护机构，开始了对秦始皇陵的管理和保护。1987年12月11日，秦始皇陵及兵马俑坑被联合国教科文组

秦始皇陵兵马俑陪葬坑1号坑（张伟摄）

织列入《世界遗产名录》，成为全世界人民共同的文化遗产。秦始皇陵也被誉为“世界第八大奇迹”。

二、遗产价值

我国迄今为止被收入《世界遗产名录》的帝王陵墓有两处，秦始皇陵就是其中一处，具有独特的历史文化价值。

（一）秦代艺术成就的集中体现

关于秦代的文化艺术，历史上留下来的文字资料很少。通过对秦始皇陵的勘探、发掘，特别是兵马俑坑被发现以后，人们对秦代的文化艺术有了全新的认识。秦俑和铜车马的雕塑艺术，为中外艺术家所瞩目，成为我国古代艺术的不朽杰作。陶制的兵马俑是仿照真人、真马的大小制作的，采用堆、塑、贴、捏等中华民族的传统技法制成，塑造精细逼真，气势宏伟壮观，在我国雕塑艺术史上具有划时代的意义。两乘大型彩绘铜车马由7000多个部件组成，配有大量的金银饰件，又施以重彩，采用多种工艺、经过多道工序铸造而成。整套铜车马看起来既庄重典雅又雍容华贵，可以说是科技与艺术、雕塑与绘画、造型与装饰完美结合的典范，其巨大的形体、复杂的结构和精美的工艺，令人叹为观止，是难得的艺术精品、国之瑰宝，被誉为“青铜之冠”。

秦始皇陵陪葬铜车马（张伟摄）

秦始皇陵出土了数量众多的砖瓦，质地细密，纹饰精美。

秦砖纹样丰富，均为阳纹，具有浅浮雕的艺术效果，花纹多为二方连续或四方连续的构图，布局均衡对称，图案多姿多彩，纹样疏密有间，富有强烈的装饰性。瓦当基本上都是圆瓦当，其上的纹样有云纹、植物纹、动物纹、几何纹等10多种，花纹精美且富于变化，具有极高的艺术价值。其中一件呈大半圆形的夔纹大瓦当是非常难得的精品，直径61厘米，高48厘米，浅浮雕式的夔纹纹样，阴阳分明，线条遒劲流畅，极具立体感。此外，秦陵出土的陶文、砖瓦文字，既有秦篆，也有秦隶，从书法角度看，这些文字古朴、苍劲且富于变化，是书法艺术中不可多得的珍品。

（二）秦代文明的独特见证

秦始皇陵为历史研究提供了大量的实物资料，涉及秦代政治史、军事史、制陶史、冶金史、美术史、科技史、都城史，以及社会生活等多方面的内容，全方位地反映了秦代文明。秦始皇陵建造时庞大的用工规模、修陵过程中严密的管理制度、秦陵地宫中百官位次的摆放情况、制俑过程中整齐划一的严格要求、兵器制作中近乎苛刻的模式规范，反映了秦代高度统一的政治制度和管理体制。

兵马俑坑所表现出的严阵以待的军事场面以及完整的军事组织系统，如实地反映了秦代军队的各种信息，如各种军阶服饰、不同的兵种形象、相应的兵器组合和装备配置，以及队列形式和完整的指挥系统等。它们不仅对研究秦代军事制度、军事装备、兵种组合和指挥系统提供了完整、形象的实物资料，而且对研究春秋战国至两汉时期的军事史提供了重要的参考资料。

秦始皇陵文物上的刻文，为研究秦代的官制及度量衡补充了重要的资料。秦代铁权上面注明了秦代度量衡的具体计量数字；秦始皇陵陶文资料中的官府名、爵位名、地名等，反映了参与陵墓修建的机构、官府名称以及修陵人的成分和来源；马厩坑出土的陶文把史书中缺载的秦代厩苑制度形象地予以展示，为后人研究秦代养马制度提供了实证资料。

（三）古代陵墓建筑的杰出范例

秦始皇陵继承了战国以来的厚葬风气，并将这种厚葬的形式系统化、制度化，体现了“事死如事生”“国君陵墓若都邑”“皇权至高无上”的设计思想；而且它的规模和格局成为后世帝王陵墓的范本，深刻影响了此后中国帝王陵寝的建造。

秦始皇陵规模宏大，陵园外城周长6294米。陵园由陵墓、城垣与门阙、各种陪葬坑、礼制性建筑、陪葬墓、各种附属建筑等构成。目前在秦始皇陵内共发现陪葬坑、陪葬墓600多处，陪葬坑主要有兵马俑坑、石铠甲坑、百戏俑坑、铜车马坑、马厩坑、珍禽异兽坑、动物坑、青铜水禽坑等；陪葬墓主要有公子公主墓、修陵人墓等。大型建筑遗址有寝殿、便殿等。在陵园建神道、立石刻也始于秦始皇陵。

整个陵园的中心突出，层次分明，不求绝对的均衡对称，而是利用地形的高低起伏，让主次不同的陵园设施随着自然的地形、地貌依次有序展开。陵园坐西面东，正门在东边。陵墓的封土和内外城垣的东、西门相对，由此构成一条东西轴线。大型陪葬坑多位于轴线的南侧，兵马俑坑位于正门外大道的北侧。陵墓是整个陵园的核心，由地上封土和地下墓室两部分组成。陵园的地面布局好似一座都城，在高大的封土之外，有夯土筑起的内外两重南北狭长形的城垣，还有寝殿、献官官署、东门阙，它们都是秦始皇陵地面建筑布局的一部分。此外，还有“五岭遗址”防水堤、石料加工厂、窑址等建筑，它们虽然不是秦始皇陵布局的组成部分，但也是修筑秦始皇陵时因工程需要而建的地上建筑，属于秦始皇陵区域中秦代文化遗存的组成部分。

（四）提供众多的历史信息

随着时间的推移和空间的转换，后人已经无法全面了解历史的事实真相。能被岁月留存到今天的，都是一种奇迹。秦始皇陵历经两千余年留存至今，其中饱含了丰富的历史信息。

秦始皇陵的出土文物，在向人们展示秦代社会文明情况的同时，也传递着秦代的科技信息。例如，在金属加工工艺方面，铜车马的铸造和焊接工艺、秦俑坑兵器的锉磨技术、武器生产标准化的工艺、应用铬盐氧化技术的金属防锈措施，都遥遥领先于当时的世界科技水平。

精美的铜车马、陶马反映了秦人与马的密切关联。秦人是游牧民族的后裔，其先人为周王养马，非常熟悉马的习性和特点，塑造出来的马自然是活灵活现、异常雄健。秦始皇陵铜车马坑出土的铜马和兵马俑坑出土的陶马就是最好的证明。

此外，屹立的秦始皇陵封土及其地面建筑的损毁状况、墓土的焚烧痕迹，无不折射出围绕秦始皇陵发生的一系列重大事件，勾连起始皇帝嬴政、吕不韦、李斯、章邯、胡亥、赵高、陈胜、吴广、项羽、刘邦等众多历史人物，呈现出丰富的历史内涵。

三、保护与利用

（一）遗产的真实性及完整性

两千多年来，秦始皇陵除了受到保护，还历经天灾人祸。风雨侵蚀致使其水土流失严重，据史料记载，秦始皇陵一开始的封土高达115米，现在的高度只有原来的一多半。多次战乱亦使其屡遭破坏，1949年以前，国民党军队就曾在其封土堆上挖战壕，其残迹至今尚存。另外，历史上秦始皇陵周围居民的生产、生活也给它造成了一定程度的破坏。近年来，陵区的一些建设项目也直接对其地貌、环境造成了损坏。

但总体来说，秦始皇陵及其附属设施仍然基本上保留了它们的真实性和完整性。首先，秦始皇陵最重要的建筑——地宫，据史书记载，曾被项羽、石季龙、黄巢、牧羊儿等人盗掘和破坏，但从考古勘探、史料记载和保存现状分析，它被盗掘成功的概率较低。例如史书记载项羽曾派军队对陵墓进行破坏，但至今仍未见到有关大范围盗掘的有力证据。其次，虽然陵墓的地上建筑荡然无存，但通过今天的科学勘探和发掘判断，其地下部分的结构、布局基本未受侵扰，仍保留了原本的格局。如今，600多处陪葬坑及建筑遗迹得到良好保护，5万多件出土文物得到妥善修复、保护，秦始皇陵的真实性和完整性得到保障。

（二）保护实践

早在秦代，官方就设有专门的管理机构和人员守护秦始皇陵，此后历代政府均对秦始皇陵进行必要的保护。自1961年被国务院列为全国第一批重点文物保护单位后，秦始皇陵受到了各级文物管理部门和陵墓周围居民的悉心保护，这些“守陵人”默默地守护着这座地下文物宝库。

1. 设立专门管理机构，从整体上做好遗产管理工作

1961年，秦始皇陵被列为全国第一批重点文物保护单位，此后由政府部门出面成立专门的保护机构，将遗产保护纳入制度化轨道：1979年，秦始皇兵马俑博物馆建成开放；2009年，秦始皇帝陵博物院成立；2010年，秦始皇帝陵考古遗址公园建成开放。至此，秦始皇陵的管理和利用从制度和体制层面得以理顺。

秦始皇陵铜车马出土现场
（秦始皇帝陵博物院官网）

2. 开展科学考古勘探和发掘

对秦始皇陵园区进行全面考古勘探始于1962年，特别是1974年发现兵马俑后，考古钻探、调查和发掘一直在进行之中，至今没有间断。发现的K9801、K9901、K0006、K0007陪葬坑陆续被清理出来，为秦始皇陵的研究和展示奠定了坚实基础。

3.利用科技手段，加强文物修复和保护

随着考古发掘工作的开展，考古工作者发现埋在地下两千多年的秦始皇陵文物或多或少都有损毁，如铜车马出土时碎成一堆，秦兵马俑被清理后裸露在空气中色彩脱落、氧化，等等。对此，他们通过高科技手段对文物进行修复和保护，并在遗址保护、隔梁加固、彩绘保护、霉菌防治、温湿度监控等方面取得了一些突破，有效地保护了文物本体。

4.开展秦陵文化研究和出土文物展示工作

丰硕的文物保护成果、领先的文物保护技术、完善的文物保护设施，不仅为秦始皇陵兵马俑的考古发掘奠定了基础，也为有关文物与遗址的永续保存、长期展示，提供了坚实基础与有力保障。在此基础上，秦始皇帝陵博物院加大对秦陵文化的研究和出土文物的展示工作。除了K0006陪葬坑（文官俑坑），K9901陪葬坑（百戏俑坑），铜车马展厅，兵马俑一、二、三号坑等常设展览，秦始皇帝陵博物院还策划引进了“帝国之路”系列展、“东周时期区域文化”系列展等临时展览，从整体上展示秦文化发展壮大直至统一全国的历史进程。

“帝国之路”系列展览海报（秦始皇帝陵博物院官网）

（三）问题与展望

秦始皇陵及兵马俑坑所拥有的世界文化遗产的金字招牌，促使赴该地旅游参观的人数迅速增长。数据显示，秦始皇帝陵博物院已累计接待海内外游客上亿人次，仅2018年游客接待量就达8580416人。每逢节假日，游客数量激增的情况更为突出。旅游人数的增多，虽能给遗产地带来丰厚的门票收入，但也给遗产保护带来巨大压力。此外，巨大的商业利润容易滋生多头管理，给文物管理工作增加难度，前些年秦始皇陵管理机构的变更便是深刻教训。幸而今天秦始皇帝陵博物院已经发展成为集考古发掘、文物保护、科学研究、陈列展示、对外交流等诸多功能于一体的综合性机构，为秦始皇陵及其有关文物的研究、保护与利用提供了良好的平台。

参考文献

[1]陕西省考古研究所、始皇陵秦俑坑考古发掘队编著：《秦始皇陵兵马俑坑一号坑发掘报告（1974—1984）》，文物出版社1988年版。

[2]张志军：《秦始皇陵兵马俑文物保护研究》，陕西人民教育出版社1998年版。

[3]袁仲一：《秦始皇陵的考古发现与研究》，陕西人民出版社2002年版。

[4]吴永琪主编：《秦始皇陵及兵马俑》，三秦出版社2004年版。

[5]秦始皇兵马俑博物馆编：《秦始皇帝陵》，文物出版社2009年版。

[6]张颖岚：《文化遗产地管理对策研究——以秦始皇帝陵为例》，科学出版社2013年版。

[7]张卫星：《礼仪与秩序：秦始皇帝陵研究》，科学出版社2016年版。

[8]李炳武主编：《气势恢宏的地下兵团：秦始皇帝陵博物院》，西安出版社2018年版。

（张　伟）

古人进化之谜团　龙骨山上寻踪迹

——周口店“北京人”遗址

周口店“北京人”遗址是全世界同时期古人类遗址中最为著名的早期人类遗址，从20世纪初叶洞穴被发现开始，人类失落的环节逐渐被串联，人类进化的历史一步步被揭示。面对这块揭示着人类起源与演化的圣地，联合国教科文组织世界遗产委员会于1987年12月将其批准为世界文化遗产。该组织对其做出的评价为：周口店遗址不仅是有关远古时期亚洲大陆人类社会的一个罕见的历史证据，而且也阐明了人类进化的进程。

“北京人”复原图

一、遗址概况

周口店“北京人”遗址位于北京市西南房山区周口店镇龙骨山北部，地处华北平原和燕山山脉的接壤处，其充足的水源和自然洞穴为古人类的生存提供了优越的自然环境。该遗址不是单一考古遗址或化石地点，而是一组古人类、古生物遗址与地点群。作为周口店遗址第1地点，其洞穴高约40米，长140米，南北宽度不等，洞内堆积物很厚，地层分13层，从第11层到第3层大多是北京猿人化石和文化遗物，所以它是世界上同时期古人类遗址中材料最丰富、最系统、最有科研价值的旧石器时代早期人类遗址。到目前为止，周口店“北京人”遗址区域内共发现27处古人类、古动物、古文化遗物的化石地点，其中发现有生活在70万至20万年前的直立人化石、20万至10万年前的早期智人化石以及3万年前左右的晚期智人化石，同时发现有数百种动物化石、近10万件石制工具和丰富的人类用火遗迹，这些材料为研究人类发展史提供了珍贵而生动的实证。

作为亚洲大陆上发现的重要古人类遗址，周口店“北京人”遗址在世界范围内具有非凡意义，它证实了猿人是从猿到人的过渡阶段的中间环节之一，为人类起源和达尔文进化论提供了坚实的证据。从此，越来越多的人开始接受人类是由猿进化而来的科学事实。用火是人类在征服自然的历程中取得的伟大胜利，代表着猿人摆脱了茹毛饮血的原始状态，进而迈入文明的新征程，周口店“北京人”的发现，更将人类用火的历史提前了几十万年。

二、发现历史与保护现状

（一）周口店“北京人”遗址的历史

周口店“北京人”遗址是由石灰岩沉积形成的天然洞穴。1918年2月，时任中国北洋政府农商部矿政顾问的瑞典著名地质学家安特生听说周口店龙骨山有“龙骨”和石灰岩洞穴，作为一名业余探险家，他只身前往龙骨山，对一小块遭到破坏的含化石的堆积物进行了小规模发掘，找到两个种的啮齿类和一个种的食肉类化石。1921年，安特生联合美国古生物学家葛利普和奥地利古生物学家师丹斯基对另一地点做了小规模的调查和试掘，找到一批化石标本。1926年，他们整理标本时，识别出一颗明确的人牙，从此引发中外

北京猿人比较完整的5个头盖骨

学者对周口店的关注。[①]1927年，加拿大学者步达生主持对遗址进行正式挖掘。

1929年，中国史前考古学家裴文中在周口店找到了中国猿人第一个头盖骨。1930年，山顶洞人遗址被发现，并于1933年由裴文中主持发掘工作，出土了处于旧石器时代晚期的晚期智人化石。1935年，中国科学家贾兰坡开始主持遗址的发掘工作，并于次年发现3个完整的头盖骨。这些生活于60万年前的猿人头盖骨的发现，震惊了全世界。可惜绝大多数人骨化石在珍珠港事变前后下落不明，该事件也成为20世纪考古史上的世界之谜之一。新中国成立后，科学家们继续对周口店遗址展开发掘研究，获得了大量宝贵的第一手资料。20世纪70年代初，在这里又发现了距今10万年的新洞人遗址，为研究人类的起源问题提供了新的重要依据。

周口店“北京人”的头盖骨低而平，额向后倾，眉脊骨很粗大，像屋檐一样遮盖着双眼。脑壳约比现代人厚一倍，脑子约等于现代人平均数的80%。嘴巴前缘向前伸出，有宽的鼻骨和高的颧骨，但没有下颏。牙齿硕大，齿面的构造也复杂。大腿骨的中部，左右直径大于前后径，骨壁较厚，髓腔较小，这证明“北京人”已能用两手自由劳动，下肢保留的原始性质虽多于上肢，但已能直立行走，甚至还善跳。以上情况都说明，“北京人”正处于“从猿到人”的转变过程中，他们的体质构造在某些方面保留着猿的特征，但已具有人的性质。[②]

---

① 盛文林编著：《世界著名遗址背后的故事》，中国戏剧出版社2012年版，第4~5页。

② 贾兰坡：《周口店遗址》，《文物》1978年第11期。

石制品是“北京人”留下来的最重要的文化遗物。在已发现的27处地点中，第1地点、第15地点和山顶洞分别是东亚地区旧石器时代早、中、晚三个时期的典型代表，是研究东亚古人类发展阶段、技术特点，建立中国旧石器时代考古学体系，以及进行东、西方远古文化比较研究的实证基础。[①]出土资料可以证明，北京猿人在距今70万至20万年的那段时期居住于周口店地区，过着以采集为主、狩猎为辅的生活。其早期距今70万至40万年，中期距今40万至30万年，晚期距今30万至20万年，共在这里繁衍生息长达50万年。“北京人”属于从古猿进化到智人的中间环节的原始人类，男性的平均身高为156厘米，女性为150厘米。他们在劳动实践中，大脑进化，智力提高，是最早使用火的古人类，并能捕猎大型动物，但是其寿命较短，据统计，有68.2%死于14岁以前，超过50岁的不足4.5%。[②]

周口店“北京人”遗址的发掘和研究工作，在世界考古学史上具有重要价值，而这种价值也越来越被中国和外国学者所认可。1961年，该遗址被国务院列为第一批全国重点文物保护单位；1987年，被联合国教科文组织列入中国第一批世界文化遗产名录；2002年，北京市和中科院签署了市院共建“周口店遗址协议”后，成立了“周口店北京人遗址管理协调委员会”，组建了周口店“北京人”遗址管理处和中国科学院古脊椎动物与古人类研究所周口店古人类学研究中心，理顺了遗址研究、管理和科普的关系，为遗址的各项工作注入了新的机制和活力。在新的运行模式下，相应机构对遗址制定了系统的保护规划，实施了保护加固工程，建立了新的周口店遗址博物馆。[③]博物馆中珍贵的文物遗迹向世人生动展现了人类进化史的灿烂篇章。

---

① 《世界遗产在中国》电视系列丛书编委会编：《世界文化遗产》（三），湖南科学技术出版社2008年版，第76页。

② 李勇主编：《中国地理》，黑龙江科学技术出版社2013年版，第134页。

③ 高星：《周口店遗址的遗产价值与科研潜力》，《世界遗产》2017年第2期。

周口店“北京人”遗址有着辉煌的过去，对人类起源和演化研究做出了卓越贡献；今天，周口店“北京人”遗址在新的运行模式下也取得了更进一步的成就与创新。这些都预示着，周口店“北京人”遗址也会有更辉煌的明天，它将引领着人类学、考古学、地质学研究继续前行。

（二）周口店“北京人”遗址的保护现状

一处古文化遗址要想得到永续的保护与传承，提升其公共文化服务能力，必须在政策、制度、管理手段、保护措施等方面有一个宏观的指导思想和详细的实施方案。周口店“北京人”遗址作为中国首批世界文化遗产，在保护与传承的道路上，进行了不断探索和实践。近年来，一系列保护工作的开展使得周口店遗址环境得到明显改善，遗址本体得到有效保护，遗址各项工作有法可依、有据可查。

1989年1月，北京市人民政府颁布1号令，根据《中华人民共和国文物保护法》、《北京市文物保护管理条例》和其他有关法律法规，制定了《北京市周口店北京猿人遗址保护管理办法》，这是该遗址有史以来第一部专门性的保护性法规。2006年10月16日，北京市文物局公布实施《周口店遗址保护规划》，该规划科学、系统地设计了遗址的保护、管理、展示、利用等工作，是2006年至2020年这一段时期遗址保护的基本依据。

“北京人”在这个洞穴大约生活了30万年

为了使遗产保护向科学化、数字化迈进，遗址管理处根据《周口店遗址保护规划》，编制完成了《世界遗产——周口店遗址监测信息化建设总体方案》和《世界遗产——周口店遗址监控系统建设总体方案》，监测内容包含气象与空气质量、区域生物、地质灾害及岩体稳定性、游人、车辆管理等影响遗址的各项因素，并通过数据采集、分析、研究指导实际保护工作，还通过多学科融合及多技术应用，构建基于空间信息、物联网等现代技术的遗产监测体系，如实时自动化系统和数字管理平台，实现对周口店遗址的全面监测、实时监控、数据分析、应急指挥、持续保护。

三、特色与价值

（一）是世界上同时期古人类遗址中材料最丰富、最系统、最有科研价值的旧石器时代早期人类遗址

周口店“北京人”遗址是唯一保存了纵贯70万年的史前人类活动遗迹的遗址，是我国古人类学、旧石器时代考古学和第四纪地质学的科研基地，在世界范围内也是一处有关人类起源与演化研究的地方。尽管随着非洲地区更早的古人类化石与文化遗存的发现和欧洲、西亚地区一批重要的古人类材料的出土和研究，周口店“北京人”遗址不再保有独一无二的学术地位，但是其珍贵的价值并不会因此丧失，相反，它愈发成为非洲以外古人类遗存的代言者，成为“多地区进化说”和“连续进化附带杂交”理论的支撑点，成为审视新理论的一面镜子。正是由于拥有该遗址这样珍贵和丰富的材料，中国的古人类学和旧石器时代考古学才能在国际有关学术研究领域中独树一帜。可以这样说，周口店“北京人”遗址是一座中国乃至世界科学发现与研究的丰碑。①

---

① 高星：《周口店遗址的遗产价值与科研潜力》，《世界遗产》2017年第2期。

（二）见证了亚洲大陆从中更新世时期到旧石器时期的古人类演化过程，揭开了人类历史的序幕

在周口店“北京人”被发现之前，世界上虽然有德国的尼安德特人、海德堡人，印度尼西亚爪哇的直立人等人骨化石相继被发现，但尚未得到学术界的认可；即使是持进化论的学者，对于人类的起源问题、人骨化石在人类社会进化过程中的地位问题，也是众说纷纭、莫衷一是。直到周口店“北京人”头盖骨以及大量石器、用火遗迹被发现后，直立人的存在才得到肯定。

这些从遗址中出土的大量石器和化石是研究该时期古人类体质特点和演化过程不可缺少的珍贵资料，同时这些遗存的出土有力地支持了人类起源说和达尔文进化论，解决了自19世纪爪哇人被发现以来围绕科学界近40年的直立人究竟是猿还是人的争论①，充分证实了直立人是从猿到人的过渡阶段的中间环节之一。同时，研究出土石器的种类、形态可推断出该时期古人类的生存模式以及不同时期古人类的演化过程。可以说，周口店“北京人”遗址为东亚地区古人类研究提供了极为重要的依据。

（三）见证了人类社会从原始到文明的跨越

周口店“北京人”很早就学会了从大自然获取食物的方法，他们依靠采

---

① 爪哇人，即“爪哇猿人”，也称“直立猿人”。1890年，荷兰人类学家杜布瓦在一个叫作凯登布鲁伯斯的地方发现了一块古人类的下颌骨；1891年，他又在特里尼尔村找到了一个具有猿的性状的头盖骨；第二年，他又在相同地方发现了一根与现代人相似的大腿骨。这一发现公布后立即引起了激烈的争论。有人怀疑这些化石的地质时代有问题；有人不相信一根像现代人的大腿骨会与一个像猿的头骨配合在一起，因而认为这些化石只不过来源于一种大长臂猿而已；甚至有人认为这些材料不过是现代人当中畸形儿的遗骨。这些怀疑与争论将杜布瓦的发现埋没了近40年。直到1929年，我国著名古生物学家、古人类学家和史前考古学家裴文中先生在北京郊区的周口店发现了北京猿人第一个头盖骨之后，古人类学界才又重新确定了爪哇猿人作为最先发现的直立人的地位。

集和捕猎维持着生存和发展。在这种漫长而艰难的岁月中，“北京人”开始了一项伟大的创举，走出了从动物到人类跃进的关键性一步——制造和使用工具。他们运用石头、兽骨这种最为原始的工具从事采集和狩猎活动，向人类的门槛迈出了关键性的一步。

而火的使用代表着古人类逐渐走出茹毛饮血的原始时代。在周口店“北京人”遗址中发现了5个灰烬层、3处灰堆遗存以及大量的烧骨，灰烬层最厚可达6米，这些遗迹将人类用火的历史提前了几十万年，同时传递出一个重要信息，“北京人”除了会用火、支配火，还会保存火种。恩格斯将用火和动物驯养评价为“两种新的有决定意义的进步”，它们“直接成为人的新的解放手段”。因为火的应用扩大了人类食物的来源，创造了新的生存和发展条件。此外，火还可以用来照明、取暖和驱逐野兽，使得人类适应自然的能力大大提升。用火是人类第一次支配一种自然力，是人类从动物界分化出来进而跨入文明世界的一个极其重要的标志。

四、希望与期盼

自1929年周口店“北京人”第一个头盖骨被发现的那年起，时间已过去了90多年。这是一项具有全人类意义的科学成就，从此，一个“人是从猿变化而来的”模糊命题逐渐开始清晰。周口店“北京人”遗址，也以愈加丰富的发现来向世人展现古人类生活的样子，它就像一个用之不竭的古人类文化宝库，为我们揭示有关古人类的一个又一个不为人知的秘密。

这样一个历史文化圣殿，面对旅游市场却门庭冷落。据统计，近几年周口店“北京人”遗址的年游客数量大约在15万人次，与故宫日均游客量超4万人次相比，其年游客量竟不及故宫4天的数量。周口店遗址管理处原主任杨海峰曾表示，不知道周口店的人不多，但来周口店的人很少。被写入多国教科书、一直不缺乏知名度的周口店，在大众对它的认知度上折射出了很大落差。[①]因此，如何在保护的基础上加大对周口店“北京人”遗址的宣传力度，是我们接下来需要解决的问题。

参考文献

[1]中华人民共和国中央人民政府：《周口店北京人遗址保护2005至2020年总体规划出台》，http://www.gov.cn/jrzg/2006-06/13/content_307990.htm，2019-06-23。

[2]中国的世界遗产网：《世界文化遗产之周口店“北京人”遗址》，http://guoqing.china.com.cn/sjyc/?m=1&c=12，2019-06-23。

[3]国家文物局：《世界文化遗产在中国：周口店“北京人”遗址》，http://www.sach.gov.cn/col/col2058/index.html，2019-06-23。

[4]北京市人民政府：《北京市周口店北京猿人遗址保护管理办法》，http://www.beijing.gov.cn/zhengce/wenjian/192/33/50/438650/79298/index.html，2019-06-23。

[5]周口店遗址博物馆：《周口店遗址保护规划》，http://www.zkd.cn/ghls/1426.jhtml，2019-06-23。

[6]贾兰坡：《周口店遗址》，《文物》1978年第11期。

[7]林野：《周口店遗址公园遇尴尬 年游客量不及故宫4天多》，《新京报》2014年8月15日。

① 林野：《周口店遗址公园遇尴尬 年游客量不及故宫4天多》，《新京报》2014年8月15日。

[8]高星：《周口店遗址的遗产价值与科研潜力》，《世界遗产》2017年第2期。

[9]李勇主编：《中国地理》，黑龙江科学技术出版社2013年版。

[10]盛文林编著：《世界著名遗址背后的故事》，中国戏剧出版社2012年版。

[11]《世界遗产在中国》电视系列丛书编委会编：《世界文化遗产》（三），湖南科学技术出版社2008年版。

[12]赵迎新主编：《中国世界遗产影像志》，中国摄影出版社2014年版。

（周跃群）

雪域高原的明珠　藏传佛教之圣地

——布达拉宫历史建筑群

在西藏的红山之巅，有一颗明珠熠熠生辉，展现着神秘韵味和典雅光华，它就是举世闻名的布达拉宫历史建筑群。布达拉宫历史建筑群依山而建，宫宇叠砌，气势磅礴，瑰丽壮美，不仅是世界建筑史上的奇观，也是弥足珍贵的文化艺术宝库。根据世界文化遗产遴选标准第三项第一、四、六条，1994年，布达拉宫被列入《世界遗产名录》；2000年11月，大昭寺作为布达拉宫的扩展项目被列入《世界遗产名录》；2001年12月，罗布

1927年1月的布达拉宫（〔日〕青木文教摄，《亚细亚大观》第3辑）

与左图同一个角度拍摄的布达拉宫近影（张怡梅摄于2020年7月）

林卡也被列入其中。

世界遗产委员会对布达拉宫历史建筑群进行了这番评价：布达拉宫自7世纪起就成为达赖喇嘛的冬宫，象征着藏传佛教及其在历代行政统治中的中心作用。布达拉宫坐落在拉萨河谷中心海拔3700米的红色山峰之上，由白宫和红宫及其附属建筑组成。大昭寺也建造于7世纪，是一组极具特色的佛教建筑群。建造于18世纪的罗布林卡，曾经作为达赖喇嘛的夏宫，也是西藏艺术的杰作。这三处遗址的建筑精美绝伦，设计新颖独特，加上丰富多样的装饰以及与自然美景的和谐统一，更增添了其在历史和宗教上的重要价值。

一、遗产地概况

布达拉宫历史建筑群由布达拉宫、大昭寺、罗布林卡三部分组成。

布达拉宫雄踞于西藏自治区拉萨市市中心海拔3700米的红山之上，依山叠砌，建筑面积13万平方米，高110余米，东西长400余米，整体为土、石、木结构和碉楼形式，集古城堡、宫殿、灵塔、喇嘛寺院、佛学院为一体，融入了藏族、汉族及印度、尼泊尔等诸多建筑文化元素，是西藏现存规模最大、形制最完整的古代宫堡式建筑群。

布达拉宫红宫金顶群（卞志武摄，《中国世界遗产影像志》）

布达拉宫的主体建筑为红

宫和白宫。红宫居中央，主要用于宗教活动；白宫从东、南、西三面环绕红宫，呈“凹”字形，是达赖喇嘛生活起居和政治活动的场所。此外，布达拉宫还包括僧官学校、尊胜僧院、僧舍、雪老城、印经院、监狱、马厩、布达拉宫后园、龙王潭等附属建筑。

红宫是达赖喇嘛从事政教活动的重要场所，主要由5座存放历世达赖喇嘛法体的灵塔殿和各类佛殿组成。在各灵塔殿中，以五世达赖喇嘛的为最大，因五世达赖喇嘛阿旺罗桑嘉措在政治、宗教各方面功绩显赫，藏族人民于是用厚葬来回赠这位在内政、外交上做出重大贡献的头领。西有寂圆满大殿是五世达赖喇嘛灵塔殿的享堂，也是红宫中最大的殿堂。法王洞和圣观音殿是布达拉宫现存最早的建筑物，内有极为珍贵的吐蕃赞普松赞干布、大唐文成公主、尼泊尔墀尊公主及其大臣们的塑像。此外有殊胜三界殿、上师殿、菩提道次第殿、响铜殿、世袭殿等殿堂。

白宫是达赖喇嘛的冬宫，也曾是西藏地方政府的办事机构所在地，共七层高。位于第四层中央的东有寂圆满大殿是布达拉宫白宫最大的殿堂，也是达赖喇嘛举行亲政大典等重大宗教、政治活动和生活起居的场所；第五层和第六层以摄政办公和生活用房为主；最高处第七层为达赖喇嘛冬季的起居宫，由于这里终日阳光普照，故称为日光殿。

布达拉宫白宫东大殿（孙之常摄，《中国世界遗产影像志》）

大昭寺，藏语称为“祖拉康”“觉康”，位于布达拉宫东南方向约3公里

大昭寺屋顶的标志性塑像——双鹿法轮（张怡梅摄于2020年7月）

处的老城区中心。它因松赞干布为促进佛教发展而建造，后经过元、明、清历朝屡加修改扩建，形成了现今的规模。大昭寺现占地2.5公顷，由门廊、庭院、大殿、僧舍和仓库组成，为西藏现存最辉煌的吐蕃时期建筑。它开创了藏式平川式的寺庙布局规式，同时融合了中国、尼泊尔、印度的建筑风格，成为藏式宗教建筑的千古典范。环大昭寺内中心的释迦牟尼佛殿一圈称为“囊廓”，环大昭寺外墙一圈称为“八廓”，向外辐射出的街道名为“八廓街”，也称“八角街”。以大昭寺为中心，将布达拉宫、药王山、小昭寺包括进来的地域范围称为“林廓”，“林廓”中所形成的由内而外的三个环形，便是信徒行转经①仪式的路线。

不同于布达拉宫和大昭寺，罗布林卡是一座典型的藏式风格园林，在藏语中意为“宝贝园林”。它建于18世纪40年代，位于布达拉宫西侧约2公里的拉萨河河畔，环境优美，林木繁茂，是历代达赖喇嘛消夏理政的场所。罗布林卡经过200多年的扩建，占地约36公顷，由格桑颇章、金色颇章、达登明久颇章等几组宫殿建筑构成，是西藏规模最大、营造最精美、最具特色的集园林、宫殿和高原动植物为一体的别墅式园林博物馆。

---

① 转经是西藏以及川、滇、青、甘藏区藏传佛教的一种宗教活动，即围绕着某一特定路线行走、祈祷。

布达拉宫、大昭寺和罗布林卡风景优美，建筑极具藏族特色，加之它们在历史和宗教上的重要意义，由此在世界文化遗产上留得美誉。

二、探寻历史与保护现况

（一）布达拉宫历史建筑群的历史

“布达拉”是梵语的音译，意为“佛教圣地”。布达拉宫始建于7世纪，是吐蕃赞普松赞干布为迎娶唐朝文成公主而建造的，当时称“红山宫”。据文献记载，当时红山宫规模很大，外有3道城墙，内有1000间宫室，是吐蕃王朝的政治中心。9世纪中叶，吐蕃政权崩溃，西藏陷入长期战乱，富丽堂皇的红山宫没能保存下来，仅剩法王洞和圣观音殿两处。17世纪，五世达赖喇嘛阿旺罗桑嘉措决定在红山重建布达拉宫，并于1648年建成了以白宫为主体的建筑群。此后，随着历代达赖喇嘛灵塔殿的扩建，布达拉宫的规模也在不断扩大。

大昭寺始建于647年，建成于650年，是松赞干布为传播佛教而建造的，此后成为历代赞普传承佛法的主要寺庙。其间，经元、明、清历代多次修整扩建，形成如今的规模。大昭寺建造时曾经以山羊驮土，依靠山羊把卧塘湖填平，因而最初的佛殿曾被命名为“羊土神变寺”。为了感激羊对大昭寺的贡献，纪念建寺时山羊搬沙土所立下的功劳，大昭寺在佛殿一角做了一个小山羊的塑像，并且涂饰金子。很多当地人把它当作神羊，经常来膜拜。①

罗布林卡始建于18世纪中叶，是历代达赖喇嘛处理政务和进行宗教活动的夏宫。其地原为灌木林，是拉萨河故道经过的地方。七世达赖喇嘛格桑嘉措在哲蚌寺学经期间，时常到此搭帐消夏，所以他参政后，当时的驻

---

① 徐潜主编：《中国藏传佛教建筑》，吉林文史出版社2014年版，第37~39页。

藏大臣秉承清廷旨意，在这里为他修建了乌尧颇章（帐篷宫），这是罗布林卡的前身。七世达赖喇嘛晚年时又在附近修建了格桑颇章，并起名“罗布林卡”。后经清世宗雍正皇帝批准，七世达赖喇嘛每年夏季可在格桑颇章处理政务。从此，罗布林卡逐渐由疗养地演变为处理政教事务的夏宫。此后历世达赖喇嘛均在每年的藏历三月十八日从布达拉宫移居罗布林卡，亲政之前的达赖喇嘛则常年在此习经学法。自七世达赖喇嘛以后，历世达赖喇嘛均曾对罗布林卡进行扩建，其中以八世和十三世达赖喇嘛进行的扩建规模最为宏大：八世达赖喇嘛扩建后，罗布林卡明显具备了园林特点；十三世达赖喇嘛主要辟建了金色林卡，并在园林西部修建了金色颇章等建筑。

罗布林卡（卞志武摄，《中国世界遗产影像志》）

乾隆皇帝敕封八世达赖喇嘛的玉质文册（孙之常摄，《中国世界遗产影像志》）

（二）布达拉宫历史建筑群的保护现况

布达拉宫历史建筑群于1961年被列为国家第一批重点文物保护单位，虽然建筑群中的三处古迹均存在扩建现象，但是依旧很好地保留了其初建时原有的形态和特点。同时，中共中央和国务院非常重视对该建筑群的维修和保护，除了常年拨款用于日常维护和保护性抢修，如1989年开始的为期5年、2002年开始的为期6年的布达拉宫抢救性保护维修工程，还鼓励支持当地政府出台相关的管理条例对其进行更有效的保护。

1994年5月，受联合国教科文组织世界遗产委员会委托，专家组对布达拉宫进行了实地考察；同年12月，经世界遗产委员会一致同意，布达拉宫以其特殊的价值和保护状况，被列入世界文化遗产名录。大昭寺和罗布林卡也分别于2000年11月和2001年12月作为布达拉宫的扩展项目列入《世界遗产名录》。需要指出的是，将文物列入世界文化遗产名录本身就是对重要文物的一种保护。

当然，举世瞩目的布达拉宫历史建筑群之所以能够光彩照人地矗立于世界高原之巅，与专业人员对其进行精细的日常维护是分不开的。宫内的佛像要定期涂金，墙体要定期上色，这些工作都由专门的工匠或施工队负责。布达拉宫历史建筑群的维护一直都在进行，也将一直延续下去。此外，限制参观人数、严格安检，也对布达拉宫的保护起着积极作用。

三、特色与价值

布达拉宫、大昭寺和罗布林卡不仅以其独特的自然风貌、杰出的建筑工艺和精美的藏族艺术珍品闻名于世，还蕴含着深厚的文化底蕴和宗教意义。

大昭寺院落（张怡梅摄于2020年7月）

（一）布达拉宫历史建筑群是人类想象力和创作力的杰作

布达拉宫历史建筑群的设计、装饰与环境融为一体，构成了和谐融洽的圣境。与此同时，三处建筑又各具特色：布达拉宫是藏传佛教寺庙与宫殿相结合的建筑中最杰出的代表，在中国乃至世界都是绝无仅有的；大昭寺融合了中国藏族、汉族与尼泊尔、印度的建筑风格，成为藏式寺庙建筑的千古典范；罗布林卡将建筑艺术、宗教艺术与园林艺术三者完美结合，是藏式园林建筑的天才杰作。

（二）布达拉宫历史建筑群的规模和艺术财富代表着藏式建筑的顶级水平

仅以布达拉宫为例，布达拉宫由不同体量、形貌的建筑组合而成，建筑之间大小形状的变化、高低错落的布置，使得建筑形象既统一又不失丰富。在这当中，红宫的设计起统领全局的作用，其红色的宫墙在以白色为主基调的周边建筑对比下，显得更为突出和夺目；而白色则取和平、宁静之意，在碧蓝的天空和群山的掩映下十分明亮耀眼；高耸于红宫之上的金顶及金黄色的经幢和各类镏金装饰则锦上添花，起到了画龙点睛的作用，营造了吉祥天国的景象。[1]

除了杰出的建筑工艺，布达拉宫还是藏族艺术精品和珍贵文物的宝库。附丽于建筑的壁画艺术遍布布达拉宫各个主要殿堂、门厅和回廊，绘画面积达2500平方米。这些壁画题材丰富多样，涵盖了历史事件、人物传记、宗教教义、风土人情、民间传说和神话故事等，内容涉及政治、经济、历史、宗教、文化艺术等各个方面，真实反映了西藏历史的发展和变迁，充满浓郁的生活气息，成为其艺术宝库中一个重要的组成部分。[2]独具藏族特色的传统工艺唐卡是布达拉宫宝库中的又一精品。唐卡即藏族的宗教卷轴画，其题材以佛教内容为主，还包罗医学、天文、地理、习俗、文学等内容，具有鲜明的民族特色。它除了被称为藏族的“百科全书”，现在也成了中华民族民间艺术中弥足珍贵的非物质文化遗产。此外，布达拉宫还有精美的塑像、石刻、金银器以及大量的经书等。这些数以万计的艺术珍品向世人展现着它们的璀璨与绚美。

清政府驻藏大臣衙门（张怡梅摄于2020年7月）

① 严桦：《布达拉宫》，中国水利水电出版社2004年版，第50~53页。
② 严桦：《布达拉宫》，中国水利水电出版社2004年版，第64~65页。

（三）布达拉宫历史建筑群是连接神圣与世俗的特殊符号

布达拉宫、大昭寺和罗布林卡与西藏历史上的重要人物松赞干布、文成公主和历世达赖喇嘛等有着十分密切的关系，因而有着重大的历史和宗教意义。与此同时，对于虔诚质朴的信徒而言，布达拉宫历史建筑群不仅仅是杰出的建筑，更是他们心中最纯粹的圣地，很多浸润在宗教文化中的信徒终生最向往的事情就是去布达拉宫朝拜，祈求佛祖赐予他们美好安定的来世。

到达布达拉宫后，朝圣者会沿着严密的巡礼（转经）路线进行有序的朝拜。巡礼路线主要有两条：第一条为主线，引导朝圣者入圆满汇集道大门，这是进入布达拉宫的主门；第二条是从大台阶入菩提解脱门，直接进入红宫，一般认为遭受不幸的人才选择这条路线，取其已登上菩提解脱之路的意味。朝圣者经过一系列幽暗和庄严的佛殿后，最终分别到达东欢乐广场和西欢乐广场。这种转经路线，源于佛经律藏的因果报应、生死轮回一说，转经的根本目的是达到超脱轮回的境界。布达拉宫等一系列寺庙设置转经道路的做法其实是将人们的世俗生活纳入超脱生死轮回的转经之中。[①]

神圣与世俗的结合还体现在一些节日仪式上。罗布林卡每逢藏历六月（阳历在每年8月下旬左右）会举行一年一度的雪顿节，又叫“藏戏节”“展佛节”。在这个节日的第一天，拉萨城内的藏族同胞会举家前往罗布林卡等待展佛。在展佛仪式开始前，虔诚的信徒和喇嘛会静默祈祷，当展佛的时辰一到，数十名喇嘛在法号声中将佛像唐卡沿山岩铺展开去。此时，前来朝拜的人面对着山岩上庄严而巨大的佛像，沿着转经道把洁白的哈达庄严地献给佛，并簇拥着上前用额头近距离触碰唐卡上的佛像，心中祈祷着众生平安喜乐。

---

① 严桦：《布达拉宫》，中国水利水电出版社2004年版，第44~48页。

布达拉宫广场的转经筒
（张怡梅摄于2020年7月）

四、希望与期盼

布达拉宫历史建筑群是举世闻名的世界文化遗产和藏传佛教圣地，它以雄伟的建筑外观、瑰丽的藏式艺术、厚重的历史底蕴和深远的宗教象征吸引着越来越多的人来到这里。面对火热的文化旅游市场，布达拉宫历史建筑群的开发与建设或多或少会对其保护产生影响。因此，西藏自治区文化厅、文物局等政府机构应严格执行《中华人民共和国文物保护法》《西藏自治区文物保护管理条例》《西藏自治区布达拉宫保护办法》等有关法律法规，认真履行《保护世界文化和自然遗产公约》，坚持“保护为主、抢救第一、合理利用、加强管理”的方针，确保布达拉宫历史建筑群的真实性和完整性。毕竟，以布达拉宫历史建筑群的保护和保存为前提，才能让文化旅游在建设的道路上走得更顺畅、更和谐，从而达到“双赢”的局面。

参考文献

[1]国家文物局:《世界文化遗产在中国：布达拉宫历史建筑群》，http://www.sach.gov.cn/col/col2058/index.html，2019-06-21。

[2]中国世界遗产网:《布达拉宫、大昭寺、罗布林卡》，http://www.whcn.org/Detail.aspx?Id=1863，2019-06-21。

[3]中华人民共和国中央人民政府:《世界文化遗产——布达拉宫》，http://www.gov.cn/test/2006-03/28/content_238356.htm，2019-06-21。

[4]西藏自治区人民政府:《布达拉宫》，http:// www.xizang.gov.cn/xzly/jdjs/201609/t20160905_85230.html，2019-06-21。

[5]布达拉宫官网:《西藏自治区布达拉宫保护管理(办法)》，http://www.potala-palace.com/baohuguanli/67.html，2019-06-21。

[6]布达拉宫官网:《布达拉宫保护管理》，http://www.potala-palace.com/baohuguanli/2.html，2019-06-21。

[7]徐潜主编:《中国藏传佛教建筑》，吉林文史出版社2014年版。

[8]严桦:《布达拉宫》，中国水利水电出版社2004年版。

（周跃群）

南北精华聚于此　移天缩地在君怀

——承德避暑山庄及周围寺庙

承德避暑山庄及周围寺庙又被称作“热河行宫”，是中国现存规模最大的古代帝王宫苑和皇家寺庙群，享有“中国地理形貌之缩影”和“中国古典园林之最高范例”的盛誉。1994年12月，承德避暑山庄及周围寺庙被联合国教科文组织世界遗产委员会批准为世界文化遗产。他们对这一古迹的价值做出了极高的评价：承德避暑山庄，是清王朝的夏季行宫，位于河北省境内，修建于1703年至1792年，是由众多的宫殿以及其他处理政务、举行仪式的建筑构成的一个庞大的建筑群。建筑风格各异的庙宇和皇家园林同周围的湖泊、牧场和森林巧妙地融为一体。避暑山庄不仅具有极高的美学研究价值，而且还

避暑山庄所在的东山地区（〔日〕三室山人摄，《亚细亚大观》第10辑）

保留着中国封建社会发展末期的罕见历史遗迹。

一、遗产地概况

承德避暑山庄及周围寺庙位于今河北省承德市中心区以北，武烈河西岸一狭长的谷地之上，始建于康熙四十二年（1703），竣工于乾隆五十七年（1792），历时89年之久，是中国现存规模最大的皇家宫苑和皇家寺庙建筑群。

避暑山庄作为清代鼎盛时期帝王避暑的夏宫，占地564公顷，由宫殿区和苑景区两大部分组成。宫殿区作为园区主要建筑，是皇帝处理政务和帝后居住的地方，包括正宫、松鹤斋、万壑松风和东宫（已毁）四组建筑。苑景区又分为湖区、平原区和山岳区，湖区洲岛错落，湖面被长堤和洲岛分割成五个湖。各湖之间又有桥相通，两岸绿树成荫，显得曲折有致，秀丽多姿。湖区的风景建筑大多是仿照江南的名胜建造的，如烟雨楼，仿照浙江嘉兴南湖的烟雨楼而建。湖中的两座岛各自修有一组建筑，一组叫“如意洲”，一组叫“月色江声”。如意洲上有假山、凉亭、殿堂、庙宇、水池等建筑，布局巧妙，是苑景区的中心。平原区

普乐寺旭光阁（〔德〕恩斯特·伯施曼摄于1906—1909年）

被称作小布达拉宫的普陀宗乘之庙（〔德〕恩斯特·伯施曼摄于1906—1909年）

主要是一片片草地和树林。清朝时这里有万树园，园内有28座不同规格的蒙古包，其中最大的一座是御幄蒙古包，直径达7丈2尺，是皇帝的临时行宫，乾隆帝经常在此召见少数民族的王公贵族、宗教头领和外国使节。山岳区位于山庄的西部和北部，峰奇石异，林木繁茂，气候宜人，另有棒槌石、蛤蟆石等奇景。康熙帝曾在避暑山庄以四字命名了三十六景，后来乾隆帝用三字也命名了三十六景，这就是山庄著名的七十二景。

在避暑山庄东北部的山麓，分布着宏伟壮观的寺庙群，这就是外八庙。该寺庙群占地47.2公顷，建筑面积达6万多平方米。外八庙实际上并不只有8座庙，而是12座，其名称分别为：溥仁寺、溥善寺（遗址）、普宁寺、安远庙、普乐寺、普佑寺、普陀宗乘之庙、广安寺（遗址）、殊像寺、罗汉堂（遗址）、须弥福寿之庙、广缘寺（遗址），因为分为8处管理，且地处塞外，所以称为“外八庙”。外八庙不仅仅是盛清时期古典建筑的代表作，更具有鲜明的政治色彩和强烈的民族意识。其建筑形式以汉式宫殿建筑为基调，吸收蒙古族、藏族、维吾尔族等民族建筑艺术特征，创造了中国多样统一的寺庙建筑风格。与此同时，外八庙的整体布局环绕避暑山庄而建，以山庄为核心，呈烘云托月之势，折射出天下一统、皇权至上的政治用意。外八庙中每一座寺庙的敕建，都有特定的历史背景和象征，表现了我国多民族国家统一、巩固和发展的历史进程。

可以说，避暑山庄及周围寺庙集形貌和神魂为一体，在形式和内容上达到了和谐与统一：避暑山庄结合自然山水营造的景观是中国自然山水宫苑的杰出代表；周围寺庙的建筑融汇了汉族、蒙古族、藏族等多个民族的建筑形式，代表着中国建筑发展过程中多民族文化交流与融合的成就。

二、建造历史与保存现状

（一）承德避暑山庄及周围寺庙的历史

康熙在平定三藩之乱后，逐渐开始注重巩固北方边防与疆土。他认为历史的教训已经证明，再坚固的长城也抵挡不住强敌的入侵，于是开始推行“恩威并举”“剿抚并用”的政策，加强与周边少数民族的关系，增强中华民族的凝聚力。面对承德这块难得的宝地，他当机立断，在当时还只是用于秋季狩猎的木兰围场的基础上，兴建了热河行宫（即避暑山庄）和外八庙。

避暑山庄的建成分为康熙初建和乾隆扩建两个阶段。康熙四十二年（1703），热河行宫正式破土动工。首先是疏通河道，修筑堤坝，扩大热河行宫的面积。然后是开阔湖区，形成洲岛堤岸，并按照古代“一池三山”[①]之

① “一池三山”是中国的一种园林模式，并于历朝的皇家园林以及一些私家园林中得以继承和发展。“一池”指太液池；“三山”指神话中东海里的蓬莱、方丈、瀛洲三座仙山。

烟波致爽殿（陈克寅摄，《中国世界遗产影像志》）

说修筑了芝径云堤、环碧岛、如意洲、月色江声岛。随着洲岛的形成，岛上的宫殿和湖畔的亭榭也相继竣工。到1708年，避暑山庄已经初步形成了十六景：澄波叠翠、芝径云堤、长虹饮练、双湖夹镜、暖流暄波、万壑松风、曲水荷香、西岭晨霞、芳渚临流、金莲映日、锤峰落照、南山积雪、梨花伴月、石矶观鱼、莺啭乔木、浦田丛樾。随后，延薰山馆、水芳岩秀、云帆月舫、远近泉声、镜水云岑等也陆续建成。之后，又修建了正宫。正宫原来设在如意洲上，由于受到洲岛的限制，宫殿狭小。康熙命人将万壑松风西南的土丘铲掉，形成一块宽敞开阔的台地，在这块台地上盖起了正宫。正宫建成后，康熙帝于康熙五十年（1711）题写了“避暑山庄”四个大字，刻制成镏金云龙陡匾挂于内午门上，热河行宫正式定名为“避暑山庄”。康熙将正宫的寝宫烟波致爽殿定为第一景，与已经建成的建筑或景观组成三十六景，每一景都题诗写序，介绍其位置和意境。至此，康熙三十六景初具规模。后来，在已经修好的澄湖、如意湖、上湖、下湖、西湖、半月湖这六大湖泊的基础上，又向东开辟了镜湖、银湖；在下湖的水闸上修建了三座重檐亭榭；在东部湖区内修建了清舒山馆等。康熙五十二年（1713），避暑山庄已初具规模。[①]

乾隆帝即位后，对避暑山庄进行了大规模的扩建，增建宫殿和多处精巧的大型园林建筑。乾隆仿其祖父康熙，以三字为名又题了三十六景，合称避暑山庄七十二景。康熙五十二年至乾隆四十五年（1713—1780），伴随着避暑山庄的修建，周围寺庙也相继建造起来，后来统称为“外八庙”。乾隆五十七年（1792），山庄工程全部竣工，历时89年的营造把避暑山庄推向了极致。次年，乾隆皇帝在此举行盛大的生辰庆典，可谓是避暑山庄鼎盛的高峰，至此之后，山庄由盛转衰。

嘉庆四年（1799），乾隆皇帝在北京紫禁城病逝，“康乾盛世”从此成为历史。随着清朝的逐渐衰落，避暑山庄及周围寺庙失去了昔日的煊赫辉煌而日趋荒凉。到了清朝末年，许多建筑因年久失修，风化雨蚀，已是瓦垄松散，兽吻脱落，彩绘褪色。此后，避暑山庄及周围寺庙又屡遭军阀、侵华日军等人为抢掠、毁坏，到新中国成立前，园内大量古树被砍伐，湖泊淤塞，堤岸崩塌，引水断流，道路、植被遭到严重破坏，避暑山庄七十二景仅存七景，其他建筑只存13处，所剩不足原有景观的十分之一；周围12座皇家寺庙中罗汉堂、广安寺、溥善寺、广缘寺残毁严重，处处尘封垢积、残垣断壁。[②]

（二）承德避暑山庄及周围寺庙的保护现状

中华人民共和国成立后，避暑山庄及周围寺庙得到了国家的充分重视和妥善保护。1961年，国务院将承德避暑山庄及周围寺庙列为第一批全国重点文物保护单位。1982年，经国务院批准，又将其列为国家级风景名胜区。

---

① 陈长文编著：《承德避暑山庄与外八庙》，吉林文史出版社2010年版，第21~24页。

② 参见张丽环：《光华闪耀，硕果累累——避暑山庄及周围寺庙三个十年整修规划纪实》，《承德职业学院学报》2006年第1期。

1994年12月，承德避暑山庄及周围寺庙被联合国教科文组织世界遗产委员会批准为世界文化遗产。2007年5月8日，经国家旅游局正式批准，承德避暑山庄成为国家5A级旅游景区。避暑山庄与北京的颐和园、苏州的拙政园、苏州的留园并称为中国四大名园。①

2003年8月，根据《中华人民共和国文物保护法》及其他相关法律法规，并结合承德避暑山庄及周围寺庙实际，河北省人民代表大会常务委员会正式颁布《承德避暑山庄及周围寺庙保护管理条例》。条例规定承德避暑山庄及周围寺庙的保护和管理要与保护历史文化名城相结合，坚持“保护为主、抢救第一、合理利用、加强管理”的方针，确保文物的安全，并明确了保护范围和保护对象。与此同时，此条例强调承德市的城市建设和旅游开发不得破坏承德避暑山庄及周围寺庙整体的历史风貌和自然环境，否则将受到相应的法律惩罚。

除了颁布相关法律法规，政府还实施可行性规划，积极抢救维修承德避暑山庄及周围寺庙。国务院从1976年到2005年先后批准实施了三个以“抢救和整修”为保护原则的“避暑山庄和外八庙（周围寺庙）整修工程十年规划”，并拨款几亿元专项资金用于古建维护、园林整治以及保护区周围环境的综合治理。前两个十年整修规划完成后，避暑山庄的湖区、平原区已基本恢复了原貌，第三个整修规划完成后，更让避暑山庄及周围寺庙发生了翻天覆地的变化：文物部门共完成古建筑整修126处，亭榭30处，桥梁18座，道路1300米，古建基址18处，围墙5300米，假山15处，湖沼80万平方米；清理延长古御道1100米，清除积土35000立方米。避暑山庄及周围寺庙基本上恢复了康乾盛世的面貌，再现了昔日的辉煌。②

与此同时，地方政府先后出台了《承德避暑山庄及周围寺庙文物保护

---

① 陈长文编著：《承德避暑山庄与外八庙》，吉林文史出版社2010年版，第24页。

② 张丽环：《光华闪耀，硕果累累——避暑山庄及周围寺庙三个十年整修规划纪实》，《承德职业学院学报》2006年第1期。

总体规划》《承德历史文化名城保护规划（2015—2030年）》《承德避暑山庄外八庙风景名胜区总体规划》《承德避暑山庄外八庙风景名胜区喇嘛寺城景协调区详细规划（2018—2028）》等，对避暑山庄及周围寺庙进行专项整治。以2018年11月河北省人民政府印发的《河北省旅游高质量发展规划（2018—2025年）》为例，该规划强调以生态建设为依托，将承德避暑山庄及周围寺庙打造成为“品质皇家”世界级旅游品牌，并创新了保护和管理方式。

三、特色与价值

（一）全国地理环境的缩影

承德避暑山庄及周围寺庙集天下景色于一园，亭台楼阁、假山叠石点缀在林地、草原、山峦、水际之间，星罗棋布，和谐相融，既有北国风光的苍劲壮美，又有江南风景的清雅秀丽。山庄西北多为山区，草盛林茂、古木参天；东南多为湖区，垂柳依依、荷花香溢；北部则呈现一片开阔的平地，林木森森、绿草茵茵，三类景区恰如中国的地理风貌带，构图精巧，遥相呼应，相得益彰。在湖区部分，山庄采用了南方传统园林建筑布局，仿建了许多江南风景名胜，如烟雨楼仿浙江嘉兴南湖烟雨楼而建，西湖依杭州西湖而名，从而在北方的一隅呈现出一抹淡雅的江南风光。作为外八庙之一的普陀宗乘之庙有小布达拉宫之称，依山而建，红台白楼，宏伟壮丽，看到它便令人想到了万里外西藏的布达拉宫，正可谓“山庄咫尺间，直作万里观”。

（二）中国古代帝王宫苑与皇家寺庙完美融合的典范

承德避暑山庄及周围寺庙是中国现存规模最大的古代帝王宫苑和皇家寺庙群，是帝王宫苑体系中的典范之作，其园林建造实现了“宫”与“苑”

形式上的完美结合和“理朝听政”与“游息娱乐”功能上的高度统一。

与此同时，避暑山庄及周围寺庙也标志着中国古代造园与建筑艺术的巨大成就，它集中国古代造园艺术和建筑艺术之大成，是极具创造力的杰作。在造园上，它继承和发展了中国古典园林“以人为之美入自然，符合自然而又超越自然”的传统造园思想，总结并创造性地运用了各种造园素材、造园技法，使其成为自然山水园与建筑园林化的杰出代表；在建筑上，它继承、发展并创造性地运用各种建筑技艺，撷取中国南北名园、名寺的精华，融汇汉族、蒙古族、藏族等多个民族的建筑形式，运用建筑装饰及佛教造像等中国古代的高超技艺，以此成就了中国古代建筑史上的奇观。[①]

普乐寺欢喜佛塑像（〔日〕三室山人摄，《亚细亚大观》第11辑）

（三）丰富的历史政治内涵

承德避暑山庄及周围寺庙见证了清王朝的兴衰。它是清朝皇帝出于团结边疆少数民族、促进民族交流与融合、巩固国家统一的政治目的而修建的夏宫。避暑山庄兴建后，清朝皇帝每年都花大量时间在此处理军政要务、接见外国使节和边疆少数民族

① 陈长文编著：《承德避暑山庄与外八庙》，吉林文史出版社2010年版，第14~15页。

政教头领，使得这里成了清朝的第二个政治中心。据记载，当时我国漠南、漠北、青海、新疆的蒙古族、维吾尔族、哈萨克族、柯尔克孜族和西藏、四川等地的藏族等边远地区兄弟民族的上层人物，都曾来避暑山庄朝觐。随着1840年鸦片战争的爆发，清王朝逐渐衰微，避暑山庄也日渐败落。1860年，英法联军进攻北京，咸丰帝逃到此地避难，并在这里批准了《中俄北京条约》等几个不平等条约。此外，影响中国历史进程的“辛酉政变”①也发端于此。可以说，这里发生的一系列重要事件、保留的重要遗迹和重要文物，成为中国多民族统一国家最后形成以及战争爆发后列强野蛮行径的历史见证。②

须弥福寿之庙远景（〔日〕三室山人摄，《亚细亚大观》第11辑）

① “辛酉政变”，指1861年（农历辛酉年）咸丰帝在避暑山庄病逝后，慈禧太后联合恭亲王奕䜣发动的一场宫廷政变。

② 陈长文编著：《承德避暑山庄与外八庙》，吉林文史出版社2010年版，第12~13页。

四、希望与期盼

承德避暑山庄及周围寺庙充分展现了清朝当时政治、经济、文化、艺术上的辉煌成就，是集中国古代园林艺术之大成、建筑艺术之大成、宗教艺术之大成为一体的罕见历史古迹。

作为中国第一批世界文化遗产，承德避暑山庄及周围寺庙的保护和管理更需要国家的支持，管理部门应当站在新的历史高度看待避暑山庄及周围寺庙的保护工作，深入理解其历史价值和现实作用，通过对文化遗产的妥善保护，使其成为民族团结的教育和宣传基地，为民族团结教育提供直接教材；为驳斥分裂祖国的阴谋提供历史依据；为系统研究历史、完善民族政策提供资料；也为开展各类宗教、文化活动提供平台。①

参考文献

[1]河北省人民政府：《河北省人民政府关于印发〈河北省旅游高质量发展规划（2018—2025年）〉的通知》，http://info.hebei.gov.cn/eportal/ui?articleKey=6839465&columnId=6806589&pageId=6806152，2019-07-01。

[2]中国的世界遗产网：《世界遗产之承德避暑山庄和外八庙》，http://guoqing.china.com.cn/sjyc/?m=1&c=15，2019-06-30。

---

① 参考单霁翔于2010年8月9日在承德避暑山庄和外八庙保护工作现场办公会上的讲话。

[3]国家文物局：《世界文化遗产在中国：承德避暑山庄及其周围寺庙》，http://www.sach.gov.cn/col/col2058/index.html，2019-06-30。

[4]河北省人民政府：《文化遗产：避暑山庄》，http://www.hebei.gov.n/hebei/10731222/10759065/10759089/10842133/index.html，2019-06-30。

[5]河北省人民政府：《文化遗产：外八庙》，http://www.hebei.gov.cn/hebei/10731222/10759065/10759089/10830459/index.html，2019-06-30。

[6]陈长文编著：《承德避暑山庄与外八庙》，吉林文史出版社2010年版。

[7]张丽环：《光华闪耀，硕果累累——避暑山庄及周围寺庙三个十年整修规划纪实》，《承德职业学院学报》2006年第1期。

（周跃群）

千秋孔圣故地　万代后人瞻仰

——孔庙、孔府、孔林

孔庙、孔府、孔林（简称“三孔”），位于山东省曲阜市，是我国历代尊孔重儒的见证和纪念孔子的场所。曲阜孔庙既是祭祀孔子的本庙，又是世界各地2000多座孔庙的先河和范本，更是中国使用时间最长的庙宇；孔林是孔子及其家族的专用墓地，已有2500多年历史，是目前世界上延续时间最久、面积最大的氏族墓地；孔府是孔子嫡裔世代居住的府邸，又称为“衍圣公府”，是中国现存规模最大、保存最好、最为典型的官衙与宅第合一的建筑群。1994年，“三孔”被联合国教科文组织列入世界文化遗产名录。

一、“三孔”的发展历史

（一）孔庙的发展历史

孔子去世后的第二年（前478），鲁哀公将孔子故居辟为庙宇祭祀孔子，这是世界上第一座孔庙。此后“两千多年来，曲阜孔庙旋毁旋修，从未废弃，在国家的保护下，由孔子的一座私人住宅发展成为规模形制与帝王宫殿相埒的庞大建筑群”[①]。

① 鲁文：《曲阜孔庙孔林孔府》，《寻根》2003年第3期。

西汉高祖刘邦过鲁，至孔庙以太牢祭祀；汉武帝“罢黜百家，独尊儒术”后，孔庙的维护更受官方重视。东汉永寿二年（156），鲁相韩敕曾修葺孔庙并制造奉祀所用的礼器。魏晋南北朝时期也对孔庙屡加修缮。北朝东魏兴和元年（539），第一次在孔庙中为孔子和他的十位弟子塑像。

隋唐时期，孔庙得到进一步修葺扩建。隋大业七年（611），曲阜县令陈叔毅重修孔庙，使其焕然一新。唐太宗曾命兖州建阙里（孔子故里）孔子庙。唐高宗令兖州都督霍王李元轨“改制神宇”，改变了以宅为庙的境况。孔尚任《阙里志》称唐代时，孔庙有“正庙五间，祀文宣王，南向坐，颜子面西配，闵子以下十哲及曾子东西列坐，皆为塑像。两庑二十余间，祀七十二贤，图绘于壁上。庙后为寝庙，祀亓官夫人。前为庙门，三间，甚壮丽”。

宋代孔子的地位进一步提高，孔庙规模也得到扩大。宋太祖曾数次诏令增修孔庙，并下诏孔庙祭祀用一品礼。宋太宗“鼎新规，革旧制”，对孔庙进行修缮。宋真宗时，“颁曲阜庙桓圭一，加冕九旒，服九章，从上公之制”，依照上公规格重修孔庙、重塑孔子像；天禧五年（1021），孔庙经再次扩建后，形成中、东、西三路布局，前后四进院落，有殿庭廊庑316间。

孔庙大成殿（陈少峰摄）

“金代孔庙基本上保持了北宋的格局，但部分建筑

规模扩大，新建大中门、棂星门，始用琉璃瓦……檐柱亦改为石柱，刻龙为饰，提高了孔庙的规格。”[①]元代对孔庙进行数次重建。至顺二年（1331），孔庙仿王宫之制，周围建起围墙，围墙四角添建角楼。明代基本奠定了孔庙现在的规模。洪武时朱元璋诏令复修孔庙，沿用元朝旧制；永乐年间孔庙向南扩展，基本形成现在的范围；成化年间将大成殿扩为九间；弘治十二年（1499），孔庙毁于雷火，重建后奠定了孔庙现在的规模；正德八年（1513），“移县城卫庙”，形成了孔庙地处曲阜城中央的布局。

有清一代共维修孔庙14次，居历代王朝之首。其中最重要的一次修建是雍正三年（1725），孔庙大成殿因雷击而被焚毁，雍正帝下令重修。他亲自指挥修庙，还特许使用黄色琉璃瓦，采用金龙和玺彩画，提高孔庙的规格。

根据现有资料，在1911年以前，曲阜孔庙有记载可查的重大维修工程达60余次，其他经常性的岁修无法计算。在中国古建筑中，孔庙修葺和改建的次数最多，文献记载也最丰富，被梁思成先生称为世界建筑史上的“孤例”。[②]

（二）孔府的发展历史

孔子故宅被辟为孔庙后，其子孙附庙而居，称作庙宅。东汉永兴元年（153），鲁相乙瑛上书皇帝请设百石卒史一人，主持祭祀并看守孔庙。“后经魏、晋、隋、唐千余年，孔氏府邸扩建至多大规模，因无详细史料，不敢臆断。但从其间孔子及其嫡孙的封号愈来愈高判断，至唐末年间，孔氏家宅已具相当规模。”[③]

宋代开始出现关于孔府的详细文字记载。成书于南宋绍兴四年（1134）

① 陈传平主编：《曲阜孔庙　孔林　孔府》，三秦出版社2004年版，第33页。

② 参见曲阜市文物管理局编：《曲阜孔庙孔林孔府》，上海世界图书出版公司2008年版，第8~9页。

③ 陈传平主编：《曲阜孔庙　孔林　孔府》，三秦出版社2004年版，第154页。

的《东家杂记》中记录了当时孔府的形制与布局："祖殿廊东门外曰斋厅，斋厅之东廊门外曰客位，直斋厅后曰斋堂，斋堂后曰宅厅，直宅厅后曰家庙。自客位东一门直北曰袭封视事厅，直厅后曰恩庆堂。堂之东北隅曰双桂堂。"金代中期，新增建袭封宅一组建筑，官衙西南角又建延宾斋一院，呈衙西宅东的布局，内宅为前后两进三合院，孔府的规模和形制已大体完备。①

明代是孔府的大发展时期。明洪武十年（1377），五十六代衍圣公奉敕创建衍圣公府，此时府庙正式分离，公署也具有一定规模。弘治十六年（1503）重建，公署东移至宅居之前，形成了现在前堂后寝的九进布局。"衍圣公自明代起官居一品，班列百官之首，地位非常显赫。其府第的建筑形制也严格遵守明代百官宅第营造制度，大堂五间九架，内宅楼房七间，但一律不用重檐、重拱、歇山转角。"②清代孔府东西两路的建筑有所增加，最终形成现在的布局。

（三）孔林的发展历史

孔子卒后葬于"鲁城北泗上"，此时的孔子墓高不过四尺，无祠堂，仅有六尺祠坛。东汉永寿二年（156），鲁相韩敕修葺孔子墓和祠坛，建神门一座和斋厅三间，孔林的形制初步形成。汉末，孔林内已经有子孙墓葬50多座。魏晋南北朝时期，统治者和地方官加强了对孔林的管理和维护，栽植松柏并增加洒扫人员。

北宋宣和元年（1119），朝廷命为孔子墓刻制石仪，放置于墓道，形成孔林中轴线。至金代，孔林修建了享殿和思堂。元至顺二年（1331），曲阜县令孔思凯"作周垣，建重门"，为后来孔林神道的建设确定了基本方位和走向。明代永乐年间，扩建思堂，新建墓门三间并修复围墙；弘治七年（1494），

---

① 曲阜市文物管理局编：《曲阜孔庙孔林孔府》，上海世界图书出版公司2008年版，第45页。

② 曲阜市文物管理局编：《曲阜孔庙孔林孔府》，上海世界图书出版公司2008年版，第46页。

六十一代衍圣公重修驻跸亭和围墙，新建享殿和神门，扩建城楼，从而奠定了孔林的主体布局；嘉靖年间，洙水桥坊和子贡庐墓堂建成；万历二十二年（1594），孔林神道建成。“孔子葬后，子孙接冢而葬，墓地日见狭促。历代封建王朝为褒扬圣道，借以宣扬仁义礼治，不时对墓园进行增扩。明代时地已扩至120万平方米。”①

洙水桥（陈少峰摄）

清代主要对孔林做了修葺和小规模的增建，如在六十七代衍圣公墓前新建御碑亭和享殿，新建康熙、乾隆的驻跸亭和楷亭，道光年间新建于氏牌坊。康熙祭拜孔子墓时，见墓地拥挤，赐林地1200亩，并赐银新建8公里长的围墙，最终形成了如今孔林的巨大规模。

二、片砖片瓦皆学问，一草一木皆文章

曲阜孔庙三路布局、九进院落，以一条南北中轴线为中心，左右对称，现存金、元、明、清时期的建筑共100多座460多间，是我国现存规模最大的三大古建筑群②之一。孔庙前的墙被称为“万仞宫墙”，其名出自子贡评价孔子学问时所言“夫子之墙数仞”。位于中轴线中路的建筑是孔庙的主体，从南向北首先是庙前五坊，即金声玉振坊、棂星门、太和元气坊、德侔天地坊、道

① 鲁文：《曲阜孔庙孔林孔府》，《寻根》2003年第3期。
② 另外两个是故宫和承德避暑山庄。

孔宅故井（陈少峰摄）

冠古今坊；然后是庙内五门，即圣时门、弘道门、大中门、同文门和大成门，是按照“天子五门”的最高礼制而建的。同文门和大成门之间是奎文阁，是珍藏帝王赐书的地方。奎文阁后有13座建于金、元、清代的碑亭，保存了57块唐、宋、金、元、明、清和民国时期的碑刻，是历朝历代尊崇孔子和儒学的见证。大成门之后是杏坛，相传是孔子讲学之处。杏坛之后的大成殿是孔庙的主体建筑，也是祭祀孔子的核心场所，大殿整体气势恢宏，与北京故宫太和殿、泰安岱庙天贶殿并称东方三大殿。大成殿后是寝殿，为祭祀孔子夫人的庙祠。寝殿之后为圣迹殿，专门用于存放描述孔子一生行迹的石刻《圣迹图》。孔庙东路建筑主要是祭祀孔子上五代祖先和孔氏中兴祖孔仁玉的地方，其中孔子故宅旁有古井一口，相传是孔子的饮水井。西路建筑主要是祭祀孔子父母的场所。

孔府现存152座建筑共460余间，主要是明清建筑，现在仍保留着清末民初陈设。孔府坐北朝南，前堂后寝，三路布局，九进院落，沿南北中轴线对称分布。其中中路建筑前部为官署，是衍圣公处理公务的地方，仪门是整个孔府的大门，正中悬“圣府”匾额，左右悬挂纪晓岚所写对联“与国咸休安富尊荣公府第，同天并老文章道德圣人家”。大堂是孔府权力的象征与宗法统治的中心，主要用于迎接圣旨、接见官员和审理案件，二堂主要是会见四品以上官员的地方，三堂主要是处理家族事务的地方，六厅是仿照朝廷六部设立的办事机构。中路建筑后部为内宅，是衍圣公一家的生活场所。孔府的最后端是花园，供衍圣公全家休闲娱乐。西路建筑叫西学，是衍圣公读书、宴客和家人读书生活的场所；东路建筑名东学，是衍圣公读书、接待官员和祭祀先人的场所。孔府中还收藏着10万余件珍贵文物和近30万件明清档案。

孔林占地3000多亩，共有墓葬10万多座。孔子墓是孔林的核心，为孔子和其夫人的合葬墓，封土东西长30米，南北宽28米，高5米，墓前有两座石碑，分别刻篆书“大成至圣文宣王墓”和“宣圣墓”，碑前有石供案、石鼎和石香炉。孔子墓东面是其子孔鲤之墓，南面是其孙孔伋之墓。孔子祖孙三代墓之外，孔林最重要的墓葬就是历代衍圣公墓。“所谓生有褒扬，死有哀荣，表现在孔林的墓葬上，衍圣公墓往往比别的墓葬封土高、石仪多、墓碑大，题写墓碑的也往往是当世书法名家。孔氏后裔死后，一般都根据各个支派在孔林的特定位置下葬，不能任意挑选，但衍圣公却有权在孔林的任何一个方位选择墓地，不过一般都是父子相随、祖孙结伴的形式为多。”[1]孔林的主要建筑包括万古长春坊、明代双碑亭、大林门、至圣林坊、二林门、洙水桥、享殿、子贡庐墓堂和于氏坊等。孔林中石仪林立，保存着宋、明、清各代石人、石马、石羊、石狮、望柱、供桌和神

1929年的至圣先师孔子墓（《亚细亚大观》第6辑）

① 参见曲阜市文物管理局编：《曲阜孔庙孔林孔府》，上海世界图书出版公司2008年版，第29~30页。

道坊等石仪近千件。孔子去世后，“弟子各以四方奇木来植，故多异树不能名”。据统计，林内现有树木10万余株，至今还保存有子贡手植的楷树。

三、“三孔”的文物与价值

“三孔”是孔子思想和儒家文化的物质载体，是我们当代人了解孔子、学习孔子思想和儒家文化最直接生动的素材。司马迁就曾发出“高山仰止，景行行止”“虽不能至，然心向往之”的感慨。“三孔”建筑的布局，处处按照封建礼法构建，就连牌匾、对联也都遵循儒家思想，如孔庙的诗礼堂，其名就源于孔子教子“不学诗，无以言”“不学礼，无以立”。“三孔”中众多的坊、门等建筑名称也多取自儒家经典，如金声玉振坊就出于《孟子·万章下》中“孔子之谓集大成，集大成也者，金声而玉振之也”。因为孔子伟大的个人魅力和儒家思想在全球的巨大影响力，经两千余年而不断发展至今的“三孔”，以巨大的建筑成就、独特的艺术价值、深厚的传统理念，得到了世界遗产委员会的充分肯定和高度评价。

金声玉振坊（陈少峰摄）

“三孔”建筑内还保存了大量的文物和史料，具有极高的艺术价值和文化价值。孔庙中保存有西汉以来的历代碑刻1172块，是中国最大的碑林之

一，内容涉及追谥、加封、祭祀孔子和增修孔庙的记载以及各方人士拜谒孔庙的题记，包括隶、篆、楷、草等各种书体以及汉、满、蒙古、八思巴等多种文字，其中不少是历朝历代著名书法家的大作，具有极高的艺术价值和史料价值。孔庙中还有很多塑像、绘画、陛石、碑额、石柱、额坊等，艺术和文化价值也很高。孔林中历代墓碑、谒陵题记刻石、修林记事碑等数量庞大，其中不少出自著名书法家之手，艺术价值和历史、文学价值很高。孔林中历朝历代所留的石仪也是非常珍贵的石刻文物。孔府文物珍藏极为丰富，是我国最大的私家收藏馆，所藏文物包括历代帝王墨宝、御赐经书、儒家典籍、礼乐法器、文房四宝、古玩精品、孔子画像、明清衍圣公服饰和孔府档案等，数量庞大，种类繁多。孔府现存孔子画像10多幅，画面精致，形神兼备；还有数量庞大的书籍，其中的古书善本非常珍贵，以儒家经典为主。孔府档案是中国著名的私家档案，涉及表笺奏章、来往公文、礼乐典籍、牒谱、地契、账本等，是研究中国封建社会宗法制度不可或缺的珍贵资料。

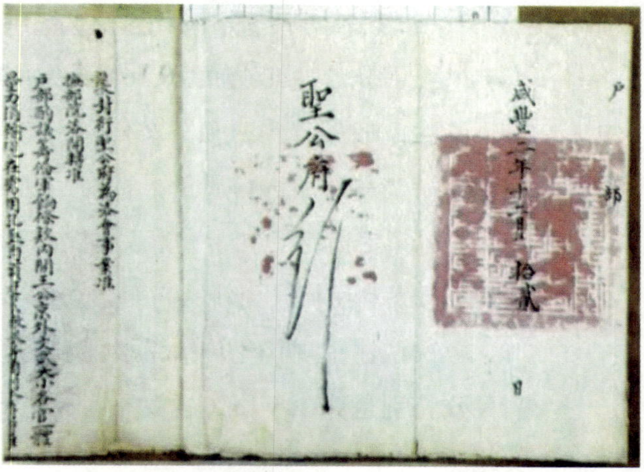
聖公府

衍圣公与朝廷、地方官员往来公文（曲阜市文物管理委员会藏）

四、“三孔”的开发利用

“三孔”成功列入《世界遗产名录》后，当地政府和相关部门对“三孔”的保护愈加重视，对于“三孔”的开发利用，我们有如下几点思考。

首先，坚持可持续发展理念，表现在合理控制游客的承载量、提高文物安全风险意识、加强对游客文明旅游素质的引导等方面。

其次，加强对“三孔”文化遗产的深度开发与整合利用。例如丰富和提升旅游产品的层次与质量，特别是利用好国家级非物质文化遗产祭孔大典、世界记忆遗产《孔子世家明清文书档案》平台的优势，把“三孔”文化遗产的开发利用提升到新的高度。

再次，注重现代化传播手段的利用，如官方网站、微博、微信等，提高民众特别是青少年群体的关注度，让他们更加认同和热爱“三孔”世界文化遗产。

参考文献

[1]鲁文:《曲阜孔庙孔林孔府》,《寻根》2003年第3期。

[2]陈传平主编:《曲阜孔庙 孔林 孔府》，三秦出版社2004年版。

[3]曲阜市文物管理局编:《曲阜孔庙孔林孔府》，上海世界图书出版公司2008年版。

（陈少峰）

亘古无双胜境　天下第一仙山

——武当山古建筑群

武当山，又名“太和山”“参上山”等，位于湖北省西北部丹江口市境内。明代被皇帝敕封为“大岳”“玄岳”，地位在“五岳”诸山之上。武当山主峰天柱峰，海拔1612.1米，周围胜景环绕，风光旖旎，气势宏伟，被世人赞为“万山来朝”。

武当山雪景（中国世界遗产网）

武当山属大巴山脉，绵亘起伏，方圆400公里，有七十二峰、二十四涧、三潭、九泉、九台、九宫、九观、三十六庵堂、七十二岩庙、三十九桥梁，群峰竞秀，美不胜收。武当山自古以来就是我国著名的道教名山，可谓“亘古无双胜境，天下第一仙山”。宋代大书法家米芾曾为武当山写下了遒劲有力的“第一山”。武当山整个建筑群严格按照真武修真的故事来设计布局，突出了真武信仰的主题，以天柱峰金殿为中心，以官道和古神道为轴线向四周辐射。综观全山建筑群，既集中体现了皇家建筑的宏伟壮丽、道教建筑的神奇玄妙，又融入了传统园林的幽静典雅，荟萃了我国古代众多优秀的建筑法式，堪称中国古代建筑史上的奇观。1982年，武当山被国务院列入第一批国家级风景名胜区。1994年，金殿、紫霄宫、“治世玄岳”牌坊、南岩宫、玉虚宫遗址等被国务院公布为全国重点文物保护单位。同年，武当山古建筑群被列入《世界遗产名录》。

一、武当山古建筑群的起源及发展

在道教典籍里，武当山原名太和山，传说是上古玄武得道飞升之地，玉帝册封为“真武”，太和山更名为武当山。

武当山古建筑群始建于唐代贞观年间。唐太宗贞观初年，均州大旱，武当军节度使姚简奉敕在此祈雨，得五龙显圣，普降甘露，乃在灵应峰下建五龙祠，武当山古建筑营造由此开始。宋代以后祠观渐成规模，徽宗政和六年（1116）敕建紫霄元圣观。元世祖忽必烈登基初年，祠观又有扩建；至元泰定年间，改观为宫，由此大修宫殿，建成九宫八观。

明成祖年间，武当山道士李素希派人入宫献“榔梅仙果”，朱棣由此得知武当山乃北方玄武之神飞升之地，为感“真武帝君”恩德，钦定在武当山大建道教宫观。永乐十一年（1413），派员率军民工匠30多万人赴武当山营建道教宫观，用费以百万计，至永乐二十一年（1423）建成九宫：净乐宫、遇真宫、玉虚宫、五龙宫、紫霄宫、南岩宫、朝天宫、太和宫、清微宫；九观：元和观、回龙观、复真观、龙泉观、威烈观、太常观、太玄观、八仙观、仁威观；另有附属的三十六庵堂、七十二岩庙、三十九桥梁。宫观庵堂2万余间，建筑面积160万平方米。自此明代新帝登基，都要来此朝拜。成化、嘉靖年间，武当山成为当时全国最大的道教道场。明代洪翼圣在《武当道中杂咏》诗中这样写道："五里一庵十里宫，丹墙翠瓦望玲珑。楼台隐映金银气，林岫回环画镜中。"

清代至民国时期，武当山古建筑群或毁于兵火，或遭人为破坏，或自然坍塌，其规模逐渐缩小，仅存玄岳门、遇真宫、紫霄宫、南岩宫、太和宫、五龙宫、元和观、复真观、金殿等残迹及少数庵堂、岩庙、桥梁等。

新中国成立后，湖北省人民政府将武当山古建筑群列为省级文物保护单位，省、市文物部门对部分珍贵建筑进行了复原。国家也拨专款修复和重建200多间3万多平方米，修复3条登山古神道以及十几座古桥，使武当山古建筑群逐渐恢复原来的面貌。

二、武当山古建筑群的重要物质遗产

如今武当山古建筑群还保留太和宫、南岩宫、紫霄宫、遇真宫4座宫殿，玉虚宫、五龙宫2座宫殿遗址，以及各类庵堂祠庙等共200余处，建筑面积达5万平方米，占地总面积达100余万平方米，另有各类文物5035件，规模极其庞大。其中，金殿、南岩宫、紫霄宫、玄岳门、玉虚宫遗址均为全国重点文物保护单位。

（一）太和宫

太和宫是中国著名的道教宫观之一，是武当山古建筑群的主体。其位于武当山主峰天柱峰紫禁城南天门外，占地面积8万平方米，现存古建筑20余栋，

晚清时期武当山山门

建筑面积1600多平方米。太和宫主体为明永乐十四年（1416）始建，明嘉靖三十二年（1553）增建。其殿宇楼阁依山傍岩，布局巧妙，周围层峦叠嶂，气象万千。可惜大多数建筑于明末毁于火灾，现仅存正殿、朝拜殿、钟鼓楼、元代铜殿及清代建的皇经堂、斋堂等。太和宫坐北朝南，背倚天柱峰，面临悬崖。正殿面阔进深皆为一间，单檐歇山顶砖石结构，内奉真武大帝、四大元帅、水火二将、金童玉女铜像。殿门两侧各立铜碑一座：一座为嘉靖二十九年（1550）敕建苍龙岭雷坛设金像的御碑；一座为嘉靖三十一年（1552）遣工部左侍郎陆述等人致祭碑。殿前为朝拜殿，左右有钟鼓楼。朝拜殿前有小莲峰，上建歇山小殿，小殿内又有元大德十一年（1307）造的铜殿一座。铜殿为仿木结构，悬山顶，高2.4米，宽2.7米，进深2.5米。殿体全部由铜铸构件拼装而成，卯榫结构，各铸件均有文字标明安装部位，隔扇裙板上铸有“此殿于元大德十一年铸于武昌梅亭万氏作坊”字样，是中国现存最早的铜铸仿木结构建筑。古铜殿原置天柱峰顶，永乐时移此，故名“转运殿”“转展殿”。朝拜殿往西为皇经堂。

（二）金殿

金殿始建于明永乐十四年（1416），位于天柱峰顶端，是中国现存最大的铜铸镏金大殿。金殿面积约160平方米，坐西朝东，重檐庑殿顶，阔5.8米，深4.2米，高5.54米，殿身有立柱12根。

屋顶下檐为七踩单翘重昂斗拱，上檐为九踩重翘重昂斗拱。正脊两端饰鸱吻，上下戗脊饰五脊兽和一仙人，檐头饰云龙纹圆瓦当和滴水。大小额枋铸有和玺彩画和旋子彩画。四壁于立柱之间嵌以四抹头隔扇。隔扇裙板镂铸二龙戏珠。殿内顶部藻井作平棋天花，铸浅雕流云纹样，藻井悬一颗铜质镏金珠，相传此珠可镇山风，使其不能进入殿内，保殿中长明灯不灭，人称其为“避风神珠”。地面为竹叶状纹理的石灰石墁铺。

殿内后壁屏风前设神坛，流云纹宝座上供奉铜铸镏金真武大帝坐像。坛前设神案，置供器，神案及供器亦为铜铸镏金。真武造像着袍衬铠，披发跣足，仪姿魁伟，面容慈祥；左侍金童，右侍玉女，拘谨恭顺，娴雅俊逸；水火二将，执旗捧剑，拱卫两厢。神案下有玄武一尊，为龟蛇合体，蛇绕龟腹，昂首内视，生动传神。神坛真武大帝坐像上方高悬一镏金铜匾，上铸清圣祖康熙皇帝御笔“金光妙相”四字。殿外正檐处悬镏金匾额，上铸“金殿”二字。

武当山金殿（中国世界遗产网）

殿基以花岗岩砌成，周围绕石雕栏杆。殿前月台下两侧有“金钟”“玉磬”铜亭，铸于明嘉靖年间。

金殿为分体铸造，殿体各部件均采用失蜡法铸成，遍体镏金，无论瓦作还是木作构件，各铸件之间严丝合缝、浑然天成，虽经600多年的严寒酷暑，至今仍金碧辉煌、宏丽如初。金殿之作体现了我国明代冶金技术、铸造工艺已达到很高水平，堪称现存古建筑和铸造工艺中的一颗璀璨明珠。

（三）复真观

复真观，又名太子坡，相传真武大帝做太子时，于入山之初在此驻留，故名。其距玄岳门11.5公里，位于东神道，为登金顶之孔道。复真观建于永乐十二年（1414），清康乾时重修。观坐东朝西，观门面北，建在狮子山的陡坡上，被当今建筑学家赞誉为“利用陡坡开展建筑的经典之作”。复真观背倚狮子山，右有天池飞瀑，左接十八盘栈道，远眺似出水芙蓉，近看犹如富丽城池。古代建筑大师们巧妙地利用山形地势，创造出“一里四道门”“九曲黄河墙”“一柱十二梁”“十里桂花香”等著名景观。

太子坡北有涧，架有复真桥，单孔，过桥后有青石神道直通观门。观门为砖石结构，单檐歇山顶，中开券门，上有明沐昕书“太子坡”三字。入门后有甬道迂回起伏，为有名的“九曲黄河墙”，墙长71米，墙体厚1.5米，高2.5米，呈弧形，依山势起伏，如波浪般气势非凡。穿过九曲黄河墙即复真观的主体建筑群。

武当山太子坡（李德喜摄，《武当山道教宫观》）

主体建筑中轴布局，依次为龙虎殿、大殿、太子殿，副轴线上有皇经堂、藏经楼、斋房等。北面有清代建的五层楼，名“五云楼”，高15.8米，是武当山现存最高的木结构建筑。五云楼最著名之处为其最顶层的“一柱十二梁”结构，即1根柱子上有12根梁枋交接，交叉叠架，是我国古代木结构建筑的杰作，历来受到人们的高度赞誉。

（四）紫霄宫

紫霄宫是武当山古建筑群中规模最为宏大、保存最为完整的一处明代建筑，位于武当山展旗峰下。紫霄宫建于永乐十一年（1413），初时规模宏大，为楹大小860余间，面积为5.9万平方米，赐额“太玄紫霄宫”，寓“紫气东来”之意。在紫霄宫的总体设计上，我国古代建筑师充分运用了藏与露的手法，做到

武当山紫霄殿（杨大洲摄，《中国世界遗产影像志》）

了移步换景的效果。现在紫霄宫的殿堂斋舍多有毁坏，但原格局仍然保存较为完整。

紫霄宫坐西北朝东南，依山筑台为殿，对称布局，层层上升，从玉带桥至父母殿前月台高差近40米。从中轴线拾级而上，依次为玉带桥、龙虎殿、碑亭、十方堂、紫霄殿、父母殿等，两侧以配房等建筑分隔为三进院落，构成一组主次分明的建筑群。龙虎殿面阔三间，内塑青龙、白虎造像；殿后高台两侧有御碑亭，碑上镌刻永乐帝圣旨。上百余级台阶后就到了十方堂，十方指东、南、西、北、东南、西南、东北、西北并上、下。宫内主体建筑为紫霄殿，是武当山最有代表性的木结构建筑，建在三层石台基之上。大殿为重檐歇山顶，面阔进深各五间，高18.3米，阔30米，深22米。下檐施五踩双昂斗拱，上檐施七踩单翘重昂斗拱，等级极高。室内藻井浮雕二龙戏珠。殿内有神龛5座，中供玉皇大帝和真武大帝。从紫霄殿左右往上即父母殿，清代建筑，殿内供奉真武大帝父母塑像。

（五）“治世玄岳”牌坊

“治世玄岳”牌坊，又名“玄岳门”，是进入武当山的第一道门户。牌坊始建于明嘉靖三十一年（1552），仿木建筑结构，为三间四柱五楼式的石建筑，高11.9米，阔14.5米。坊柱高6.4米，柱周设夹杆石以铁箍加固。柱顶架龙门枋，枋下明间为浮雕，大小额枋上部出卷草花牙子雀替，承托浮雕上枋和下枋，枋间嵌夹堂花板，构成明间高敞、两侧稍低的三处门道。正楼架于龙门枋上，明间左右立枋柱，中嵌矩形横式牌匾。次间各分两层架设边楼、云板与次楼，构成宽阔高耸的正楼、边楼。玄岳门正中嵌横式牌匾，上刻嘉靖皇帝赐额“治世玄岳”四字。此坊全用卯榫拼合，结构简单，构件富于变化，装配均衡严谨，坊身装饰华丽，雕刻精美，运用线刻、圆雕、浮雕等手法，雕刻了人物、动物和花卉图案等，是南方石作牌楼之佳作，也是明代石雕艺术珍品。

（六）老君岩

老君岩遗址现存面积约2000平方米，是武当山发现雕凿年代最早也是唯一的一座石窟。古代时在石窟前还有23间道房，颇具规模。石窟正中凿刻老君像一尊，坐姿端庄，虽面部被人损坏，但仍可见唐代风格。在老君岩石窟的左边还有一处摩崖石刻群，上面有“太子入武当”“蓬莱九仙”等石刻。这样大面积的石窟及摩崖石刻，汇集了宋、元、明、清四代宗教祭典文字，是研究武当山宗教及历史难得的实物资料。

三、武当山古建筑群的特征及价值

武当山古建筑群是中国规模最大的道教宫观建筑群，是按照君权和神权相结合的理念营建的，既体现了皇家建筑的庄严肃穆，又反映了道教“崇尚自然”和“天人合一”的建筑思想。

武当山古建筑群总体规划严密，主次有序，其规模之大、规制之高、构造之严谨、装饰之精美，在中国道教建筑中实属罕见。武当山古建筑群的整体布局是以天柱峰金殿为中心、以官道和古神道为轴线向四周辐射，分山下、山上两大部分。山下部分含均州城至武当山东北麓的玄岳门一段；山上布局自玄岳门起为朝山的神道，分东、西二神道，回环于崇山峻岭之中。东神道布置有遇真宫、玉虚宫等20处建筑群；西神道以玉虚宫为起点，有太上庙、明真庵、仁威观、将军庙、尹仙岩、五龙宫、华阳岩、父母桥、下院、中院、上院、太上观、南岩宫等十几个建筑（群）。东、西神道会合于南岩宫。出南岩宫向东南行，沿神道上至金顶，沿途有榔梅祠、黄龙洞、朝天宫、一天门、摘星桥、二天门、三天门、朝圣门、太和宫、紫禁城、金殿等。

采取皇家建筑法式统一设计布局，是武当山古建筑群的一大特点。从净

晚清时期欧洲人绘制的武当山铜版画

乐宫到天柱峰，武当山共建有33组大型建筑群，这些建筑群根据其被赋予的等级，严格按典章制度安排。天柱峰主殿金殿相传是真武大帝坐镇指挥的地方，因此采用了重檐庑殿、九踩斗拱、黄色等只有皇家才能使用的最高等级建筑规格。

大型道宫也采用皇家特有的建筑规格，主殿为单檐歇山或重檐歇山顶，上檐七踩斗拱，下檐五踩斗拱，彩绘梁栋、天花藻井。在建筑组合上强调主轴线，特别是建在开阔的台地和平地上的大型宫殿，如玉虚宫几乎完全按皇家宫殿建筑“三朝五门”的模式设计，建有外罗城、紫禁城、内罗城三道城墙，如同故宫的三朝，并按天子仪礼建有五道门。

武当山古建筑群还体现了道教“崇尚自然”“天人合一”的思想，“其山本身分毫不要修动”，保持了武当山的自然原始风貌。武当山古建筑群对建筑位置的选择非常讲究，注重周围环境和山形水脉的走向。其宫观庵堂皆依山势地形而确立方向，每个建筑单元都建造在峰、岩、坡、涧、峦的合适位置，且规模大小、间距、疏密无不适度，又相互联系，相得益彰，与自然和谐统一。这些古建筑群分布在以天柱峰为中心的群山之中，建筑设计或宏伟壮观，或小巧精致，或深藏山坳，或濒临险崖，达到了建筑与自然的高度和谐，富有浓郁的建筑韵律和天才的创造力。

武当山古建筑群集中体现了中国古代建筑装饰艺术的精华。在这里还衍生出了武当道教、武当道乐和武当武术等文化，为中国的传统文化增添了新内容。世界遗产委员会这样评价武当山古建筑群：武当山古建筑中的宫阙庙宇集中体现了中国元、明、清三代世俗和宗教建筑的建筑学和艺术成就。古建筑群坐落在沟壑纵横、风景如画的湖北省武当山麓，在明代期间逐渐形成规模，其中的道教建筑可以追溯到公元7世纪，这些建筑代表了近千年的中国艺术和建筑的最高水平。

参考文献

[1]中国世界遗产网，http://www.sinowh.org.cnl，2020-03-18。

[2]徐潜主编:《中国传统建筑》，吉林文史出版社2014年版。

[3]李德喜:《武当山道教官观》，中国建筑工业出版社2015年版。

（张　卡）

翠色山峦下 仙居古城里

——丽江古城

丽江古城位于云南省境内丽江坝中部，建于宋末元初，盛于明清，迄今已有七八百年历史。古城依山傍水而建，周围群山环抱，在这鲜活的城市空间中有着充满生命力的水系、风格协调的建筑群体、亲切宜人的居住环境，还有独具风格的民族艺术，集中体现了特定历史条件下城镇建设中人类的创造精神，让人心向往之！

一、初见欢喜

丽江民居屋顶（李建惠摄，《中国世界遗产影像志》）

丽江市位于青藏高原东南部，滇西北高原上，金沙江中游，其地貌具有横断山峡谷和滇西高原两种特征，以山地、高原为主，镶嵌谷坝于其中，地势大致由北向南呈阶梯状递降。山脉大多呈南北走向，有属云岭山系的玉龙雪山和老君山两大支系，最高点为玉龙雪山，海

拔5596米，最低点为华坪县石龙坝镇塘坝河口，海拔1015米，相差4581米。高山深谷横断东西交通，形成了“一山有四季，十里不同天”的独特气候。由于海拔高而纬度低，加之北部玉龙雪山高大山体的屏障作用，丽江坝冬无严寒、夏无酷暑，气候宜人，干湿季节分明，年平均气温在12.6℃到19.9℃之间。这样的气候与温度不仅适宜各种作物的生长，而且格外适宜人体健康的需要，是难得的适宜家居和旅游的场所。

丽江古城地处丽江市中心，由大研古镇（含黑龙潭）、白沙民居建筑群、束河民居建筑群三部分组成，总面积为7.279平方公里。其中，大研古镇选址独特，布局上充分利用山川地形及周围自然环境，北依象山、金虹山，西枕狮子山，东面和南面与开阔的坪坝自然相连，既避开了西北寒风，又朝向东南光源，因而整个城市的布局依山就水、错落有致，完美创造了一处“春季东风徐来，夏季热风易散，冬季寒风易挡”的宜居天堂。白沙民居建筑群早在宋元时期就已经建立，位于大研古镇以北8公里处，地处国家级风景名胜区玉龙雪山南麓，东临古城区金山白族乡，南接古城区束河街道，西与拉市乡、龙蟠乡相连，北与大具乡为界，坝区海拔2430米。束河民居建筑群位于大研古镇西北4公里处，依山傍水，背靠石莲山、聚宝山、龙泉山，面临青龙河、九鼎河、疏河，“三山共三水”，其景色之秀丽，可谓人间仙境。走入这仙境，踩着青石板穿梭在街巷里，沐浴着阳光，看着明清时期的古老建筑，仿佛穿越了几百年的时光，感受到古老宁静的气息；华丽与喧闹属于夜晚，酒吧中的灯光音乐朝你招手，将你从时光的另一端带出，感受扑面而来热闹的现代气息。

二、再见倾心

丽江古城除了拥有前文提及的由于丽江市的地形地貌多样且不同，因而呈现出的“一山分四季，十里不同天”的自然风光，更有受世人瞩目的“十里不同风，百里不同俗”的特有民族风情。古城空间是集建筑、街巷、水系、景观为一体的复杂的综合系统，显现出罕见的突出普遍价值。

（一）和而不同——独特纳西族文化

丽江古城形成于宋末元初，而元朝是我国封建社会历史上第一个由少数民族统一全国的朝代，它的统一结束了自唐末藩镇割据以来南北对峙、几个民族政权长期并存的分裂和战乱局面，推动了统一多民族国家的巩固和发展。元朝在民族文化上采用相对宽松的多元化政策，尊重各个民族的文化和宗教，并鼓励各个民族进行文化交流和融合，而这种团结和谐的局面一直持续至今。因此，丽江呈现出以纳西族为主，汉族、白族、彝族、藏族、回族、傈僳族等多民族共存的局面。由于丽江市是多民族杂居，不同的民族文化各异，因而同一种民族也呈现出多元文化，如纳西族文化包含有纳西东巴文化、儒家文化、汉传佛教文化、藏传佛教文化、道教文化等多种文化，且彼此相互渗透、交汇融合。丽江古城在这样独特的时代背景下形成，因此丽江人文十分多样。

绘制祭神用木牌画的老东巴（卞志武摄，《中国世界遗产影像志》）

纳西族是一个有着悠久文化传统和优秀美学素养的民族，早在几千年以前，他们就在这块富饶美丽的土地上劳动和生活。纳西族人口占丽江总人口数的80%，因而纳西族本族文化——东巴文化在丽江占

据主导地位。无论是语言文字、神话传说、音乐舞蹈、文学艺术，还是哲学宗教、风俗习惯、天文医学等方面，都保留了纳西族独特的个性和多彩的风格，完整地反映了纳西族先民的思想文明、社会历史。这里的人民勤劳、勇敢、淳朴、大方，能歌善舞，热爱生活，热爱大自然，善于吸收其他民族的先进文化和科学技术。著名的东巴象形文字和“东巴经”，是纳西族文化的象征；古老的纳西族舞蹈和白沙细乐优美生动，深深扎根于民间，大大丰富了丽江人民的文化生活；多民族的服饰文化和民间习俗，更使得这座古城散发出独特的魅力。

（二）聚财蓄气——完善且独特的水系

水是生命之源，“逐水而居”一直是人类争取生存与发展遵循的自然法则。丽江古城的纳西族先民在迁徙过程中，逐渐摸索出择水的理论，选择在水量、流速适宜的水系聚居。例如金沙江、澜沧江等主要河流的水位在枯期、汛期落差大，虽然水量充沛，取水方便，但如果居住在这些河流两岸，汛期一到，湍急的河水容易冲毁房屋，而且大江大河的湿气浊流对人的健康有不良影响。而在丽江坝区，无论是大研古镇的玉河，还是束河古镇的青龙河、白沙古镇的三恩河，都既可满足先民们饮用、灌溉的需求，又使其不受洪涝灾害的侵袭。在古城形成之前，许多古老的纳西族村寨就依傍在这些河流之间。

丽江古城的水系由龙潭、泉眼、河道、河渠、井等组成，是全城生活、消防用水的来源。黑龙潭是龙潭中最大的积水池，位于古城西北端象山之麓，计有数十个出水口，出水量为1.918—4.430立方米/秒，汇成面积约有4万平方米的宽水面，从锁翠桥下奔流到双石桥，并在此分成三大支流，即中河、西河、东河，另有若干出水处。纳西族人民十分珍爱古城中的水资源，水是东巴教仪式中不可缺少之物，代表了平安、吉祥。

纳西族人将水源看作神灵的家，由此就有了一套关于保护水源的法规，

丽江黑龙潭（倪益瑾摄，《中国世界遗产影像志》）

这套法规是从图腾禁忌里转化而来的：人们禁止在水源边投倒脏东西、吐口水、大小便，否则神灵会使人生烂疮；水源处也不能高声喧哗，容易触犯神灵，神灵会降下冰雹惩罚人对神的亵渎；不能砍伐水源树木，若砍伐了水源树木，神灵会使屋里的人丢失灵魂或生瘟病。这些禁忌保证了千百年来水源不受污染。甚至当地居民每逢农历的初一或十五，都要到河边祈祷，至今我们还能在黑龙潭看到这样的祭拜活动。

由此可见，水是丽江古城自然景致的灵魂，丽江古城对水的利用与保护相当科学，即使在现代工业文明的强烈冲击下，古城的发展足迹仍然清晰可见，这些穿街过巷的水系仍然千年不衰，生生不息。历经数百年的累积和从内到外的发展，古城始终保持着一种似是无序实则有序的自然生态格局，并根据河水的来龙去脉布街辟路，形成一派“家家门前流清水，户户垂柳拂屋檐”的高原山城水乡风光，成为人类智慧与自然和谐相处的成功典范。

（三）规模恢宏——桥梁与街道

水系发达造就桥梁众多，丽江古城的桥梁密度堪称中国古城之最。除了单孔桥、双孔桥、多孔桥，还有廊桥、石拱桥、石板桥、栗木桥。在众多桥梁之中，最为著名的是有“映雪桥”美名的大石桥，它是建于明代的双孔石桥，长约10.6米，宽约3.48米，站在桥上你便可以仰望玉龙雪山及其在水中的倒影。丽江古城的桥梁不仅保证了路面交通的连续性，而且产生了独特的“桥市”。丽江古城的“桥市”又不同于江南水乡的“桥市”，它仅作为古城商业的延续，在特定的桥上卖着特定的货物，更趋于生活化。此外，种类繁多、形态各异的桥梁还为古城增添了滨水空间的艺术效果，营造出一幅幅“小桥、流水、人家”的画卷，体现了人与自然和睦相处、共同发展的生态理念。

丽江古城内的青石板路面与一般石板路不同，磨光的石面上有五颜六色的图案，像是由众多不同色彩的小石头融聚而成，这其实是一种天然石料——五花石。五花石是当地一种主要的建筑材料，全部采自丽江坝周围的山里，当地人喜欢用它们来铺地。古城的五花石清亮光洁，沉厚结实，面上斑痕点点而又深浅不均，据说那是几百年来人踏马踩而留下的痕迹。古城人为什么选择五花石做路面呢？一是茶马古道上马帮频繁过往，路面容易磨损破坏，而五花石是应对马蹄踩踏最好的材料，以此来保护古城路面不被损坏；二是出于对古城内环境的保护，一方面是为了便于清扫冲洗街道，另一方面是为了避免雨季泥泞、旱季起尘。古城石板路有两条最具特色：一条是新华街，其路面铺垫的石板为竖状，一路陈迹，一路沧桑，透过这最早的茶马古道，你甚至可以想象出马帮队伍的壮观；另一条是七一街，这是出四方街向南走的一条狭长古道，其路面铺垫的石板为横状，它南通鹤庆、大理，向北连接中原地区，明代大旅行家徐霞客就是脚踏石板路由此入城的。

丽江古城街道的心脏区是四方街，这里早在明清时期就是滇西北重要的商贸枢纽，是茶马古道上的物资集散中心。抗日战争期间，因地处上通中国西藏、印度、尼泊尔，下达我国大理、昆明的咽喉位置，四方街成为抗战物资运转的要道，商贸活动盛极一时，被誉为“四大休闲街”之一。作为过去的集市中心，四方街周围一圈全是店铺，现在依然商贾云集，热闹非凡，同时是游客最喜欢驻足停留、休息赏景的地方。走进这彩石铺成的古老街道，漫游滇北商业中心的四方街，可以看见街道两旁的居民住宅

丽江四方街朝霞（陆江涛摄，《中国世界遗产影像志》）

几乎全改成了商业铺面，卖日常用品的、卖民族工艺品的、卖糕点糖果的、卖民族棉布的、卖药材的应有尽有，让人目不暇接。

（四）独树一帜——特色鲜明的建筑风格

建筑是人们精神和文化的象征，也是各民族生活习俗、宗教信仰等文化特点的外在体现，可以说，建筑是民族文化最为真实具体的体现。中国很多城市的房屋建设都会受到城市规划的影响，与各地中规中矩的建筑相比，丽江古城的建筑风格十分鲜明，它不强调森严感与等级观，而是用最质朴的图案与线条勾勒出纳西族人民淳朴豁达的民族个性。

首先，丽江古城的古建筑保留十分完整。丽江古城的建筑大致可分为民居、府邸、官衙、寺院及商铺货栈等几种类型，保留数量最多且最为完整的还是民居。根据居住在丽江古城中纳西族居民的社会地位、贫富程度和所从事的行业以及民居的建筑水平、结构形式、房屋规模、平面布局等，古城民居可以分为一坊房、两坊房、三坊一照壁、四合五天井、前后院、一进数院、两坊拐角等基本的民居类型。然而无论修建的是哪种类型，纳西族居民都非常注重房屋的装饰，尤其是门楼、照壁、门窗隔扇、瓦当、泥狮、悬鱼等。民居房屋的装饰反映出纳西族人对生活的热爱。各种文化沉淀于此，形成“和而不同”的文化特色。

其次，丽江古城是中国历史上少数没有城墙的城。相传是因为丽江纳西族世袭统治者姓木，筑城势必如木字加框而成“困”字。古城不仅没有城墙，而且没有规则的街道格局。街道或依山就势，或顺水延伸，忽窄忽宽，曲曲直直，营造出丰富的城市空间格局和充满人情味的居住氛围，走在里面如坠八卦阵中，十分有趣。丽江古城以四方街为中心，由五条主街道构成，分别是新华街、新义街、光义街、五一街、七一街，而五条街中又有30余条支路和巷道，数百条小巷道，由此呈现出以四方街为中心，放射状分布的四通八达、回环连贯的格局。由于没有城墙，所以新华街、新义街、五一街、光义街、七一街都是古城的入口。这五条主街道顺河道蜿蜒而建，体现出纳西族人民崇尚自然、追求自然美的心理。

总之，丽江民居在建筑结构、设计等方面，既继承了汉族、白族、彝族、藏族建筑模式，又根据当地的条件和传统，发展出了自己独特的风格：除了具有较强的实用性，在抗震、防晒、防洪、通风、装饰等方面也具有创新性和较高的艺术观赏性，在中国城市房屋建筑风格中独树一帜。

三、恋恋不忘

纳西族古乐（车文龙摄，《中国世界遗产影像志》）

丽江古城是已经逝去的古老文明的生动再现，是纳西族独特文化的精彩展演，甚至可以称为城市的“活化石”，对中国乃至世界的古城或古建筑研究都有重要的价值。

研究丽江古城的独特景观，学习古城所蕴含的传统纳西民族建筑文化的精髓并从中汲取新的养分，可以帮助建筑师们创作出更加丰富多彩、风格各异的作品，使城市和建筑焕发新的生机。当然，相比于建筑，丽江古城独特的生活氛围更加吸引着每一个参观古城的人。应该说，古城现在所形成的开放式的自由空间格局，是纳西族人在古城的建设过程中，依据自然的地形地势逐步形成的。但也不可否认，这种空间格局的形成受到了纳西族人生活经验和性格因素潜移默化的影响，他们把自己对生活的态度融入了城市的空间设计中。所以，在古城中，我们会深切感受到纳西族人自由、放松、悠闲的生活氛围，并为之吸引。无疑，丽江的发展是成功的，古城独特的生活氛围正是我们现代城市建设中所缺乏的，是人们所渴望得到的，我们不必刻意去模仿或者照搬丽江的模式，但一定要深层次地理解古城建筑所体现的精神实质，感受丽江古城的魅力。

参考文献

[1]陶伟、田银生、吴霞:《世界遗产中古城研究方法与内容初探》,《地理研究》2002年第2期。

[2]唐跃军:《丽江古城城市生态旅游开发研究》，武汉大学硕士学位论文，2004年。

[3]曹丹:《跨文化视野下的中国世界文化遗产研究及其意义》，四川师范大学硕士学位论文，2005年。

[4]和勇:《世界文化遗产丽江古城建筑艺术》,《民族艺术研究》2006年第2期。

[5]于洪:《丽江古城形成发展与纳西族文化变迁》，中央民族大学博士学位论文，2007年。

[6]吴其付、王汝辉:《世界文化遗产丽江古城研究综述》,《旅游科学》2007年第1期。

[7]和仕勇:《丽江古城保护的主要做法及对策》,《宏观经济研究》2007年第10期。

[8]乔柳:《西南山地典型古城人居环境研究——云南丽江古城》，重庆大学硕士学位论文，2010年。

[9]张彩虹、邓芳:《世界文化遗产的时空美学研究——以云南丽江古城为例》,《旅游纵览》2017年第12期。

（顾纯纯）

城墙斑驳依旧在　往昔活力焕春风

——平遥古城

平遥古城是中国汉民族城市在明清时期的杰出范例，不论是这座城市的城墙、街道、民居、店铺、庙宇等建筑，还是建筑格局与风貌特色、城内及近郊古建筑中的珍品，至今大多如旧，被

平遥古城主街道南大街
（侯贺良摄于2016年9月）

称为中国“保存最为完好的四大古城”之一，为人们展示了一幅非同寻常的经济、文化、社会及宗教发展的完整画卷。1997年12月，平遥古城被联合国教科文组织列入世界文化遗产名录。

一、古城风貌

平遥古城位于山西省中南部，作为中国现存最为完好的“四大古城”之一，至今已有2700多年的历史。在西周宣王时这里就建有防御设施，历经岁月沧桑，明初时为了防御外族干扰，开始建筑城墙，洪武三年（1370）重筑扩建，并进行全面包砖，此后历经数十次补建和修筑，直到康熙四十三年（1704）最终筑成了四面城楼，古城池也更为壮观了起来。现在的古城总面积已发展为2.25平方公里，总体给人以雄浑质朴、深沉厚实之感，有着浓厚的历史气息，成为国内现存最完整的明清时期县城之一。整个平遥古城的建筑设置，集商、民、儒三位于一体，饱含了几千年来晋商的人文情怀，也是以儒家伦理价值观为主体的传统文化孕育和发展的结果。它对研究中国古代城市建筑和传统文化的发展，具有极为重要的历史、艺术、科学价值。

（一）既防风沙又御强敌——古城墙

城墙是中国古代重要的军事防御设施。早在西周宣王时平遥便修建了城垣，明洪武三年（1370）扩建，改筑为今日所见到的砖石城墙，而在明清两代500余年间，先后有26次修缮补建，最终以明清时期的风貌呈现。20世纪80年代，平遥古城本要进行现代化改造拆建，所幸听取了阮仪三教授团队专业的建议，才保住了古城，所以至今保留了其原貌。现存的平遥城墙，是我国保存最为完整的几段县城城墙之一，其规模之宏大、建筑之完整令人啧啧称奇。它全长6公里多，高10米左右，环城6座城门，南北各一，东西各二。城墙外每隔40 — 60米建有一座突出于墙外的马面，也叫敌台。从建筑角度讲，马面不仅加固了墙体，使整座古城坚固敦实，更重要的是满足军事防御的需要，敌人如果攻城的话，处于马面间的守兵可以从一个正面及两个侧面来攻击敌人，使之三面受敌，这便是军事上所谓的“两台相应，左右相救”和旁敲侧击的战法。每处马面上都筑有一座敌楼，平日供士兵遮风避雨，战时则存放武器和军械。借助这些凌空的建筑，守城将士可“眼观六路，耳听八方”，有效地组织火力抗击敌人。

平遥古城墙（赵中浩摄于2006年11月）

在平遥古城墙的每个城门外都有一座瓮城，瓮城是建在大城外的一座小城，用于增强城池的防御能力，并且翁城城门与大城门的朝向多数呈90°夹角。从科学角度讲，平遥古城位于山西中部，属于黄土高原地区，风沙比较大，这样修建可以防止风沙直接侵袭城内街道；从军事角度讲，当敌人攻进了瓮城的第一道门，一定没有想到里面还有一道门，这样守城士兵便能居高临下，四面组成交叉射击网，给瓮城内敌人以致命的打击，成语“瓮中捉鳖”“关门打狗”可以说是对瓮城功能最生动有趣的描述了。

城门6座，南北各一，东西各二，环城共有72座敌楼，3000个垛口，隐含了孔子有3000个弟子、72位贤人的历史典故。古城墙上的处处细节都是古人智慧的凝结，体现了军事防御功能以及浓厚的儒家思想。

（二）东方彩塑艺术宝库——双林寺

双林寺，位于平遥古城西南6公里的桥头村，重修于北齐武平二年（571），原名中都寺，北宋时改名双林寺并沿用至今。整座寺院坐北朝南，由风格迥异的10座殿堂组成，占地15000多平方米，前后三进院落。寺内现存2000余尊彩塑作品，全部为木胎泥塑，集宋、元、明、清历代彩塑之精华，被联合国教科文组织称为“真正的、独一无二的珍宝”。

双林寺被誉为“东方彩塑艺术宝库”，是因为寺内汇集了多种多样的明代彩塑精品，其内容不仅有佛、菩萨、罗汉，还有帝释、梵天；既有护法诸神，又有供养信众。这些形神兼备的彩塑作品体现了中国明代以来中原佛教信仰的兴盛。当然，双林寺彩塑之所以闻名遐迩，并非以多取胜，而是胜在精致。大至天王、金刚像，小到千佛殿窗沿处的30多尊供养人像，都蕴含着独具匠心的巧思，既继承了中国彩塑的优良传统，又有“以微显著”的特色。具体来看，首先，彩塑体积不同，但对比之下效果显著。如双林寺彩塑除了几尊金刚、天王，其他绝大多数是小像，工匠们充分应用了视觉艺术的手段，将数量众多、体量微小的塑像置于为主像烘托、陪衬的位置，既成独立单元，又起到众星捧月的特殊效果。所以双林寺的彩塑虽然表现了

双林寺千佛殿佛传故事彩塑（茹遂初摄，《中国世界遗产影像志》）

明清时彩塑艺术的细腻与精致，某种意义上甚至可以说达到琐碎的程度，但从双林寺彩塑的整体效果看，并不影响其雄浑大气的格局。

其次，以小见大，即在最小的殿堂取得最大的空间，这也是双林寺彩塑的精巧之处。如千佛殿的五百菩萨就是利用多层次壁塑手法来拓展空间，让人在狭窄的殿堂中能感受到宇宙之大。这种咫尺千里的方式，扩大了殿堂内部的有效空间。所以双林寺70%的塑像都是悬塑，既有很强的立体效果，又解决了空间有限的难题。

总之，这些彩塑艺术品深受中华民族文化的浸染，多层面地体现了东方文化的民族特色与生活情调，是佛教中国化历程的最好写照。双林寺无愧于“东方彩塑艺术宝库”“中国明代彩塑艺术博物馆”的称号。

（三）中华瑰宝——镇国寺

镇国寺坐落于平遥古城东北12公里的郝洞村。整座寺院坐北朝南，由两进院落组成，占地面积10892平方米。寺内万佛殿建造于公元10世纪，虽经金、元、明、清历代修葺，仍不失唐、五代风貌，体现了中国早期殿堂建筑的规制与风格，保存至今，弥足珍贵，是仅晚于五台山南禅寺大殿、佛光寺大殿的我国现存最古老的木结构建筑之一，距今已有1000多年的历史。

不同于双林寺内以“以微显著”为特色的彩塑，镇国寺彩塑以其年代久远、唐韵犹存而受到人们的青睐。尤其是万佛殿内的11尊彩色塑像，均为五代时期的原作，目前国内除了敦煌莫高窟尚保存有少量五代彩塑，镇国寺的五代彩塑已是全国稀有的传世珍品，因此在我国美术雕塑史上占有很高的地位，弥足珍贵。万佛殿内的塑像，均呈现以胖为美、体态丰满、面庞圆润、雍容华贵的特色，保持着唐、五代时期的艺术风格，可以称为国之瑰宝，价值连城。镇国寺除了万佛殿内的五代彩塑，还完整地保存着诸多元、明、清时期的彩塑作品，艺术价值也很高，如元代天王殿四大天王、明代三佛楼三身佛像、清代地

平遥古城华北第一镖局旧址（赵中浩摄于2006年11月）

藏殿内地藏王菩萨及两厢的十殿阎王塑像，还有寺内的自在观音、土地神、福神、财神、二郎神、三灵侯等彩塑神像，均形神兼备，表现了扎实高超的艺术功力，吸引了无数游客前来欣赏学习。

镇国寺内还有不少文物给我们提供了宝贵的研究史料。如东西碑亭五代时期的半截碑，其残缺不全的文字，记载了北汉小朝廷的宫廷斗争，对研究五代十国时期的历史有着重大的参考价值，也提示当地有北汉王公大臣的坟茔，为考古发掘、填补五代考古空白提供了重要线索。总之，镇国寺被联合国教科文组织列入世界文化遗产名录，是实至名归、当之无愧！

二、特色与价值

平遥古城最耐看的不仅是高耸的市楼、宏伟的文庙，还有那古老的城墙，以及一条条普通的纵横交错的巷道。人们漫步在这交错的小巷之间，感受一座城市的深度与厚度，倾听它沉重却鲜活的每一次心跳。

（一）古城历史风貌保存完整，是中华灿烂文明的实物载体

平遥古城风貌自明清时期基本定型后，其城市规划和布局

便几乎未变。古城是由城墙、店铺、街道、寺庙、民居共同组成的一个庞大的建筑群，整座城池对称布局，特色鲜明，以市楼为轴心，以南大街为轴线，形成左城隍、右衙署，左文庙、右武庙，东道观、西寺庙的封建礼制格局。城内道路纵横，四大街、八小巷、七十二条蚰蜒巷构成八卦图案，南大街、东大街、西大街、衙门街和城隍庙街形成“干”字形商业街。古城内的主要街道两侧完好地保存了200多家古店铺，拥有3798处具有保护价值的古民居，其中保存完整的有400多处。它是我国古城中能够体现明清时期历史风貌的实物活标本，具有浓郁的地方特色。到目前为止，古城内的所有建筑都没有受到现代化的破坏或太大的影响，无论是建筑还是遗产的精神和文化，都得到了很好的继承和保护。

平遥古城堪称文物宝库，名胜古迹星罗棋布。全县登记备案的不可移动文物1075处，其中各级文保单位143处（国家级19处、省级3处、市级4处、县级117处），组成了一个以古城池为主体的古文物群。古城近郊保存了五代、宋、金、元、明、清各个历史时期的文物珍品。其中，古城墙在国内保存最为完整，双林寺被誉为“东方彩塑艺术宝库”，镇国寺堪称“中华瑰宝”，日升昌票号是民族银行业的“乡下鼻祖”。平遥文物数量之多、价值之高，在全国县级城市中极为罕见。它能完整保存到今天，可以说是个奇迹。造就这个奇迹的原因可以归结为三点：一是经历的战火少；二是地下水资源缺乏，因而没有受到现代化工业建设的冲击；三是地方上没有旧城改造的计划。在一定程度上，保存完整的城市意味着精神文化的完好延续。后来平遥古城又被列入国家历史文化名城和世界文化遗产名录，为后人对它的研究保护工作提供了很大的便利。

（二）古城文化内涵极为丰富，是汉族文化传承的重要符号

在古代社会，中国文化尤其是汉族文化相对比较传统、封闭。而平遥古城经过数千年的历史变迁，留下了各个时期不同的文化印记，建筑文化、宗教文

化、吏治文化、儒学文化和民俗文化等多种文化元素，构成古城的文化特色。平遥牛肉、推光漆器、长山药、剪纸、布鞋等土特产享有盛誉，百余种地方风味小吃、民间传统风土人情等赋予了古城极其丰富的文化内涵。特别是明清两代的建筑，构成了别具一格的城市格局和空间风貌，突出体现了我国古代城市传统的对称布局的特点，深刻贯穿着我国儒家思想和礼制思想，是汉族文化传承的重要符号。

1.封闭式城镇文化

平遥古城内的建筑大多为几个套院组成的“日”或“目”字形的四合院，院子四壁十分高耸，墙壁高达12米，院壁无窗，紧密闭合，再加上巨大厚重的院门，显得十分安全、坚固与密闭。城墙将面积约2.25平方公里的城区分隔出两个风格迥异的世界：城墙以内街道、铺面、市楼保留明清形制，城墙以外则是热闹繁华、充满现代生活气息的新城。

除了高耸的外城墙，古城民居内部构造一般为二至四进式四合院，青砖灰瓦，轴线明确，对称布局，外观封闭。实际上，从平遥古城的整体建制到各处民居建制，外围的城墙和内部一座座高墙大院，无一不呈现出明清时期农耕经济封闭与自足的特征。

2.对称文化

古城民居多建于1840年到1911年，是按照汉民族传统规划思想和建筑风格修建起来的，集中体现了中国明清时期汉族的文化特色，因此它们对于研究这一时期的意识形态、社会生活等方面具有极高的参考价值。

首先，平遥古城素有“龟城”之称，古城的6座城门各有不同的象征和寓意：南门为龟首，面向中都河，“龟前戏水，山水朝阳，城之攸建，依此为胜”，以前在南门外还有水井两眼，象征着龟的两只眼睛；北门为龟尾，是整个平遥古城地势最低处，雨天全城的积水都会由此处排出；东西4座瓮城两两相对，上西门、下西门和上东门城门开启的方向都是向南的，整体形状如同乌龟的三足向前屈伸，仿佛在向前爬动，只有下东门的城门直

平遥古城街巷两侧用青砖砌成的高大厚实的墙壁（赵中浩摄于2006年11月）

接向东而开，据说是造城时害怕神龟爬走。

其次，平遥古城的城市布局完美体现了《周礼》“辨方正位”的思想，体现出古代居民“天人合一”的精神追求。这种思想主要体现为五方四象（五方即东、南、西、北、中，四象即左青龙、右白虎、前朱雀、后玄武）、突出中心、强化中轴、面南为尊等一系列汉族文化传统的礼序与习俗的布局程式。其具体表现如下：街道格局由四大街、八小街、七十二条蚰蜒巷呈“井”字或“丁”字相交，大街小巷多是南北向或东西向直线，经纬交织，有条不紊，轴线突出，主从分明，动静有常；正对城门的主干道上，沿路设店铺，跨街立牌坊，形成大街，东西大街贯通，与城隍庙街、衙门街及南大街东西横向组成“干”字形商业街，200余家商铺建筑集中于此。平遥古城内就连寺庙、道观、文庙的布局都十分讲究。道教是中国土生土长的宗教，有“道出东方”之说；而佛教起源于古印度，有“佛自西来”的说法。因此，古城有着“左道右佛”的空间布局。具体来看，南大街（城市主轴）的东侧有清虚观、真武楼、火神庙、雷神殿等道教建筑；西侧有集福寺、白衣庵等佛教建筑。这既符合道教和佛教的文化内涵，又反映了讲究对称的儒家文化。

（三）古城商业金融繁荣一时，是近代中国银行业发展的历史见证

早在明代平遥就已经是繁华的商业中心，店铺林立，商贾云集，素有“小北京”之称。清道光三年（1823），中国第一家票号日升昌诞生于平遥县城。日升昌票号的成立，为陷入低迷状态的平遥县城提供了新的发展契机，使古老的平遥又进入了一个新的历史阶段。清朝时期的平遥不仅把军事价值发挥到了极致，其经济发展也使得平遥城再度辉煌。在日升昌票号的影响下，山西票号迅速发展，极大地促进了当时中国北方乃至全国的商业贸易。平遥票号云集，此后又有蔚泰厚、蔚丰厚、蔚盛长、天成亨、新泰厚等21家票号，独领金融风骚，由此平遥成为清代全国的金融中心。日升昌和其他票号为山西带来了大量的财富，并促成了平遥县城的繁荣和复兴。平遥全国金融中心的地位，重新界定了县城的价值所在，使其独领风骚近一百年。在当时的经济界，一提起平遥票号，几乎无人不知，无人不晓。其经营理念，直到今天仍具有借鉴价值。

上图：平遥古城日升昌票号入口（赵中浩摄于2006年11月）

下图：平遥古城日升昌票号院落内部（赵中浩摄于2006年11月）

清末，银行兴起，票号衰落；到了辛亥革命时期，全国的票号纷纷倒闭，平遥票号也难逃此厄运，最终倒闭。此后，平

遥的金融业辉煌不再。但无论时代如何变化，平遥票号是中国金融发展史的重要里程碑的地位不会变，日升昌票号的成立，标志着中国近代性质的新型金融业在中国封建社会后期的商业和金融机体中悄然生成。

三、源远流长

即便平遥古城经历了岁月的磨砺，承受了无数的劫难，但无论是其别具一格的建筑体系、缤纷绚丽的彩塑等遗产的完整保存，还是城内总体布局、建筑风格、建筑材料、施工工艺、传统技术呈现出的城市景观，都真实地反映了汉族传统的居住形态、生活方式、人生智慧与处世态度。这是一座用围墙圈起来的大型博物馆，是千百年来平遥人用智慧汇集起来的民间艺术殿堂。毋庸置疑，平遥古城无论从哪个方面来看，都是中国不可替代的、极为珍贵的历史文化遗产。

参考文献

[1]李锛生:《平遥古城传统格局研究》,《小城镇建设》2000年第S1期。

[2]郭一先:《平遥票号：金融史上的绝唱》,《金融经济》2002年第10期。

[3]温金玉:《东方彩塑艺术宝库——山西平遥双林寺彩塑艺术赏析》,《中国宗教》2003年第10期。

[4]姜晓樱、李斌:《浅谈古城平遥的建筑文化因素》,《青岛建筑工程学院学报》2004年第3期。

[5]董剑云:《平遥古城传统民居建筑的儒俗理念》,《沧桑》2005年第6期。

[6]陈超:《平遥古城保护规划中传统文化习俗延续与发展研究》，西安建筑科技大学硕士学位论文，2007年。

[7]宰政:《浅析平遥古城建筑的中国礼制文化特色》,《三门峡职业技术学院学报》2007年第1期。

[8]平遥县文物局:“国家级文保单位”双林寺，http://www.pingyao.gov.cn/zjxs/zjrwzL/zjwwbhdw/content_36704，2020-06-16。

[9]王莉:《平遥古城旅游发展战略规划研究》，西安建筑科技大学硕士学位论文，2009年。

[10]梁家桦:《镇国寺文化遗产价值刍议》,《沧桑》2013年第1期。

[11]王传丽:《试论平遥古城的保护价值及路径》,《人文天下》2017年第19期。

（顾纯纯）

山水诗画园中景　居住观赏两相宜

——苏州古典园林

1997年，拙政园、留园、网师园和环秀山庄作为苏州古典园林的杰出代表，被联合国教科文组织列为世界文化遗产。2000年，沧浪亭、狮子林、耦园、艺圃和退思园作为苏州古典园林的增补项目，也被列入世界文化遗产。

世界遗产委员会对苏州古典园林的评价是：没有哪些园林比历史名城苏州的四大园林更能体现出中国古典园林设计的理想品质。咫尺之内再造乾坤，苏州园林被公认是实现这一设计思想的典范。这些建造于11—19世纪的园林，以其精雕细琢的设计，折射出中国文化中取法自然而又超越自然的深邃意境。

一、起源与发展

从苏州古典园林的萌生、发展和成熟的轨迹中追溯历史，可以了解其辉煌的基因。

（一）苏州早期园林的建造

苏州园林历史悠久，可以追溯到春秋战国时期吴国的王室园林。史书记载，历代吴王，从寿梦到阖闾、夫差，先后在城内和郊外的太湖山水一带建造了很多苑囿，其中最著名的有四大宫苑，分别是梧桐园、姑苏台、长洲苑和馆娃宫。除了王室园林，苏州在春秋战国时期已有宅第园林出现。如仲雍第十六世孙的武真宅，院中植树栽花并特筑凤池，意在招引凤凰翔集，由此推论当时园景已相当可观，故武真宅可称苏州宅第园林之开端。

进入秦汉时代，苏州经济有了新的发展，造园活动也随之勃兴，衙署园林、寺庙园林等先后出现。苏州地方官员在衙署中大造园林，山池逶迤，枝叶扶疏，造园要素已初步具备。如汉武帝时太守朱买臣在府衙内大兴土木，掘池堆山，种植观赏花木。虽然这些园林或庭院现在大多已无遗迹可寻，但在文献上留下了它们的记载。在这些园林中，叠山、理水的手法逐渐被推广，对以后园林要素的发展完善有着重要意义。

（二）苏州文人园林的兴起

晋代知识分子热衷玄学，爱慕自然，追求隐逸桃源的“朝隐”生活，苏州相继出现山、水、建筑、花木俱全的宅第园林和山庄园林，一种文人气息浓郁的自然山水园的艺术风格开始萌芽。当时最著名的是东晋顾氏辟疆园，它以文人的高雅情趣为主旨，在池馆、林泉、怪石之间创造精致深远、意蕴丰富的景观，号称“吴中第一名园”。魏晋时代的文人园林虽已尽废，但其所孕育的文化精神，成为苏州古典园林永恒的主题之一。可以说，苏州文人写意山水园林的艺术体系发端于魏晋南北朝。

隋唐时期一些世族豪门、官宦以及文人雅士聚居吴中，为园林艺术的发展提供了充分的条件。唐代丰富的文化对苏州造园艺术有重要影响，张璪在《绘境》中提出的“外师造化，中得心源”，王维的“诗中有画，画中有诗”理念被直接运用于造园，诗画与园景相融的艺术手法有了进一步的提高，楼阁建筑精致，园内以花木茂盛为胜，太湖石已成为欣赏对象和造园材料。五代吴越国主钱氏祖孙三代及其部下，巧思山水布局，求购奇卉异木，大兴土木，营建多处名园。

宋代苏州“风物雄丽，为东南之冠”，造园活动呈现出更为浓郁的文人气息。文人写意山水园林逐渐成为苏州造园主流，园林艺术水平进一步提高。这一时期园林因有不少文人画家参与设计而与文学、山水画密切结合，成为中国园林发展史上的一个重要阶段。景祐二年（1035），范仲淹在南园遗址上立苏州府学，府学内高木清疏，池圃幽邃，是苏州书院园林的首创。这一时期苏州著名的园林有沧浪亭、乐圃、石湖别墅、万卷堂（今网师园）等。

（三）写意山水园林的完善

到了元代，文人写意山水园林进一步发展。苏州的文人有目的地参与园林的设计，创造出具有意境的自然山水园林，使苏州园林的艺术手法达到一个新的水平。如苏州现存名园狮子林，园内石峰林立，玲珑峻峭，山峦起伏，其精巧的艺术构思、卓越的叠山技艺可谓当时文人设计园林的代表作，也是苏州园林发展史上的里程碑之一。

《园冶》书影（张伟摄）

明清两代，苏州古典园林达到鼎盛，知识分子不仅在造园活动中直接用绘画理论指导造园，还著书立说，总结造园经验，使造园艺术在理论和实践两个方面都达到了巅峰。其间，苏州园林出现了拙政园、艺圃、留园、网师园、环秀山庄、耦园、怡园、退思园等一批优秀代表作品。吴门画派平淡天真、温润柔秀之风，在很大程度上决定了民间造园活动的趋向，促使雅逸成为园林规划和细部艺术处理的基本原则，标志着苏州文人写意山水园林艺术体系的形成。计成的《园冶》是世界上

最早的造园专著，明确提出“虽由人作，宛自天开”“巧于因借，精在体宜”等理论，第一次对园林艺术进行全面系统的总结，促进造园理论的升华。此外，伴随苏州园林建造活动的普及和持久开展，逐步培养出专业的造园人才，建筑、假山、园艺、工艺等方面能工巧匠辈出，尤以香山匠人名闻全国，其名家有张南阳、周秉忠、张南垣父子、戈裕良等，他们的作品巧夺天工，成为今日研究园林和古建筑的典范。文人、造园家与工匠三者的结合，促使造园向系统化和理论化方向发展，是明清园林达到高峰的标志。

民国时期，民间大规模造园活动不多，但西学东渐，许多时髦的建筑材料也出现在私人宅第和古典园林修缮上，如狮子林的彩色玻璃、钢筋混凝土材料等，给苏州园林注入了新的活力。

二、遗产价值

列入《世界遗产名录》的9处苏州古典园林以及苏州现存的大多数古典园林，基本上都产生于苏州园林的鼎盛时期，充分体现了宋、元、明、清以来中国造园艺术的民族特色、审美理念和建筑技艺水平。苏州古典园林作为私家园林、江南园林的典范，在中国园林艺术发展史上具有不可替代的地位；作为东亚园林体系的典型代表，在世界造园史上也有独特的历史地位和研究价值。

（一）苏州古典园林的写意山水理念体现了中国传统造园艺术的独特成就

中国园林在其发展过程中，形成了包括皇家园林和私家园林在内的两大体系，前者集中在北京一带，后者则以苏州为代表。苏州古典园林的写意山水理念是中国园林艺术的主要精华和鲜明特征，是一种创造性的天才杰作，被誉为“立体的画，凝固的诗，无声的音乐”。从魏晋南北朝时期开始，经过近千年的衍化，寄情山水、笑傲江湖逐渐成为文人士大夫普遍的雅好，山水成了诗、画创作的灵感源泉和永恒的主题。造园家们将山水诗画的创作方法运用在造园中，使江南私家园林在艺术上最终成为文人写意山水园林，在美学层面上达到了很高的境界。苏州园林采用了多种艺术手法表达自然山水意境，如运用借景、对景、分景、隔景等来组织空间，达到巧于因借、曲折多变、小中见大、虚实相间、移步换景的艺术效果，构成丰富多彩、优美诱人的画面；园林景观淡雅幽静，充满了诗情画意，表现出具有中华民族传统特点的空间意识和空间美感，最终达到“虽由人作，宛自天开”的艺术境界。其中沧浪亭、狮子林、拙政园和留园分别代表宋、元、明、清四个朝代的艺术风格，成为中国古典园林的典范。

（二）苏州古典园林营造了人和自然和谐相处的优美人居环境

苏州园林临水庭阁（张伟摄）

苏州古典园林作为人类居住地的杰出典范，可居、可行、可望、可游，既能满足各类生活起居的日常需求，又有赏心悦目的优美景观，反映了人类对完美人居环境的执着追求。苏州古典园林一般都是宅园合一，从功能上说是一处生活场所，花园是住宅的延伸空间，所以它

拙政园小飞虹（张伟摄）

可以说是中国江南地区最完美的城市住宅，是苏州城市风貌特色的缩影。苏州园林里的建筑轻盈素雅，装修细致精巧，布局自由灵活，“花间隐榭，水际安亭”，着意把自然风光纳入建筑空间，把可居的建筑注入自然山水之中，充分体现了中国造园艺术的民族特色和技术水平。苏州园林占地面积不大，却巧妙运用了各种造园艺术手法，将亭台楼阁、泉石花木组合在一起，营造出“居闹市而近自然”的理想空间，融建筑美、自然美、人文美于一园，反映了当时中国江南地区高度发达的居住文明。数以百计的园林云集在面积不大的城区，营造出秀丽的城市风光。苏州园林代表着苏州文化品位，映射出古城风貌，是苏州特有的城市格调和自然生态环境的注脚，对千百年来中国江南地区建筑艺术、城镇规划、景观设计等方面产生了深远影响，并对今天的城市规划和城市建设有着巨大的借鉴作用。

（三）苏州古典园林具有丰富的社会人文内涵

苏州古典园林生动映现了苏州的民俗生活传统。住宅供起居，园林供休闲，两者合一，反映了千百年来江南地区民间起居休闲的生活方式和礼仪习俗，是了解和研究中国古代江南民俗的实物资料。苏式建筑、家具、工艺、菜肴、盆景以及游乐活动等，都被收纳于苏州园林中，清晰、生动地反映了苏州的地方风土人情、民俗生活方式、娱乐演艺活动、民间礼仪习俗等。明清以来，昆曲作为一种时尚的戏曲和娱乐活动，经常在园林里进行演唱；其他如饮酒、品茶、纳凉、赏月、观鱼等富有品位的休闲活动，也在园林内进行。园林中精雅的生活，弥漫着文化和艺术的气息，是一种蕴含高贵典雅的理想生活。

（四）苏州古典园林是传统工艺技术的“文化记忆”

在苏州古典园林的鼎盛时期，苏州的经济、文化处于全国领先地位，涌现了一大批全国一流的文学家、诗人、书画家、建筑师、工艺师、音乐家、戏剧家……园林既是他们创作的源泉，也是展示他们优秀创作的场所。苏州古典园林的精美，除了体现在设计、施工方面，还体现在作为景观主体的建筑细节、装修局部、陈设制作等方面。如做工精细的门窗梁柱、生动细腻的屋宇泥塑、图案多变的花街铺地等，还有室内的各式家具、陈设、摆件、匾额、楹联，以及砖细、石作、雕刻、花木盆景等，无不体现了园林传统工艺技术的精湛，其中很多传统技艺在当下已经消失，无人传承。这些蕴含着古代工匠聪明才智和精湛技艺的留存，被完整地保存在苏州园林之中，为今天已消逝的部分中国园林营造工艺提供了一种鲜活见证，成为一种独特的“文化记忆”。

狮子林乾隆御题匾额及“状元帽”隐喻浮雕（张伟摄）

（五）苏州古典园林留下了大量珍贵的历史信息

苏州园林作为苏州城市建构的重要组成部分，见证了很多历史事件。一部苏州园林的兴盛变迁史，就是苏州古城的兴盛变迁史，从中可以勾连起很多尘封的往事，解读出更深刻的历史文化内涵。以拙政园来说，从中就可以窥见明清以来历史巨轮曲折前进的轨迹，感悟若干兴衰治乱的规律。拙政园由于住宅多、园林大，位于苏州城东北要冲，为权贵名流所瞩目，是苏州几百年来政治、经济、文化、社会各方面风云变幻、兴衰变迁的一个侧影，它曾成为太平天国王府、高等学府、驸马府、省府、将军第，更屡为儒臣才士、名流豪富的宅第，又是当时第一流文人学者如文徵明、唐寅、沈德潜、袁枚、赵翼等觞咏高会之地，见证了明清易代“王侯第宅皆新主”的巨变，留下了太平军因骄奢逸乐而败亡的启示。苏州园林与诸多历史名人、历史事件有着密切关系，相关例子不胜枚举，这为苏州园林增添了更为生动的灵气和色彩，使一处处园林变成生动活泼的立体历史画卷。

（六）苏州古典园林是传承造园艺术、研究园林理论的重要范本

苏州一带不仅涌现了一批技艺卓绝的造园工匠，更产生了许多造园艺术家，如明代的张南阳、周秉忠、计成，清代的张南垣、张然、戈裕良、叶洮等，都是江南著名的造园家，他们取得了丰富的造园成就和理论建树，使苏州成为中国园林建造艺术理论研究的重要基地。他们设计建造的园林至今仍得到很好的保护，成为园林建造的范本。文人、造园家与工匠三者的结合，促使造园向系统化和理论化方向发展。当代有关古典园林的重要论著，大多也是以苏州古典园林为研究重点而写出的。如著名古建筑专家刘敦桢先生的《苏州古典园林》巨著，经过20多年的打磨才成书出版，被国内外学术界誉为研究苏州古典园林的泰斗之作；此外，古建筑和园林专家陈从周先生的《说园》5篇、周维权先生的《中国古典园林史》、彭一刚先生的《中国古典园林

分析》等，都是以苏州古典园林作为研究范本的。

三、保护与利用

（一）遗产的真实性及完整性

多年来，苏州市把园林保护的定位放在真实性和完整性上，坚决认真执行国务院批复的《苏州市城市总体规划》中关于每年修复一座古典园林的要求和坚持“保护为主，抢救第一”“修旧如旧”的原则，有计划地逐年实施保护和修复工作。

苏州古典园林成为世界文化遗产后，园林周边环境也就顺理成章地成为遗产不可分割的组成部分。切实保护好遗产的周边环境，保护好遗产的历史文脉才能更好地保护遗产。为此，结合苏州古城的保护，苏州市政府有计划、有步骤地恢复园林旧貌，同时根据法律法规的要求划定界址，界定绝对保护区和建设控制地带。近十年来，对照《世界遗产公约》中关于遗产周边环境保护的规定，苏州市政府有重点地实施修复和环境整治工作，如拙政园东面环境、留园西部的“射圃”和东部居民区、艺圃的住宅部分、网师园花圃内的“露华馆”、沧浪亭西部居民区等，从根本上保证了苏州古典园林的真实性与完整性。

（二）宣传与研究

向公众广泛宣传世界遗产的价值，是国际组织考核衡量遗产保护管理工作的重要内容之一。为此，苏州市有关部门积极落实，采取了一系列措施，深入挖掘园林文化内涵。

一是开展学术研究、交流和培训，从世界文化遗产的角度探讨苏州古典园林的历史、文化、艺术价值。多年来，配合世界遗产保护管理工作，苏州先后召开10余次研讨会，2004年又成功承办了联合国教科文组织第28

届世界遗产大会；同时，注重遗产教育培训，1998年举办了苏州世界文化遗产保护管理培训班，邀请国内著名专家学者来苏州给园林系统及部分文物单位管理人员授课。

二是加强园林文化的宣传。先后编辑出版《苏州古典园林》《苏州园林名胜旧影录》等一批著作；摄制大型电视纪录片《苏园六纪》《苏州园林》；坚持办好《苏州园林》刊物。这些工作，进一步加深了人们对世界文化遗产的理解和认识，也体现了遗产保护工作的社会性。

三是寻找历史的遗迹，丰富园林的文化积累。通过查阅档案、书籍及向各界有关人士求助，把逐年消失、遗忘的历史遗存逐一挖掘，重新展现。加强园林档案馆、园林博物馆和天平山范仲淹纪念馆、范成大祠的建设，重点加强对园林文物的收集和整理，深入挖掘古典园林深厚的历史文化内涵。

四是成立专门的研究机构，建立世界遗产培训与研究中心。中心的建设，对亚太地区的世界遗产保护、研究、培训和修复工作具有可持续发展的意义，有效地促进了中国的世界遗产和历史文化遗存的保护。

（三）保护与传承

在遗产保护工作中，苏州有关部门坚持与国际接轨，逐步建立起具有国际先进水平的保护管理体制。从2000年起，苏州逐步开始运用国际标准，对苏州古典园林（包括风景区）的管理加以规范，初步建立了现代化的管理体系；2005年底，成立了苏州市世界遗产监测管理中心；2005—2007年，初步建立起信息动态管理和监测预警系统。近年来，苏州市园林和绿化管理局采取了调整门票价格、清理园内商业网点等一系列措施，落实《世界遗产公约》鼓励将世界遗产向公众开放的要求，通过开放游览，促进世界遗产的社会共享和公众保护意识的增强。通过综合整治外部环境、扩大园林游览面积、加强和规范游览秩序，较好地缓解了游客量大的压力，处理好保护与利用的矛盾。此外，通过狠抓软件运用和科技管理，运用现代科技手段，提升了遗产的管理水平，为其实施现代化管理打下了坚实的基础。

参考文献

[1]邵忠、李瑾选编:《苏州历代名园记·苏州园林重修记》，中国林业出版社2004年版。

[2]刘敦桢:《苏州古典园林》，中国建筑工业出版社2005年版。

[3]邵忠编著:《苏州古典园林艺术》，中国林业出版社2005年版。

[4]魏嘉瓒:《苏州古典园林史》，上海三联书店2005年版。

[5]苏州园林和绿化管理局编:《苏州古典园林》，上海世界图书出版公司2008年版。

[6]衣学领、周苏宁、沈亮等:《苏州园林魅力十谈》，上海三联书店2010年版。

[7]邵忠:《苏州园林品赏录》，中国林业出版社2010年版。

[8]居阅时:《园道：苏州园林的文化涵义》，上海人民出版社2012年版。

（张　伟）

天地合祭固有礼　独设天坛情更浓

——天坛

天坛位于北京天安门的东南，是明、清两代皇帝祭天和祈祷五谷丰收的地方。它严谨的建筑布局、规范的建筑结构、瑰丽的建筑装饰，被认为是我国现存的一组最精致、最美丽的古建筑群之一，不仅是中国也是世界建筑史上的瑰宝。天坛始建于明成祖永乐十八年（1420），原名“天地坛”，明嘉靖九年（1530）在北京

北京天坛（任宪芬摄于2009年4月）

北郊另建祭祀地神的地坛，此处就成为专门祭祀上天和祈求丰收的场所，并改名为“天坛”。

一、天坛的历史沿革

明朝定都南京初，天地是分开祭祀的，在都城之南的钟山之阳建了一座圜丘坛祭天，在钟山之阴修了一座方泽坛祭地。到明洪武十年（1377），朱元璋以“人君事天地犹父母，不宜异处”为由，叫停了天地分祀的做法，遂命“即圜丘之旧址为坛，而以屋覆之，曰‘大祀殿’”，把祭天的圜丘改为天地合祀的大祀殿，亦称“天地坛”。明成祖朱棣于永乐十九年（1421）迁都北京，北京天地坛建制遵循南京旧制，为天地合祀。

嘉靖帝即位后实施了一系列改革，其中就包括祭祀制度的改革，在都城北京的南、北、东、西四郊分别建置了天坛、地坛、日坛和月坛。于是天地分祀的制度在此时又得到了恢复。嘉靖十三年（1534），圜丘正式改名天坛，随后矩形的大祀殿被拆除，在原址建造圆形的大享殿，用于祈祷丰年，大享殿也就是祈年殿的前身。天坛成了纯粹的祭天场所，确定了天坛轴线上两组、三处（祈年殿、皇穹宇、圜丘）圆形建筑的格局。

后因北京城增筑外城，天坛被圈入外城城内，同时增为由两重围墙围护，位于坛外的神乐署和牺牲所也一同被围入坛内。清乾隆十四年（1749）扩建圜丘，体量加大，材料也由蓝色琉璃改用汉白玉石。乾隆十六年（1751）对大享殿进行改造，原三层屋面之上青、中黄、下绿三色覆瓦统改为蓝色琉璃，并更名为“祈年殿”。

1900年，八国联军曾在天坛斋宫内设立司令部，在圜丘上架炮，天坛内文物、祭器被席卷而去，建筑、树木惨遭破坏。1911年，政府宣布废止祭天活动。此前490年间，明、清共有22位皇帝在天坛祭天654次。1918年，天坛以公园形式对外开放。1961年，国务院公布天坛为第一批全国重点文物保护单位。1998年，天坛被联合国教科文组织确认为世界文化遗产。

二、天坛的布局结构及建筑特色

现在的天坛，东西长1700米，南北宽1600米，占地273公顷，相当于紫禁城的4倍，建筑占地极少，但林木参天、树冠相接，仅古柏就有4000余株。

天坛是呈中轴对称的建筑群，圜丘坛位于其南，北邻皇穹宇，再往北便是三重檐的圆形建筑祈年殿，西边是斋宫。整个天坛由两重垣墙组成，分为内坛和外坛，四周松柏环绕，西边内外坛间有神乐署、牺牲所。整个建筑群共有92座古建筑，是现今中国保存最完整的皇家祭天场所，也是世界上现存最大的祭天建筑群。

天坛的位置、布局、建筑设计、祭祀仪式以及音乐，都力求与天、地、人联系起来，其中皇帝作为“天之子”，斡旋天人之间关系。可以说，天坛在中国所有祭祀建筑中最具代表性。

天坛一角（任宪芬摄于2009年4月）

天坛围墙分内外两层，呈“回”字形。北围墙为圆弧形，南围墙与东西墙成直角相交，为方形。这种南方北圆形式，象征古代“天圆地方”之说。外坛墙东、南、北三面均没有门，只有西边修了2座大门——圜丘坛门和祈谷坛门。两门西面临永定门内大街。现在的外坛北门

天坛祈年殿（任宪芬摄于2009年4月）

和东门，都是1975年以后增建的。内坛墙四周则有东、南、西、北4座天门。天坛的主要建筑大多集中在内坛，圜丘坛在南，祈谷坛在北，两坛同在一条南北轴线上，以一条长360米、宽30米的贯通南北的甬道丹陛桥连成一个整体。两坛中间又有东西向隔墙，将其隔成两个区域：祈谷坛用于春季祈祷丰年，中心建筑是祈年殿；圜丘坛用于冬至日祭天，中心建筑是一巨大的圆形石台，名圜丘。

植被众多也是天坛的一个重要特色。天坛面积广阔，气势宏伟，特别是在主体建筑四周密密麻麻地种植长青的松柏，使中心祭坛苍翠环绕，形成一种庄重、肃穆、宁静、纯洁的祭祀氛围。祈年殿西柏树林的西侧，还有一片占地6300平方米的丁香林，是北京城最大的一片丁香林，种有丁香240丛，有的树龄近50年，在北京城十分少见。天坛种植的菊花亦是品类繁多，尤以“瑞雪祈年”“丹陛金狮”两个品种最为有名。

（一）祈谷坛建筑群

祈谷坛建筑群位于中轴线的北端，是举行孟春祈谷大典的场所，主体建筑是祈年殿，坛中还有祈年门、皇乾殿、东西配殿、燔柴炉、瘗坎、砖门等建筑，附属建筑有七十二连房、内外壝墙、具服台、丹陛桥、神厨、宰牲亭等。内坛墙上东、南、西、北四面各设一座大门，西外坛墙设祈谷坛门，内坛东部有七星石。

1. 祈年殿

祈年殿是天坛的主体建筑，明永乐十八年（1420）营建时取名大祀殿，后来嘉靖皇帝下旨拆除，于嘉靖二十四年（1545）在大祀殿原址上建成大享殿；清王朝建立后，用它来举行祈谷礼。清乾隆十六年（1751），大享殿更名为祈年殿，并更换蓝瓦金顶。

祈年殿呈圆形，殿高38米，直径32.7米，是三重檐亭式圆殿，宝顶镏金，碧蓝琉璃瓦盖顶；殿内九龙藻井极其精致，富丽堂皇，光彩夺目。祈年殿的外部是三层高阁，内部则是层层相叠而环接的穹隆式顶，仿佛砖砌的券殿，但又没有一砖一石，全部采用木结构。大殿结构十分独特，不用大梁和长檩，檐顶仅以柱和枋桷承重。由28根金丝楠木大柱支撑着整个殿宇的重量，柱子环绕排列，殿内梁枋绘龙凤和玺彩画。中央的四根楹柱代表一年中的四季，

天坛祈年殿内藻井（任宪芬摄于2009年4月）

叫通天柱或龙井柱，高18.5米，大头直径1.2米，古镜式的柱础，海水宝相花的柱身，沥粉堆金，支撑着殿顶中央的九龙藻井；中层12根大柱比龙井柱略细，名为金柱，象征一年的12个月；外层12根柱子叫檐柱，象征一天的12个时辰。中外两层柱子共24根，象征二十四节气。大殿建于高6米的三层汉白玉石台上，是昔日北京的最高建筑之一。

2. 皇乾殿

皇乾殿位于祈年殿北部由祈年墙环绕的矩形院落里，通过3座琉璃门与祭坛相通。它是一座庑殿式建筑，顶上覆盖蓝色的琉璃瓦，下面有汉白玉石栏杆的台基座。皇乾殿主要用于供奉“皇天上帝”和皇帝列祖列宗的神牌。神牌均供奉在状如屋宇的神龛里，管理祭祀的衙署每逢农历初一、十五都会定时派官员扫尘、上香。正式祭祀的前一天，皇帝率百官来此，先由皇帝上香行礼，继而由礼部尚书上香，然后由太常寺卿率官员将神牌恭请至龙亭内安放，再由銮仪卫抬至祈年殿内安放至各自神位、接受祭祀。

3. 七十二连房

在祈年殿东边内墙东门外，有72间连檐通脊式的暖房，北面砌砖，南面安设大窗门，俗称“七十二连房”，是祈谷坛的附属建筑，为存放祭祀用品、制作供肴和糕点之用。

4. 丹陛桥

丹陛桥是连接祈谷坛和圜丘坛的甬道，长360米，宽30米。丹陛桥上有3条石道，中为神道，东为御道，西为王道，北高南低，北端高4米，南端高1米，象征着北行会令人步步登高，如临天庭。

（二）圜丘坛建筑群

圜丘坛建筑群位于中轴线的南端，是明、清两代皇帝祭天的场所。圜丘坛内的主要建筑有圜丘台（祭天台）、皇穹宇、神库与神厨、宰牲亭，附属建筑有具服台、望灯等。

1. 圜丘台

圜丘台始建于明嘉靖九年（1530），清乾隆十四年（1749）扩建，四周绕以红色宫墙（俗称“子墙”），四面各有一门，分别叫泰元门（东天门）、昭亨门（南天门）、广利门（西天门）、成贞门（北天门）。四门名称中的“元”“亨”“利”“贞”，取自《周易》。圜丘台为圆形，象征天，三层坛制，每层九级台阶。圜丘台的中心是一块环形大理石板，称“天心石”，也叫“太极石”，外有九环扇形石环绕，第一环9块，第二至九环的石块均为九的倍数，至第九环则为81块，每层的栏板、望柱也均用九或九的倍数。在中国古代奇数（单数）为阳，偶数（双数）为阴，九为最大阳数。所以圜丘台的修建把“九”运用到极致，而它又是当时京城最高点，崇阳、敬天的理念由此得到最充分的体现。

站在圜丘台中间的天心石上轻轻唤一声，就立即从四面八方传来回声，好似众人齐鸣，一呼百应。又由于圜丘台的半径较短，所以回声传播很快。据测试，从发音到声波返回来的时间，总共只有0.07秒，所以站在天心石上说话，声音听起来格外响亮。因此，圜丘台上的天心石又被称为“亿兆景从石”。

天坛皇穹宇（任宪芬摄于2009年4月）

2. 皇穹宇

皇穹宇院落位于圜丘坛外壝北侧，坐北朝南。主要建筑是皇穹宇和东西配殿，专门用于供奉圜丘坛祭祀神位。外有圆形围墙，南面设3座琉璃门。皇穹宇内外共有16根柱子支撑，外层8根檐柱，中间8根金柱，柱上设镏金斗拱，以支撑拱上的天花和藻井。殿内满是龙凤和玺彩画，天花为贴金二龙戏珠纹，藻井为金龙藻井，斗拱和藻井跨度之大在中国古建筑中是首屈一指的。皇穹宇的配殿为歇山顶，覆蓝琉璃瓦，正面出台阶六级，饰旋子彩画，造型精巧。东殿内供奉大明之神（太阳）、北斗七星、金木水火土、周天星辰等神牌，西殿供奉夜明之神（月亮）、云雨风雷诸神神牌。

3. 三音石与回音壁

三音石指皇穹宇殿前甬道从北面数的前三块石板。站在第一块石板上击一下掌，只能听见一声回音；站在第二块石板上击一下掌，能听见两声回音；站在第三块石板上击一下掌，能听到连续不断的三声回音，因此被称为“三音石”，也有人专门把第三块石板称为“三音石”。这一奇妙现象的成因，可能与皇穹宇的建筑特点有关。由于皇穹宇的殿门较高，而石阶下面的三块石板和殿门、殿顶之间形成一条直角三角形的斜边。站在三块石板上说话，声波便会沿着斜线直接传入殿内，碰到殿壁、殿顶后再折回殿外。又因为三块石板位于垣墙的中心，所以站在这里击掌便能听到回声，只是由于声波传播的距离不同，所以才会听到次数不同的回声。

4. 南神厨院

南神厨院位于圜丘坛东，坐北朝南，主要建筑有神库、神厨、井亭等，是制作圜丘坛各种祭品的场所，专在冬至祭天大典时使用。南边的院门外有走牲道，与圜丘坛东的棂星门相连，用于祭祀时运送祭品。这一建筑规整庄重，是中国仅存的几座神厨建筑之一。

5. 斋宫

斋宫实际上是座小皇宫，是专供皇帝举行祭礼前斋戒的宫殿。斋宫外围有两道御沟，四周以163间回廊环绕。斋宫的主体建筑为无梁殿、寝殿、钟楼，另有值守房和巡守步廊等警卫、内侍专用的建筑，均覆绿色琉璃瓦，

天坛斋宫（任宪芬摄于2009年4月）

以两重宫墙、两道御沟围护。无梁殿即斋宫正殿，庑殿顶，殿内为砖券拱顶，殿前月台三出陛，正阶13级，左右各15级。无梁殿是皇帝白天进行斋戒的场所，陈设素雅，中间所悬“钦若昊天”匾为乾隆皇帝御笔。正殿月台上有斋戒铜人亭和时辰牌位亭。铜人手持斋戒牌，传说是仿照唐代名臣魏徵的形象铸造的。东北角的钟楼内高悬着明成祖永乐帝在位时制造的一口太和钟。皇帝祭天时，从斋宫起驾，开始鸣钟，到皇帝登上圜丘坛，钟声即止；祭祀典礼结束时，钟声再起。

6.神乐署

神乐署始建于明永乐十八年（1420），初称神乐观，清乾隆八年（1743）改名为神乐所，乾隆十九年（1754）定名为神乐署，专门负责祭礼时进行音乐演奏，被誉为明、清两朝最高的礼乐学府。神乐署为歇山顶单檐式古建筑，位于外坛西部，坐西朝东，殿内面积达600平方米。

三、天坛的建筑艺术价值

北京天坛于1998年11月被列入《世界遗产名录》，世界遗产委员会这样评价：天坛建于公元15世纪上半叶，坐落在皇家园林当中，四周古松环抱，是保存完好的坛庙建筑群，无论在整体布局还是单一建筑上，都反映出天地之间的关系，而这一关系在中国古代宇宙观中占据着核心位置。同时，这些建筑还体现出帝王将相在这一关系中所起的独特作用。

天坛从选址、规划、建筑设计到祭祀礼仪和祭祀乐舞，无不依据中国古代《周易》、阴阳、五行等学说，成功地把古人对“天”的认识、“天人关系”表现得淋漓尽致。各朝各代均建坛祭天，而北京天坛是唯一完整保存下来的一例，是古人的杰作。

天坛各处建筑中，直接或隐含地表达出“九”（最高级别）、二十四节气、一年分四季、一年有十二个月、一天分十二个时辰等观念，这些观念都是中国古代天文、历法、耕作知识的集中体现。

综上所述，天坛这个古代祭坛建筑组群，有着极高的历史价值、科学价值和独特的艺术价值，更有着深刻的文化内涵，符合《世界遗产名录》标准第一、第二、第三、第四条的要求。把具有世界性突出价值的艺术杰作——天坛列入世界文化遗产，将有利于对它的保护，使其永久传世。

参考文献

[1]陈晓虎、张学玲：《明清北京天坛建筑群布局的释说》，《山西建筑》2015年第8期。

[2]张显清：《明嘉靖“大礼议”的起因、性质和后果》，《史学集刊》1988年第4期。

（张　卡）

滥用举国人财物 巧借美景建皇苑

——北京颐和园

颐和园是世界著名的皇家园林之一，地处北京西北郊外，距城区约15公里。颐和园规模宏大，主景区由万寿山、昆明湖组成，全园占地约2.9平方公里，水面约占四分之三，园内现存各式宫殿、园林古建7万平方米。颐和圆以珍贵的文物藏品闻名于世，是第一批全国重点文物保护单位。

1998年11月，颐和园被联合国教科文组织列入《世界遗产名录》，并予以如下评价：北京的颐和园是对中国风景园林造园艺术的一种杰出的展现，将人造景观与大自然和谐地融为一体；颐和园是中国的造园思想和实践的集中体现，而这种思想和实践对整个东方园林艺术文化形式的发展起了关键性的作用；以颐和园为代表的中国皇家园林是世界几大文明之一的有力象征。

一、颐和园的建造过程

现北京的西北郊一带，自古以来就是峰峦连绵、泉水丰沛之地。金代时就曾在这里营建皇家园林，称为金山行宫，水域叫金山泊。元代时，万寿山被称为瓮山。忽必烈新建大都时，将玉泉山的泉水引入城内作为御用，其周围诸多泉眼形成的水面叫瓮山泊，元末改称西湖。明成祖迁都北京后，把玉泉山、瓮山、西湖连成一个整体，又陆续建造了功德寺、圆静寺，使得这一带的景色更加秀丽，吸引了许多文人墨客来此游览，留下了不少诗文吟咏之作。

清王室大兴土木，先是集中修建圆明园，乾隆继位后，圆明园的修造告一段落，他又以为母后六十寿辰建佛寺、加强北京西北部水利建设为名，集国家之力，在圆明园西部修建大型皇家园林，此即颐和园的前身。经过10余年的建设，至乾隆十五年（1750），乾隆帝将西湖定名为“昆明湖”，第二年把新园命名为“清漪园”，这时清漪园内的建筑群组已有101处。而北京西北部已有圆明园、畅春园、静宜园、静明园和清漪园五个皇家园林。自乾隆十六年（1751）开始，清廷借在昆明湖造战舰、训练水军之名，又用水军经费继续修建清漪园。据统计，仅乾隆朝建园工程费用就高达白银4482851两。清漪园的管理机构隶属于内务府，由一名总理清漪园事务大臣统领，管理万寿山山前、山后和昆明湖的13个区段，清漪园成为名副其实的皇家园林。

咸丰十年（1860）九月，英法联军进犯北京，旋即对圆明园、畅春园、静明园、静宜园和清漪园进行大肆劫掠和焚烧，造成“玉泉悲咽昆明塞，惟有铜犀守荆棘。青芝岫里狐夜啼，绣漪桥下鱼空泣”的凄凉景象。光绪十四年（1888），清漪园改名为颐和园，至此使用了137年的“清漪园”一名退出了历史舞台。

慈禧掌握大权后，清王朝无力再重修颐和园，但她仍借水军操练、建水操内学堂之名，大肆挪移海军专款，又开始大规模建园。据内务府档案记载，仅光绪十三年（1887）竣工的建筑物就有24处。特别是为了慈禧六十岁生日庆典，内务府加紧了对颐和园的恢复、修缮、新建工程，于光绪二十年（1894）共完成建筑物和建筑群组97处。在这期间，颐和园已经成为供慈禧享乐、处理政务的离宫御苑。光绪二十六年（1900），八国联军进入北京，俄、英、意军相继进驻颐和园达一年之久，使颐和园再度遭到破坏。光绪二十八年（1902），慈禧返回北京，又动用巨款对它进行修复。光绪三十年（1904），在她七十岁生日那天又不惜耗费国帑，于颐和园排云殿举办声势浩大的“万寿大典”。

1911年，辛亥革命推翻清王朝的统治。1924年，溥仪被逐出宫，颐和园被收归国有，成为国家公园。1961年，国务院公布颐和园为全国重点文物保护单位。

二、颐和园的结构布局及主要建筑

颐和园规模宏大，占地面积达290公顷，主要由万寿山和昆明湖两部分组成。园内建筑以佛香阁为中心，共有亭、台、楼、阁、廊、榭等不同形式的宫殿园林建筑3000多处。全园大体分为三个区域：以仁寿殿为中心的政治活动区，以乐寿堂、玉澜堂和宜芸馆为主体的生活居住区，由万寿山和昆明湖等组成的风景游览区。其中，以仁寿殿为中心的政治活动区，是当年慈禧太后和光绪皇帝临朝听政、会见宾客的地方。仁寿殿后是3座大型四合

万寿山（任宪芬摄）

院：乐寿堂、玉澜堂和宜芸馆，分别为慈禧、光绪和后妃们居住之所。宜芸馆东侧的德和园大戏楼是清代三大戏楼之一。

自万寿山顶的智慧海向下，由佛香阁、德辉殿、排云殿、排云门、云辉玉宇坊构成了一条层次分明的中轴线。智慧海是万寿山最高处的一座宗教建筑，外层全部用精美的黄、绿两色琉璃瓦装饰，上部用少量紫色、蓝色的琉璃瓦盖顶，整座建筑显得色彩鲜艳，富丽堂皇。该建筑虽极像木结构，但实际上没有使用一根木料，没有枋檩承重，全部用石砖砌成，所以被称为“无梁殿”；又因殿内供奉了无量寿佛，所以也被称为“无量殿”。

宝云阁位于佛香阁西侧，又名铜亭，建在一座高4米的汉白玉石座上。它是中国目前尚存的工艺最精致、体量最大的铜铸品之一，始建于乾隆年间，高7.5米，重约207吨；虽为铜制，但外形完全仿照木结构建筑的形式；东、南、西三面为四扇格扇门，北面是八扇格扇窗。

万寿山南麓是一条长廊，面向昆明湖，东起邀月门，西至石丈亭，全长728米，共273间，是中国古典园林中最长的游廊，1992年被列入吉尼斯世界纪录。廊间的每根枋梁上都绘有彩画，共14000余幅，内容包括山水风景、花鸟鱼虫、人物典故等，形象生动，色彩鲜明。

石舫（任宪芬摄）

石舫位于长廊西

端湖边，是一条大石船，又名“清晏舫”，寓河清海晏之意，是颐和园内唯一带有西洋风格的建筑。它的前身是明朝圆静寺的放生台，乾隆修清漪园时改台为船，更名为“石舫”。石舫长36米，用大理石雕刻堆砌而成。船身上建有两层船楼，船顶为砖雕装饰，船底用花砖铺地，窗户为彩色玻璃。石舫的设计十分巧妙，下雨时，落在船顶的雨水会通过四角的空心柱子，由船身的四个龙头口排入湖中。

长廊南面即碧波荡漾的昆明湖。昆明湖是颐和园的主要湖泊，占全园面积的四分之三，约2.2平方公里。万寿山南部的前湖区碧波荡漾，烟波浩渺，北望楼阁成群；湖中有一道西堤，仿照西湖的苏堤建造，堤上桃柳成行。

万寿山北部的后山、后湖古木成林，环境幽静，分布有藏式寺庙、苏州街。后湖东端、万寿山东麓，有被称为“园中之园”的谐趣园，小巧玲珑。谐趣园独立成区，具有南方园林风格，乾隆十六年（1751）时，仿江南名园无锡惠山的寄畅园而建，取名“惠山园”。嘉庆十六年（1811）重修后，取“以物外之静趣，谐寸田之中和”和乾隆皇帝的诗句“一亭一径，足谐奇趣”之意，改名为“谐趣园”。园内有亭、台、堂、榭共13处，并用三步一回、五步一折的百间游廊和5座形式不同的桥相连接。园内东南角有一石桥，桥头石坊上刻有乾隆皇帝题写的“知鱼桥”三字，取自庄子和惠子“子非鱼”的典故。

苏州街，原称买卖街，位于后湖两岸，仿江南水乡而建，是专供清代帝后逛市游览的一条水街。清漪园时期，岸上有各式店铺，如玉器古玩店、绸缎店、点心铺、茶馆、酒楼、金银首饰楼等。店员都由太监、宫女装扮，皇帝游幸时开始“营业”。后湖岸边的数十处店铺于1860年被英法联军焚毁，现在的景观为1986年重建。

万寿山西部有一组景点建筑叫“画中游”，依山而建，中间是一座两层的楼阁，左右各有一楼，名“爱山”“借秋”。阁后立有一座石牌坊，牌坊后边是澄晖阁。各处建筑之间有爬山廊沟通。由于地处半山腰，建筑形式丰富多彩，楼、阁、廊分别建在不同的等高线上，青山翠柏中簇拥着一组由红、黄、蓝、绿琉璃瓦覆盖着的建筑群体，酷似一幅中国水绿山水画，故名“画中游”。

十七孔桥坐落在昆明湖上，飞跨于东堤和南湖岛之间，全长150余米，是我国皇家园林中现存最长的桥。石桥宽8米，由17个桥洞组成。桥头及桥栏望柱上雕有大小不同、形态各异的石狮500多只。

颐和园最东边是东宫门，现在是颐和园的正门，当年只供清朝帝后出入。它坐西朝东，六扇朱红色大门上嵌着整齐的黄色门钉，中间檐下悬挂着九龙金字大匾，上书“颐和园”三个大字，为光绪皇帝御笔亲题。门前御道丹陛上的云龙石雕刻着二龙戏珠图案，为乾隆年代所刻，是从圆明园废墟（安佑宫）上移来的，是皇帝尊严的象征。

十七孔桥（任宪芬摄）

三、颐和园内的文物陈设

颐和园从兴建之初，就具有朝廷理政和居住游乐两种功能，所建造的殿堂庙宇、亭台楼阁以及各种使用物品，在今天看来都是文物。建筑类是不可移动文物，而在清代被称为“陈设”的物品，则是可移动文物。由于是宫廷用品，陈设品自然是质量上乘。从清漪园时期到颐和园时期，虽经数次劫难，特别是英法联军和八国联军的毁坏和劫掠，内部陈设物品所剩无几，但每次劫难过后，皇室都会再度补充物品，所以先后出入颐和园的文物难以计数。

新中国成立后，政府接管颐和园，统计可移动文物尚有4万余种，其中珍贵文物2万余件，其数量之多和质量之高可见一斑。颐和园内的文物主要有以下几个特点：

第一，数量大。因为颐和园数遭劫掠，各类物品及档案资料残缺不全，或者说绝大多数已无法寻觅，即使能查阅到的，也仅是曾经有过的物品，说是挂一漏万绝不为过。仅从几处殿宇保留的资料清单来看，其数量也十分惊人。如仁寿殿，据《仁寿殿陈设清单》记载，从1888年至1908年，有据可查的文物有561项1257件；又如乐寿堂，1902年的统计数字是461项872件，还有慈禧太后珠宝箱300多箱；再如排云殿，在庆贺慈禧六十寿辰时，光陈列品就有310项1505件。

第二，质量优。例如排云殿的143件木制家具，质地都是花梨木、紫檀木、楠木、樟木等硬木，且这些家具从造型到雕刻、镶嵌，都是精工细作之品。颐和园遗留下来的青铜器，不管是商周之器还是唐宋制品，其品相之好都为世所罕见，具有极高的艺术、科学和历史价值；还有数量众多的字画古籍，也都出自历代名家之手，均为国宝级珍品。此外，颐和园还有许多“洋货”，多是外国使节所赠送，如电灯、电扇、唱片机，甚至外国香水等。据清宫太监回忆，慈禧太后对丈许高的穿衣镜、自鸣钟特别偏嗜，她的寝宫内这两样东西特别多，各式钟表叮叮咚咚的响声起到助眠作用。所以，颐和园就是一座文物博物馆。

第三，类别全。颐和园不仅是清廷的皇家园林，更是慈禧垂帘听政的政治中心。她在此处理朝政，举行各种礼仪活动，所备物品用具自然一应具全。仅从各类物品的质地来说，金银铜器、玉石珠宝、陶瓷琉璃、丝锦织物、漆木竹器等无所不纳。从实用功能来说，吃穿住行各类所需，这里一无所缺。如御膳用品，仅制作一餐满汉全席，除了对食材的严格要求，所用炊具、餐饮用器也难以计数。

可以说，颐和园内的藏品为当代所见最高档的文物之一，反映了当时最高的工艺制作水平，有着重要的研究意义和价值，是极其宝贵的文化遗产。

北京颐和园将传统宫殿及亭台楼阁的构建融为一体，将行政、居住、观赏、娱乐功能与湖光山色巧妙融合，符合中国“天人合一”的哲学思想。颐和园是几百年来皇家园林的巅峰之作，对于后世研究东方园林的艺术及文化有着深远的影响。

参考文献

[1]黄晓、刘珊珊:《从寄畅园到惠山园》,《紫禁城》2014年第4期。

[2]王鸿雁:《略论清漪园造园的艺术风格》,《中国园林》2004年第6期。

[3]张宝章口述，刘德倜整理:《从清漪园到颐和园》,《北京档案》2014年第6期。

（张　卡）

释道儒三教共处　官绅僧合力建造

——重庆大足石刻

石门山石窟中的隋代三皇像（赵中浩摄于2009年9月）

大足石刻是重庆市大足区境内摩崖造像的总称，始凿于初唐（7世纪中叶），历经晚唐、五代、北宋，兴盛于南宋，延续至明、清。石刻题材以佛教为主，现存造像5万余尊，以宝顶山、北山、南山、石篆山、石门山摩崖造像（简称“五山”造像）等为代表，是释（佛教）、道（道教）、儒（儒家）三教和谐共处和石窟艺术生活化的实物例证。大足石刻保留的大量实物造像和文字资料，从不同侧面展示了这一时期中国石窟艺术及宗教信仰的重大发展变化。

1999年12月，大足石刻被联合国教科文组织列入《世界遗产名录》，成为继敦煌莫高窟之后中国第二个石窟类的世界文化遗产，是世界石窟艺术史上的巅峰之作，也是世界石窟艺术史上的最后丰碑。

一、大足石刻的历史沿革

目前现存的大足石刻造像中，最早的为开凿于唐永徽年间（650—655）的尖山子摩崖造像，其后200多年间仅开凿了圣水寺等摩崖造像。唐景福元年（892），昌州刺史、静南军节度使韦君靖在城北龙岗山（今北山）组织开凿了北方天王、千手观音等石刻造像。

此后，当地州县官吏和士绅、平民、僧尼等相继效法，营造佛像不断，形成大足石刻史上第一个造像高潮。此时造像主要集中在北山，所造石像具有小巧玲珑、体态多变、神情潇洒、纹饰渐趋繁丽的特点。

公元965—1077年的百余年间，即北宋乾德至熙宁年间，摩崖造像活动停滞，寺院圆雕造像兴起。区东有大钟寺，区西有石壁寺，区北有延恩寺等多处寺院。至20世纪80年代，仅大钟寺一处就出土佛教圆雕纪年造像百余件。可以说，北宋初期大足境内主要为寺院圆雕造像。

直到北宋中后期，石窟造像才再度兴起。元丰五年至绍圣三年（1082—1096），大庄园主严逊开凿石篆山石刻，其中的释、道、儒三教造像，是我国石窟艺术中早期宗教作品的代表作。在此期间，北山、石门山等地也有石刻开凿。

南宋初期，大足石刻造像之风蔚为大观，北山转轮经藏窟可以说是石窟艺术宝藏中一颗亮丽的明珠。南山、石门山、妙高山等地的儒、释、道造像，体现了三教融合已深入民间。

公元1174—1252年的70余年间，即南宋淳熙至淳祐年间，蜀中名僧赵智凤在宝顶山主持开凿佛像近万尊，建成了中国佛教密宗史上唯一一座大型石窟道场，使大足石刻造像达到鼎盛。

明清时期的500余年间，大足境内造像之风仍在延续，共凿千佛岩、光明殿等摩崖造像39处，其中造像虽不乏一些佳品，但在雕刻技艺、规模等方面不及唐宋时期，造像题材更具有世俗化特点。

二、大足石刻的遗产分布及特点

宝顶山（《大足石刻与古建筑群》）

重庆大足石刻以现在的大足区、潼南区、璧山区、铜梁区为其主要分布范围。大足之名始于唐乾元元年（758），以“大丰大足”而得名，大足区境内石刻造像星罗棋布。

大足石刻是大足区内102处摩崖造像的总称，其中公布为各级文物保护单位的摩崖造像多达75处，包含全国重点文物保护单位5处，市级文物保护单位4处，区级文物保护单位66处。该石刻共有造像1030龛（窟），5万余尊，内容以佛教为主，道教次之，余为释道合一、释道儒三教合一、历史人物、供养人（又名功德主）等造像；碑文、颂偈、题记共有10万余字。雕刻类别主要是高、浅浮雕，少数圆雕，还有部分阴线刻。

（一）宝顶山：一座充满世俗之美的艺术殿堂

宝顶山摩崖造像位于重庆市大足区东北14公里的宝顶镇境内。石刻区所在海拔高度为478—498米之间。宝顶山摩崖造像以大、小佛湾和圣寿寺为核心，是一座有近万尊造像的大型佛教密宗道场。该处造像布局严谨，规划清晰，是大足石刻精华之所在，并把中国石窟艺术推上了最高峰。

大佛湾是位于圣寿寺左下方一处形似“U”字的山湾。崖面长约500米，高8—25米。造像刻于东、南、北三面崖壁上，共刻有护法神像、释迦涅槃圣迹图等26龛。全部造像图文并茂，无一龛重复，是研究佛教文化的重要史迹。

小佛湾位于圣寿寺右侧，坐南面北。其主要建筑为一座石砌

释迦牟尼涅槃图（《大足石刻与古建筑群》）

华严三圣像（《大足石刻与古建筑群》）

的坛台，高2.31米、东西宽16.50米、南北进深7.90米。坛台上用条石砌成石壁、石室，其上遍刻佛、菩萨像，主要有祖师法身经目塔、七佛龛壁、报恩经变洞、殿堂月轮佛龛及十恶罪报图、毗卢庵洞、华严三圣洞、灌顶井龛等。这些都是极具特点的造像实物资料。

圣寿寺原称五佛寺，位于大佛湾右后侧，是由南宋高僧赵智凤于公元1178年始建的一座密宗寺院。圣寿寺依山构筑，雄伟壮观，后遭元、明兵燹，明、清两度重修。现存主要殿宇有山门、天王殿、帝释殿、大雄宝殿、三世佛殿、燃灯殿和维摩殿等，均为清代重建，建筑面积1631.68平方米。

大、小佛湾旁还有释迦真如舍利塔和转法轮塔。此外，周边尚分布10余处造像，如广大寺、佛祖寺、菩萨堡、岩湾、龙潭等。

1961年，国务院公布宝顶山摩崖石刻为第一批全国重点文物保护单位，包括大佛湾、小佛湾、广大山、龙头山及松林坡等13组共27个点；1999年，被联合国教科文组织列入《世界遗产名录》。

（二）北山：一座唐宋石雕艺术的陈列馆

北山，原名龙岗山，其摩崖造像主要集中在佛湾，其余散布在多宝塔（北塔）、营盘坡、观音坡、佛耳岩等处。佛湾摩崖造像位于北山顶部，主要开凿于9世纪末至12世纪中叶。崖面长约300米，高7—10米，分为南、北两段。这里龛窟相连，密如蜂房，共有造像264龛（窟），阴刻图“文殊师利问疾图”1幅，经幢8座。多宝塔位于佛湾西北方向500米处的山顶，因位于大足区城北，俗称北塔。

多宝塔（《大足石刻与古建筑群》）

北山共有摩崖造像近万尊，主要为世俗祈佛出资雕刻。造像题材共51种，以佛教密宗为主，占总数的二分之一以上；其次为三阶教、净土宗等。这些造像题材都是当时民间极为流行的，是佛教世俗化的产物，与中国前期石窟内容有明显不同。

北山造像以雕刻细腻、艺精技绝、精美典雅而著称于世，展示了公元9世纪末至12世纪中叶中国民间佛教信仰及石窟艺术风格的发展、变化。

北山摩崖造像中，现存碑碣7

通，题刻、诗词17件，造像题记77件，对历史地理、宗教信仰、石窟断代分期、历史人物等的研究皆具较高价值。

北山摩崖造像始凿于晚唐，历经前蜀、后蜀，至南宋绍兴年间达到鼎盛，前后跨越250余年，形成现在的规模。1961年，国务院公布其为第一批全国重点文物保护单位，包括佛湾、北塔、观音坡、佛耳岩和营盘坡等龛窟造像。1996年，国务院公布第四批全国重点文物保护单位，将多宝塔（北塔）归入北山摩崖造像。1999年，北山造像被联合国教科文组织列入《世界遗产名录》。

1940年梁思成在北山摩崖造像第51号龛前留影（中国营造学社摄）

（三）南山：一座罕见的道教石刻圣殿

南山，原名广华山，位于重庆市大足区城南1500米处的群力村境内，海拔高度514米。南山摩崖造像开凿在山顶部的东、西、南三面石壁上，总长约100米，包含5个造像龛窟，如三清古洞、后土圣母龛、龙洞和真武大帝龛等，造像总数约500尊。

南山摩崖造像始凿于南宋时期，但无确切开凿年代，仅留有南宋绍兴年间（1131—1162）开凿的三清古洞造像，洞口有题记。明代仍陆续雕凿，清代至民国增补了不少碑刻。

在大足石刻中，道教摩崖造像保存完好的有5处，主要分布在南山。这些于公元11世纪至13世纪雕刻的道教摩崖造像，是中国道教石窟中造像数量最多、反映神系最完整的。如三清古洞共造像421尊，以道教最高神“三清”为主，配刻以“四御”及王母等群神，生动地反映了公元12世纪道教已由早期的老君、“三官”崇拜演变为神系、神阶明确的“三清”“四御”信仰的历史事实。在宋代道教石窟中，此窟雕刻最为精美；就内容而言，它是系统反映宋代道教神系的实物资料，有着极高的宗教、历史和艺术价值。

南山有碑刻题记28件。其中公元1250年的《何光震饯郡守王梦应记》记载了公元13世纪中叶四川东部遭蒙古军攻掠后的社会情况，保存了珍贵的第一手史料，具有重要价值。其余碑刻题记，也多属上乘作品。

妙高山石窟中的太上老君像（赵中浩摄于2009年9月）

1956年，南山摩崖造像被公布为四川省文物保护单位；1996年，被国务院列入第四批全国重点文物保护单位；1999年，作为大足石刻的代表之一，被联合国教科文组织列入《世界遗产名录》。

（四）石篆山：一座融合释道儒的石窟典范

石篆山位于大足区西南25公里处的三驱镇佛会村境内，海拔437米左右。其摩崖造像主要凿刻于北宋元丰至绍圣年间，龛窟形制以中、小型摩崖龛为主，著名的有三身佛像龛、老君像龛、孔子及十哲龛、文殊普贤龛等，造像总数为565尊。除2号和5号龛位于崖壁距地坪较高的位置，其余龛窟均位于崖壁距地坪较低的位置。

石篆山摩崖造像为典型的释、道、儒三教合一造像区，在石窟中比较罕见。其中，第6号为孔子及十哲龛，正壁刻孔子坐像，侧壁刻孔门最著名的十大弟子。这在石窟造像中可谓空前绝后，极为珍贵。第7号为三身佛像龛。第8号为老君像龛，正中凿中国道教创始人老子坐像，左右各立7尊真人、法师像。据造像题记可知，以上三龛造像均为大庄园主严逊出资开凿，由当时著名雕刻匠师文惟简等雕造。

1956年，石篆山摩崖造像被四川省人民政府公布为四川省文物保护单位；1996年，被国务院公布为第四批全国重点文物保护单位，归入北山摩崖造像；1999年，作为大足石刻的一部分，被联合国教科文组织列入《世界遗产名录》。2000年，石篆山摩崖造像保护长廊修建。

（五）石门山：一座佛道交融的艺术宝库

石门山位于大足区东南22公里处的石马镇境内，海拔高度在360—373米之间。其摩崖造像凿于石门山顶部两块夹峙如门的巨石上，龛窟造像区全长71.8米，高3.4—5米。其中有12座龛窟，500余尊造像，8件碑碣题刻，还有题记、工匠师镌名等；著名的有水月观音龛、山王地母龛、释迦佛与香花菩萨龛、西方三圣和十圣观音窟、玉皇大帝龛、药师佛龛。另外，在造像区东北有造像龛窟1座；龛窟外续建有寺庙建筑，建于民国前，面阔三间，木结构，小青瓦坡屋顶。

石门山摩崖造像为佛、道两教合一造像区，尤以道教造像最具特色。如第2号玉皇大帝龛外的千里眼雕像，眼如铜铃，似能目极千里；顺风耳雕像，面貌丑陋，张耳作细听状；两尊塑像肌肉丰健，筋脉显露，手法夸张。第7号独角五通大帝雕像，左脚独立于一风火轮上，广额深目，口阔唇厚，裙带飞扬，有来去如风之势。第10号三皇洞现存造像35尊，人物儒雅清秀，衣纹折叠舒展，手法写实。第12号东岳大帝宝忏变相龛造像98尊，以东岳大帝、

大佛母孔雀明王经变相图（《大足石刻与古建筑群》）

淑明皇后居中，反映出公元10世纪至13世纪东岳世家在道教神系中的突出地位。

佛教题材主要有药师佛龛、水月观音龛、释迦佛龛、十圣观音窟、孔雀明王经变窟、诃利帝母龛等，其中尤以第6号十圣观音窟最为精美。

1980年，石门山摩崖造像由四川省人民政府公布为四川省文物保护单位；1996年，作为宝顶山摩崖造像的组成部分，由国务院公布为第四批全国重点文物保护单位；1999年，被联合国教科文组织列入《世界遗产名录》。

三、大足石刻的重要遗产价值

大足石刻能于1999年12月1日被联合国教科文组织公布为世界文化遗产，是因为其符合世界文化遗产下列评定标准：其一，代表一种独特的艺术成就，一种创造性的天才杰作；其二，在一定时期内或世界某一文化区域内，对建筑艺术、纪念物艺术、城镇规划或景观设计方面的发展产生过大影响；其三，能为一种已消逝的文明或文化传统提供一种独特的至少是特殊的见证。世界遗产委员会对其的评价是：大足地区的险峻山崖上保存着绝无仅有的系列石刻，时间跨度从9世纪到13世纪。这些石刻以其艺术品质极高、题材丰富多变而闻名遐迩，从世俗到宗教，鲜明地反映了中国这一时期的日常社会生活，并充分证明了这一时期佛教、道教和儒家思想和谐相处的局面。

大足石刻以其规模宏大、雕刻精美、题材多样、内涵丰富和保存完整而著称于世。它集中国释、道、儒三教造像艺术的精华，以鲜明的民族化和生活化特色，成为中国石窟艺术中一颗璀璨的明珠。它以大量的实物造像和文字资料，从不同侧面展示了9世纪末至13世纪中叶中国石刻艺术的风格和西南地区宗教信仰的发展变化，对中国石刻艺术的创新与发展做出了重要贡献，具有其他石窟不可替代的历史、艺术和科学价值。

大足石刻以其浓厚的世俗信仰、纯朴的生活气息，在石窟艺术中独树一帜，把石窟艺术生活化推到了空前的境地。不论在内容取舍还是表现手法方面，它都力求与世俗生活及审美情趣紧密结合。其人物形象文静温和，衣饰华丽，体肤很少裸露；形体上则力求美而不妖，丽而不俗。从造像形象看，无论是佛、菩萨，还是罗汉、金刚，甚至各种侍者像，都颇似现实中各类人物的真实写照。特别是宝顶山摩崖造像所反映的社会生活情景之广泛，几乎应有尽有，颇似公元12世纪至13世纪中叶的一座民间风俗画廊。

大足石刻的摩崖造像，可以说是一幅幅生动的历史文化画卷，从各个侧面浓缩地反映了公元9世纪至13世纪间（晚唐、五代和两宋时期）中国的社会生活，源于印度的石窟艺术经过长期的发展，至此完成了中国化的进程。

参考文献

[1]江涛:《大足石刻：一部承载儒释道三教融合思想的文化巨著》,《中国文化遗产》2009年第2期。

[2]大足石刻研究院官网，http://www.dzshike.com/dazu//html/1//6/idex.html，2020-03-20。

[3]李先逵等编著:《大足石刻与古建筑群》,重庆大学出版社2015年版。

（张　卡）

石窟佛龛皆佳作　雕刻艺术最高峰

——洛阳龙门石窟

2000年11月，龙门石窟被联合国教科文组织列为世界文化遗产。世界遗产委员会对其评价是：龙门地区的石窟和佛龛展现了中国北魏晚期至唐代（493—907）期间，最具规模和最为优秀的造型艺术。这些翔实描述佛教题材的艺术作品，代表了中国石刻艺术的最高峰。

一、营造历史

龙门石窟莲花洞顶部图案（张伟摄）

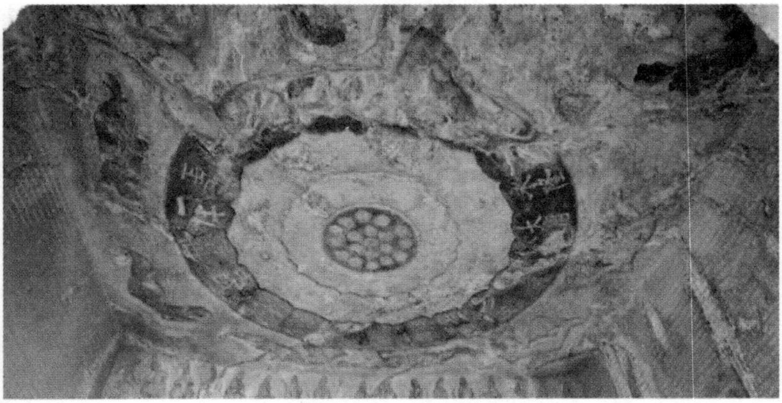

龙门石窟位于河南省洛阳市城南伊河的龙门峡谷东西两崖峭壁间，南北长约1公里，现存石窟1300多座，龛785个，题记和碑刻3600余种，佛塔50余座，佛像97000余尊，数量之多居国内各大石窟之

首。石窟始凿于北魏孝文帝迁都洛阳（494）前后，此后历经400多年的营造，止于北宋，迄今已有1500多年的历史。其因朝代更替、风云变幻而起落盛衰，历史发展大致可分为四个阶段。

公元493—533年（北魏太和十七年至永熙二年）为龙门石窟的第一次造像高潮，亦即龙门开窟造像的第一个繁盛期。根据古阳洞《新城县功曹孙秋生等二百人造像记》的记载，龙门石窟当始凿于公元493年，古阳洞是其开凿最早的一座洞窟，自此便揭开了龙门造像的序幕。继古阳洞之后，北魏皇室又在龙门展开了大规模的开窟造像活动。据史书记载，北魏宣武帝元恪为其父孝文帝元宏、母文昭皇太后造石窟两座，中尹刘腾又为宣武帝造石窟一座。这三窟即现存之宾阳三洞，费时24年，工程之大、耗费之巨，十分惊人。尽管如此，宾阳三洞也只完成了宾阳中洞，其余二洞因宫廷动乱而中途辍工。这一时期开凿的大、中型洞窟还有火烧洞、莲花洞、魏字洞、普泰洞、皇甫公窟、路洞和药方洞等，以及不可胜数的小龛造像，它们集中分布于龙门西山的崖壁上，其数量约占龙门整个窟龛的十分之三。

公元534—626年（北魏永熙三年至唐武德九年）为龙门石窟造像的低潮时期。北魏末期，龙门造像活动已有衰落趋势。东魏、西魏和北齐时期，由于政治上的割据斗争，开窟造像多是在前代洞窟中择隙而加开一些小龛像，且数目寥寥。其后历经隋和唐代初年，这种趋势仍未改变。

公元627—755年（唐贞观元年至天宝十四载）为龙门石窟的第二次造像高潮，亦即龙门开窟造像的鼎盛时期。7世纪初，唐朝建立后，中国佛教又呈现出兴盛的景象，龙门造像活动亦随之活跃起来。特别是到唐高宗和武则天时期，龙门造像在规模、题材和雕刻技艺等方面都达到了空前的高度。这一时期龙门石窟最富有成就的代表作是奉先寺大型群像的雕造，它是中国乃至世界最杰出的古典艺术作品之一。这一时期的代表性洞窟，西山有潜溪寺、宾阳北洞、宾阳南洞、敬善寺洞、万佛洞、惠简洞、奉先寺、八作司洞、龙华寺洞、极南洞等；东山有二莲花洞、看经寺、高平郡王洞、千手千眼观音龛、擂鼓台三洞等，造像数量之多占整个龙门石窟造像的十分之六，成为当时中国佛教造像最多的石窟。

公元756—1127年（唐天宝十五载至南宋建炎元年）为龙门石窟的衰落时期。8世纪中叶，唐王朝发生战乱，洛阳曾被叛军占领，龙门造像活动也随之由盛转衰。至北宋初期，龙门造像活动已近尾声，虽有零星的小龛造像，但已是“存其形而失其神”。金元战乱，龙门造像活动不仅基本绝迹，石窟甚至遭到一些破坏。

二、遗产价值

龙门石窟，是中国石窟艺术中极为重要的组成部分，也是世界石窟艺术中公元5世纪末至8世纪中叶（493—755）最为辉煌壮美、璀璨绚烂的篇章。它以大量的实物形象和文字资料从不同侧面反映了中国当时政治、经济、宗教、文化等许多领域的发展变化，对中国石窟艺术的创新与发展做出了重大贡献。龙门石窟的历史、艺术、科学和鉴赏价值，使其成为石窟艺术中不可缺少的代表作之一。

（一）龙门石窟展现了人类杰出的艺术创造力

龙门石窟规模宏大，气势磅礴，雕刻精湛，内容丰富，被誉为世界最伟大的古典艺术宝库之一，具体体现在石刻造像、窟龛建筑、碑刻题记等艺术品中。

近10万尊石刻造像，是龙门石窟艺术的主题和精华。其题材丰富多样，造像姿态各异，有佛、菩萨、弟子、天王、力士、天龙八部护法神、佛传故事、经变故事、供养比丘、供养人等不同的雕刻形象。其选址排列参差错落，精巧有序，疏密有致；组合布局适度得体，和谐优美；佛、菩萨、弟子等雕像形神兼备，栩栩如生；雕刻技法娴熟流畅，匠心独运，体现了

奉先寺佛教造像，中间主尊为卢舍那大佛（张伟摄）

北魏至唐代佛教繁盛时期的高超艺术水平。

奉先寺主尊卢舍那大佛高达17.14米，整个雕像主次分明，比例适度，浑然一体，对比、夸张、烘托、渲染运用得恰到好处，既追求形式美，又注重准确表达思想内容，具有永恒的艺术魅力，是公元7世纪石窟造像最完美的杰作。擂鼓台的大万伍佛洞25尊罗汉像，是公元7世纪石窟艺术的范例。看经寺内三壁雕有29尊与真人等身的罗汉像，形神兼备，性格迥异，无不显示出其各自不同的内在情趣，为石窟造像艺术所罕见。

窟龛建筑包括窟龛的形制、窟檐、龛楣、壁面上的仿木建筑、浮雕石塔等，是承载龙门石窟造像的艺术空间。龙门两山窟龛依岩开凿，密如蜂房，现存2345座，南北绵延约1公里。西山开凿大中型洞窟50余座，多系北魏和唐代皇家或王公大臣出资营造，其中古阳洞开凿最早，内容最丰富；宾阳中洞最为富丽堂皇，是公元6世纪石窟造像的典范。东山亦依岩开凿大中型洞窟20余座，主要为唐代王公大臣和佛教信徒所开凿。龙门石窟现

龙门石窟内雕琢出的佛塔（张伟摄）

存佛塔共有50余座，形制有楼阁式塔、密檐塔、覆钵塔等。

（二）龙门石窟的碑刻题记是一部涵盖多种学科的“石史”

碑刻题记是供养人刻在所造窟龛周围，有供养人姓名、籍贯、身份、造像的动机和愿望、造像题材、造像年代的造像记。龙门石窟的碑刻题记多达3600余种，凡30多万字，数量居世界石窟之冠。

龙门石窟中许多有纪年的题记，为造像窟龛提供了准确的历史信息，不仅是龙门石窟考古断代与分期编年的绝好佐证和标尺，在一定程度上也是中国石窟考古的准绳和圭臬，为中国石窟的考古断代分期提供了更为直接的标准和依据。

龙门石窟碑刻题记的内容广涉政治、经济、军事、宗教、地理、民族、姓氏、民俗、艺术、医药、中外文化交流等学科领域，无不具有补史之阙、证史之误的重要价值，可谓一部“石史”。如药方洞窟门甬道两侧有许多石刻药方，凿刻于北魏至隋唐之际，是我国现存最早的石刻药方，为后世留下了一份研究疾病史、药物史、方剂史的珍贵医学文献。其中含药方140种，主治病症48种，包括内科、外科、耳鼻喉科、产科等，多数至今仍有参考和实用价值。

碑刻题记中一些被书法家极为推崇的精品，为书法史增添了光辉的篇章，尤以北魏造像记中“龙门二十品”最受青睐。其结体用笔在隶、楷之间，端正大方，质朴厚重，刚劲有力，具有高度的成熟性、过渡性，显现出承隶启楷的风格，为魏碑书体之精华。此外，唐贞观十五年（641）由谏议大夫褚遂良书丹的《伊阙佛龛之碑》，是中国石窟中最大的摩崖碑刻，也是褚遂良书碑中的最大者，碑文端正工整，奇伟秀丽，被誉为初唐楷体的佳例。

（三）龙门石窟对中国石窟造像艺术变革做出了重要贡献

石雕在亚洲地区的文化发展中占有重要地位，龙门石窟完美地展现了这一古老艺术形式的魅力。龙门石窟有自身完整而独特的雕塑艺术语言，揭示了雕塑艺术创作的各种规律和法则。自石窟艺术传入中国后，从新疆等边远地区的早期石窟艺术到云冈昙曜五窟，都较多地保留了犍陀罗和秣菟罗艺术的成分。而龙门石窟则是远承印度石窟艺术，近继云冈石窟风范，与魏晋和南朝深厚的汉族历史文化融合、碰撞之后开凿成的，所以它的造像艺术一开始就有“改梵为夏”的风格变化。龙门石窟对民族审美意识和形式规律的感悟与强烈追求，使石窟艺术呈现出中国化、世俗化的趋向，其造像的神态气质、衣着服饰、雕刻手法为之一新，表现出一种潇洒飘逸且富有生机和力度的风格。

入唐以后，龙门造像受雍容华贵、富丽健美时代风尚的影响，演变为体躯丰腴、面相圆润、隆胸细腰、典雅端丽的风格，并精雕细刻，毫无繁缛、臃肿之感，达到了形似完美的高峰。这两种划时代的中原风格，既遵循了经典，又突破了宗教仪轨，对不同人物赋予了不同的性格特征，人神交融，美丑、善恶对比强烈，写实、夸张运用适度，具有很强的艺术感染力和社会教化作用，堪称中国古代民族雕塑艺术的代表。可以说，位于丝绸之路东端起点的洛阳龙门石窟，是佛教石窟寺艺术中国化的完成之地和集中体现。

（四）龙门石窟体现了石窟艺术中典型的皇家风范

皇家直接开窟造像，除了云冈的昙曜五窟等造像，龙门石窟是北魏、唐代皇家贵族发愿造像最集中的地方，具有浓厚的官方色彩，是皇家意志和行为的体现。如古阳洞、宾阳洞和奉先寺大像龛，分别为北魏孝文帝、宣武帝和唐高宗、武则天所开凿。正是由于封建统治者的直接经营，才能不惜人力、物力营造出如此规模宏大而璀璨绚烂的洞窟。所以龙门石窟的兴衰嬗变，不仅反映了中国历史上公元5世纪至10世纪皇室崇佛信教的盛衰变化，而且因与众多的重要人物和历史事件有关，也从某些侧面披露了中国历史上一些政治的风云动向和社会经济发展的情况。如宾阳中洞、宾阳南洞铭记着孝文帝迁都洛阳，推进汉化改革和促进民族大融合的历史功绩，许多唐代石刻造像点滴折射着武则天一步步走上女皇宝座的踪迹，龙门石窟的这一突出特征是其他石窟无法匹敌的。所以龙门石窟不仅是北魏和唐朝盛期皇家开窟造像的圣地，更是当时高度发达的文化艺术和社会形态的象征和缩影。

（五）龙门石窟是佛教众多宗派的集成

在中国佛教史上，由于信仰的神祇和义理不同而出现了许多宗派，龙门石窟就聚集了佛教众多宗派的造像。如奉先寺卢舍那大像龛属华严宗，东山大万伍佛洞和看经寺的罗汉浮雕群像与禅宗有直接联系，西山的净土堂和东山的西方净土变龛与净土宗有关，西山中段万佛洞南上方的十一面观音、万佛沟北崖的千手千眼观音龛、千手观音窟以及擂鼓台北洞为密宗窟龛，西山优填王造像与法相宗有关，等等。在一处石窟中集聚了如此多的佛教宗派造像，在全国石窟中极为罕见。这就大大丰富了石窟造像的题材内容，反映了龙门石窟在初、盛唐时期的中心地位，也为研究佛教宗派的活动及其仪轨提供了实物形象资料。

三、保护利用

（一）记录与研究

新中国成立以来，有关管理部门对龙门石窟逐步建立、健全记录档案，运用测绘、摄影、拓印和文字记录等考古手段，对龙门石窟的窟龛完成建档工作。进入21世纪，随着科技的发展，龙门石窟有关管理部门启动数字化工程，主要采用了三维激光扫描与近景摄影测量技术，逐步扫描了龙门东、西两山的所有洞窟，完成了部分洞窟大场景扫描和虚拟展示工作，不仅将其用于石窟研究和保护等专业技术工作，而且用它对石窟进行数字化复原，以及制作数字化电影，向广大游客进行展示。

对龙门石窟的早期研究主要是由法国、日本等外国学者进行的，如1902年，法国人鲁博兰斯第一次向国外介绍龙门石窟；1949年以后，宿白、阎文儒等著名学者从考古、历史、艺术、中外文化交流及环境保护等方面对其进行了研究，全面提升了研究水平。

（二）保护历程回顾

对龙门石窟进行保护的历史，与其开凿史一样久远。龙门石窟现今仍留存有大量类型多样的历史修复痕迹，证明古人在开窟造像的同时，对石窟造像保护亦用心良苦。民国时期，时任河南省省长的田文烈复函内务部予以答复，附以《保守龙门山石佛规条》和《龙门山等处造像数目表》，这是中国近代史上首例地方官署遵照国家有关法令保护文物的实例，第一次将现场整理的龙门石窟资料上报并公之于世，还创建了龙门石窟保护史上第一部具有法律效力的保护法规条文，但由于时代局限，其效果有限。

新中国成立后，中央政府和地方各级政府极为重视龙门石窟的保护研究工作，开展了大量可持续的实践探索，保护和研究的水平不断提升。

1.建立文物保护机构

1951年4月，洛阳成立龙门森林古迹保护委员会。1953年4月18日，文化部成立龙门文物保管所。1961年3月4日，国务院公布龙门石窟为全国重点文物保护单位。2002年3月15日，洛阳成立龙门石窟文物保护区风景名胜区管理局和龙门石窟文物保护研究院。2007年9月，洛阳成立龙门石窟世界文化遗

龙门石窟西山远眺（张伟摄）

产园区管理委员会，作为政府机构，专门从事龙门石窟的保护、研究和管理工作。

2.开展本体修复工作

主要开展了三次大规模的保护修复工程：第一次是1971年至1985年开展的抢险加固工程，利用化学灌浆和锚杆加固等现代工程技术手段，实施了包括奉先寺九尊大像在内的洞窟维修加固工程，使龙门石窟多数洞窟、雕刻品转危为安；第二次是1986年至1992年实施的龙门石窟综合治理工程，研制出适合龙门石窟石灰岩文物保护的环氧树脂类材料灌浆加固配方和施工工艺，使龙门石窟周围岩体和主要洞窟得到加固，洞窟渗漏问题得到解决；第三次是2001年至2008年开展的“UNESCO无偿援助龙门石窟保护修复工程”，针对三个实验洞窟开展了前期调查和后期保护维修工作。

3.营造良好外部环境

1983年，河南省政府划定了10.42平方公里的龙门石窟重点保护范围与一般保护范围，解决了周边环境对石窟的不利影响。1997年，洛阳市人民政府制定了《龙门石窟保护区总体规划》，进一步协调保护区内文物、风景、旅游、交通和居民生产、生活之间的关系，并通过拆除违建和对基础设施建设进行治理，基本恢复了龙门石窟景区的自然环境和石窟寺艺术静谧、和谐、古朴的历史风貌，重现了“精舍临峭壁，千龛绕层阿”的伊阙风光，实现了对龙门石窟景区的封闭管理，营造了良好的遗产外部环境。

（三）存在问题与应对措施

龙门石窟历经千年沧桑，风吹、雨淋、日晒、冰冻等都是对石窟安全的巨大威胁，要结合环境进行治理，对其采取科学的保护措施；要加强科学管理，在游客流量、文明旅游等方面提高管控能力。另外，与国家有关机关通力合作，追回历年流失的龙门文物，也是遗产园区管委会的一项重要任务。

参考文献

[1]龙门文物保管所、北京大学考古系编:《龙门石窟》第一卷，文物出版社1991年版。

[2]龙门石窟研究所编:《龙门流散雕像集》，上海人民美术出版社1993年版。

[3]刘景龙编著:《龙门石窟保护》，中国科学技术出版社1993年版。

[4]龙门石窟研究所编:《龙门石窟一千五百周年国际学术讨论会论文集》，文物出版社1996年版。

[5]龙门石窟研究所编:《龙门石窟志》，中国大百科全书出版社1996年版。

[6]李振刚主编:《2004年龙门石窟国际学术研讨会文集》，河南人民出版社2006年版。

[7]联合国教科文组织驻华代表处、洛阳市文物局编：《龙门石窟保护修复工程报告》，文物出版社2011年版。

[8]陈晶鑫：《洛都圣像：龙门石窟》，中州古籍出版社2014年版。

[9]龙门石窟研究院编著：《龙门百问》，大象出版社2015年版。

[10]孙艳红、王轻楠、吴杰：《龙门石窟智慧景区建设研究》，中国经济出版社2019年版。

（张　伟）

在世为帝权无边　死后寝陵更奢华

——明清皇家陵寝

明清皇家陵寝指建于中国明清时期的皇家陵寝建筑群，是大型建筑群与自然环境有机融合的创造性杰作。明朝开国之初就对陵寝制度做了重大改革，将地上的封土堆由以前的覆斗式方形改为圆形或长圆形，并取消寝宫，扩大了祭殿建筑。清代沿袭明代制度，更加注重陵园与周围山川形胜的结合，注重典礼规制，还形成了帝后妃陵寝的配套序列，在祭祀制度上也更加完备、合理。

明清皇家陵寝分布于今北京、河北、辽宁、安徽、江苏、湖北等地，建筑保存完整，反映了明清皇家陵寝原貌。自2000年至2004年间，明显陵、明孝陵、明十三陵、清盛京三陵、清东陵、清西陵，均被列入《世界遗产名录》。

世界遗产委员会认为，明清皇家陵寝依照建陵理论，精心选址，将数量众多的建筑物巧妙地安置于地下。它是人类改变自然的产物，体现了传统的建筑和装饰思想，阐释了封建中国持续五千余年的世界观与权力观。

一、明清皇家陵寝概况

（一）明朝皇陵概况

明朝统治时间277年，其间经历了16位皇帝。其中，除了惠帝朱允炆因

“靖难之役”下落不明，没有营建陵园，其余15位皇帝都依帝制建造了陵园。此外，明朝还有生前没有当过皇帝，死后被追尊为帝的，也营建了陵园。这些陵园加起来一共18处。太祖朱元璋死后埋葬在南京钟山脚下，其陵墓称孝陵。代宗朱祁钰因英宗复辟，初以王礼葬北京西郊金山，成化年间改为帝陵，世称景泰陵。其余的13位皇帝均葬于北京市昌平区的天寿山一带，通称“明十三陵”。

明孝陵是太祖朱元璋和皇后马氏的合葬陵墓，因皇后谥号“孝慈”，故名孝陵，是南京最大的帝王陵墓，亦是中国古代最大的帝王陵寝之一。明孝陵在建制和布局上较以往各朝有许多创新之处，如新创明楼，改方坟为圆坟，外建圆形宝城，把唐宋时帝王陵寝设上下二宫的制度合二为一，自陵门以内到神厨、神库、殿门、享殿和东西庑，平面作长方形等。作为中国明陵之首的明孝陵，壮观宏伟，代表了明初建筑和石刻艺术的最高成就，直接影响了明清两代500多年帝王陵寝的形制。明孝陵在中国帝陵发展史上有着特殊的地位，故而有“明清皇家第一陵”的美誉。

明十三陵神道（〔德〕恩斯特·伯施曼摄于1906—1909年）

明十三陵是明朝迁都北京后13位皇帝陵墓的总称，从1409年开始，依次建有长陵、献陵、景陵、裕陵、茂陵、泰陵、康陵、永陵、昭陵、定陵、庆陵、德陵、思陵，其中长陵规模最

大。明十三陵坐落于天寿山南麓，总面积120余平方公里，距离北京约50公里。明代术士认为，这里是陵墓胜境，绝佳“吉壤”，因此被明朝选为营建皇陵的“万年寿域”。明十三陵建于1409—1645年，陵区占地面积达40平方公里，是中国乃至世界现存规模最大、帝后陵寝最多的一处皇陵建筑群。

明十三陵既是一个统一的整体，各陵又自成一个独立的单元。每座陵墓分别建于一座山前，陵与陵之间少至0.5公里，多至8公里。除了思陵偏在西南一隅，其余均成扇形分列于长陵左右。明十三陵从选址到规划设计，都十分注重陵寝建筑与自然山川、水流和植被的和谐统一，追求形同“天造地设”的完美境界，用以体现“天人合一”的哲学观点。

此外，明朝还有生前没有当过皇帝，死后被追尊为帝的，也营建了陵园。如朱元璋将其父亲在安徽凤阳的原墓建为皇陵，还将其祖父、曾祖父、高祖父在江苏盱眙的原葬处建陵，葬三祖帝后衣冠，陵名祖陵。再如嘉靖皇帝朱厚熜把其父亲在湖北钟祥的王墓扩建为显陵。

（二）清朝皇陵概况

满族人建立的清朝（1636—1911），共历经12位皇帝，统治时间276年。清朝的帝王陵寝，从建陵年代和地理位置来看，可分为清初关外三陵（盛京三陵）、清东陵和清西陵三个陵区。清东陵和清西陵的陵墓从规划建制到建筑造型上均仿照明朝，采用集中陵区的手法，安排总入口，从正红门开端，经统一的神道、石像生、碑亭及华表，然后分达各个陵区。皇帝、皇后、亲王、公主、嫔妃的陵制级别相当严格，形成了一套程式化的规则。

位于辽宁省的清朝盛京三陵建于17世纪，包括永陵、福陵和昭陵，是开创清朝皇室基业的皇帝及其祖先的陵墓。陵寝遵照中国传统的占卜和建陵理论而建，展示了清朝墓葬建筑的发展水平。盛京三陵及其众多建筑将以前朝代的传统和满族文化的新特征融为一体。

永陵是清太祖努尔哈赤以上四代父祖的陵寝，在盛京三陵中规模最小。

清东陵之裕陵地宫（谭明摄，《中国世界遗产影像志》）

福陵是努尔哈赤与皇后叶赫那拉氏的陵墓，是清朝命名的第一座皇陵，占地近54万平方米，现存古建筑32座（组）。昭陵是清太宗皇太极与皇后博尔济吉特氏的陵墓，在盛京三陵中结构最完整。福陵和昭陵分别位于沈阳市东北11公里处和沈阳市北郊，永陵在抚顺市新宾满族自治县的永陵镇。

清东陵的建筑壮观宏伟、精美绝伦。在由580多座单体建筑组成的庞大古建筑群中，有中国现存面阔最宽的石牌坊，为五间六柱十一楼的仿木结构，巧夺天工；有中国保存最完整的长6000多米的孝陵主神路，随山势起伏，极富艺术感染力；乾隆裕陵地宫精美的佛教石雕令人叹为观止，被班禅赞誉为“不可多得的石雕艺术宝库”。东陵在木构和石构两方面都运用了精湛的技巧，可谓集清代宫殿建筑之大成，其中孝陵的石像生最多，共18对，造型多朴实浑厚；乾隆的裕陵规模最大、最为堂皇，而慈禧的普陀峪定东陵则是首屈一指的精巧建筑。

清西陵位于河北省易县城西15公里的永宁山下，距北京西南方120公里，因与河北省遵化市的东陵相对而称西陵。它占地约100平方公里，共有16组古建筑及15000余株古松。清西陵共有陵寝14座，其中帝陵4座（雍正的泰陵、嘉庆的昌陵、道光的慕陵、光绪的崇陵），皇后陵3座，后妃园寝3座，王爷、公主、阿哥园寝4座。另外，还有配属建筑行宫、永福寺等。雍正帝以此地“山脉水洁，条理详明”，系龙脉吉地而于此兴建泰陵。雍正死后，乾隆继位，因有父子不葬一地之制，遂形成东、西陵隔辈建陵的现象。

清西陵初建于18世纪中叶，余绪延至民国年间，是清朝陵寝建筑艺术的代表性作品之一。4座帝陵建筑规模宏大、布局合理、宫殿辉煌、石雕精美、形式多样、内涵丰富、保存完整；皇后陵、后妃园寝严格按照封建等级制度的规格建造，虽久经大自然的风雨侵蚀，其规模与原貌仍存；亲王、公主、阿哥园寝大部保存完好；行宫、永福寺虽历经沧桑，但也比较完整地保存下来，从而使清西陵成为保存最为完整的清代陵寝群。

清西陵的南端入口建有石牌坊，其后依次为大红门、神功圣德碑楼、七孔桥、石像生、龙凤门、神道碑楼，然后是西陵的主陵——隆恩门、隆恩殿、方城、明楼、宝顶等。这些建筑物以一条南北贯穿、长2.5公里的神道串联起来。东陵的建筑形制大致与西陵相仿。

上图：明神宗金翼善冠

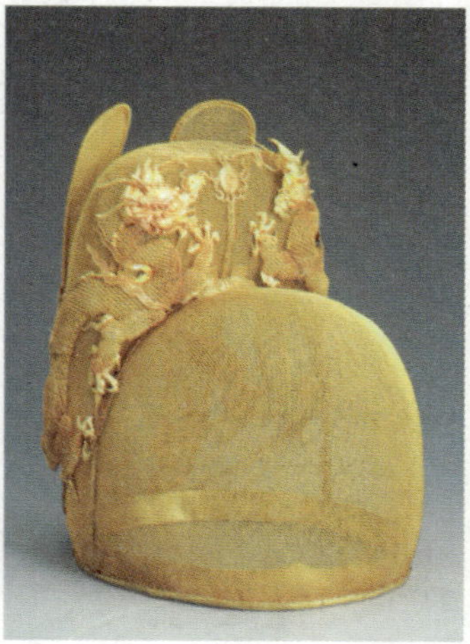

下图：明孝端皇后凤冠

二、历史沿革

（一）明孝陵

朱元璋登基后就着手选陵位，洪武十四年（1381）开始建墓，次年皇后马氏去世后葬此，因马皇后谥号是“孝慈”而定名为孝陵。洪武二十五年（1392），早逝的皇长子朱标也葬入陵城内。洪武三十一年（1398），朱元璋病逝，当年入葬孝陵。清初及太平天国时，孝陵都曾遭到破坏，之后又都进行了修缮和重建。

（二）明十三陵

从永乐七年（1409）始建长陵，到顺治二年（1645）思陵竣工，明代13位帝王相继离世安葬，即成为明十三陵。每座陵园不仅建有庞大的墓室（地宫），还建有享殿、配殿、神道、石像生、碑刻亭宇等建筑。明廷为此投入大量的金银，仅长陵就耗白银800万两。另外，墓室内还随葬有大量的奇珍异宝，费用难以计数。

（三）明显陵

显陵始建于正德十四年（1519），讫于嘉靖四十五年（1566），占地面积达1.83平方公里，是我国中南地区唯一的一座明代帝王陵墓，也是我国明代皇陵中最大的单体陵墓，其“一陵两冢”式的陵寝结构，也是历代帝王陵墓中绝无仅有的。

（四）清盛京三陵

20世纪30年代沈阳昭陵地面核心建筑——举行祭祀皇帝、皇后仪式的中心殿堂（《亚细亚大观》第11辑）

太祖努尔哈赤与其皇后合葬的福陵，从后金天聪三年到清康熙二十七年（1629—1688），除地宫外，先后建有享堂、神功圣德碑、方城、隆恩门、隆恩殿、大明楼、宝城、金顶、外城内郭等，占地19.48万平方米，由南而北经过108级石阶，渐次升高，其建筑风格可与故宫相媲美。

永陵由原家族墓地扩建而成，是努尔哈赤以上四代父祖辈的陵园，自顺治十年（1653）至康熙十年（1671）屡经扩建，规模宏大，气势非凡，仅四位先帝（追封）的四座神功圣德碑楼，每座的前后左右各有一条雕龙，共16条雕龙环绕，象征着清代江山永固，可谓寓意深厚，形象壮观。

在盛京三陵中，昭陵严格按照前朝后寝之制建造，占地面积达18万平方米。整个陵园以中轴线为主线，园内建筑多呈对称布局，特别是神道两旁的石像生，有石狮、石獬豸、石麒麟、石马、石骆驼、石象各一对，依次排列，映衬出帝王陵寝的肃穆庄重。

（五）清东陵

清东陵，始建于顺治十八年（1661），营建活动延续了247年。共埋葬5位皇帝、15位皇后、3位阿哥、2位公主及136位嫔妃，共161人。

（六）清西陵

清西陵牌楼（〔德〕恩斯特・伯施曼摄于1906—1909年）

清西陵，始建于雍正八年（1730），完工于1915年，营建时间长达185年。自雍正的泰陵建成后，就有了东陵、西陵之分。

清西陵共有14座大型陵墓，加上其他墓葬共百余座。在陵园内建有殿宇

定陵玄宫

百余座，还有大量碑石雕刻。这里松柏密集，数以万计，使整个陵园氛围十分幽静。清朝末代皇帝爱新觉罗·溥仪也曾在清西陵选址建陵，但由于清王朝的灭亡而中止。1995年，溥仪的骨灰移到崇陵北面的皇家华龙陵园内安葬。

三、明清皇家陵寝的文化价值

明清皇家陵寝作为大型建筑群与自然环境有机融合，是人类创造的天才杰作，是14—20世纪中国历史上最后两个王朝（明、清）500多年陵寝文化和建筑传统的独特见证，非凡的建筑群与清幽的自然环境，构成了一个和谐的整体。明清皇家陵寝代表了一个发展阶段，其所反映的明清两代建筑模式吸取了早期的文化传统，并为后来建筑的发展奠定了基础。明清皇家陵寝的人文建筑与自然环境完美地融为一体，形成了独特的文化景观群，是中国乃至世界古代皇家陵寝的杰出实例，也是中国古代社会盛行的信仰和世界观的绝美例证。它们既是中国古代著名人物的陵寝，也是中国重大历史事件发生的场所，完好地保存了具有突出普遍价值的物证、精神要素和历史文化信息等全部载体。明清皇家陵寝各遗产区边界完整，主体建筑和地下宫殿保存完好，整体格局依然完整，保护区内古建筑与遗址未受到过多的干预和改变，真实地展示了明清两代陵寝规制布局的完整性。

参考文献

[1]孙克勤、孙博编著:《明清皇家陵寝》, 中国地图出版社2014年版。
[2]胡汉生:《明十三陵》, 大象出版社2004年版。

（张　卡）

惊世水利都江堰　天下幽景青城山

——都江堰和青城山

都江堰是成都平原上举世闻名的大型水利工程，同样位于成都平原的青城山是著名的风景名胜区，2000年11月，都江堰和青城山双双被联合国教科文组织列入《世界遗产名录》。都江堰水利工程于公元前256年始建，是一座历史悠久、以无坝引水为突出特征的大型综合性水利工程，具有灌溉、防洪、水运、供给城市用水多种功能。青城山环境优美，四季常青，山体壮

都江堰岷江上游吊桥和二王庙(〔德〕恩斯特・伯施曼摄于1906—1909年)

观，故有“青城”之美誉。

一、都江堰

属于长江上游主干支流的岷江，从海拔4000米的河源地，经340公里流程，进入海拔只有340米的成都平原，湍急的水流夹带大量沙石，使这片冲积扇平原成为水患之地。如何治理水患，并借用地势速降的优势发展社会生产，成为人们的夙愿。时至战国时代，秦盛极一时，要战群雄、创霸业必须发展经济、强大国力，而蜀地则成为无军事忧患的合适地区。移秦民入蜀，是秦的战略部署，为抵御水患、保证农业生产，兴修水利则成为大势所趋。时势出英雄，秦国蜀郡太守李冰应时而承大任，于公元前256年，承担了建设都江堰这一水利工程的任务。

都江堰宝瓶口（侯贺良摄于2010年6月）

都江堰鱼嘴分水堤（赵中浩摄于2009年9月）

（一）都江堰灌溉工程体系

都江堰灌溉工程体系，是借用天然来水经人工的巧妙控制，从而创造出的人间奇迹，总体可分为三大部分，即都江堰渠首工程、各级灌排渠系和闸门、水库等控制性工程。

1. 渠首工程

从岷江来水迎头要冲鱼嘴，经飞沙堰到内江宝瓶口一段，长1000余米。鱼嘴把岷江水由此分为内江和外江（内江即都江堰沿途用水的来源），并根据需求人为控制都江堰的用水量：灌溉时控制内江六成水、外江四成水，洪水时内江四成水、外江六成水。飞沙堰是一段低平而宽阔的泄洪道，上距鱼嘴710米，溢洪坝宽240米、高2米，由于排沙效果好，后被称为“飞沙堰”。由此向下120米即人工开凿的“宝瓶口”，是经排沙后的水进入灌渠的入口处，因其上下的河床较宽，瓶口处较窄，形如瓶颈，故称“宝瓶口”。

都江堰渠首工程系统解决了溢洪、排沙、水量自动调节等关键技术问题，并且造价低、收效大、维护方便、可靠性强，经历2500多年仍能发挥工程效益，被誉为世界“活的水利博物馆”“水文化摇篮”，是世界一流的水利科学旅游胜地。

2. 各级灌排渠系

经过不断发展，特别是1949年以后的高速发展时期，都江堰形成了庞大的灌排工程渠系，仅由都江堰管理局及各管理处直接管理的干渠工程系统，就分为灌区总干渠、分灌区总干渠、干渠、分干渠等多级，支渠数量和长度更为庞大。据统计，灌区现有各级干渠111条，总长3664公里；灌溉面积万亩以上的支渠260条，总长3234公里；支渠以下的末级渠道，总长34000余公里。

3.控制性工程

为了适时、精确、高效实施水量调度，都江堰渠首及各级引水枢纽建设了数量众多的闸门。据统计，灌区干渠系统共建设水闸500余座，其中一类水闸7座，大中型水闸44座。此外，都江堰是引蓄结合的“长藤结瓜”灌溉工程，共建有大型水库3座，中型水库15座，加上小型水库和其他小微型蓄水设施，总蓄水量17.69亿立方米。

（二）人文景观

都江堰灌溉工程的附属遗产还有祭祀建筑、石刻碑记、历史文献、出土文物等。都江堰二王庙原为纪念蜀王的望帝祠，南齐建武年间（494—498）改祀李冰父子，将其更名为“崇德祠”。宋代以后，李冰父子相继被皇帝敕封为王，故而后人称之为“二王庙”，庙内现供奉李冰父子的塑像。二王庙建筑群规模宏大，布局严谨，环境清幽，是庙宇和园林相结合的著名景区。庙内保存有大量关于都江堰治水的石刻群，包括三字

上图：都江堰二王庙入口（〔德〕恩斯特·伯施曼摄于1906—1909年）

下图：都江堰伏龙观李冰像（〔德〕恩斯特·伯施曼摄于1906—1909年）

经、六字诀、八字格言等。此外，伏龙观、离堆公园、玉垒关、斗犀台、禹王宫以及成都市郫都区望丛祠、什邡市李冰陵园，都是极具建筑艺术价值和历史研究价值的重要建筑、园林。出土于都江堰渠首外江水闸修建场地的东汉李冰石像是国家一级文物，也是我国汉代雕刻的艺术珍品，为研究中国古代美术史及都江堰的建设史、河道演变史提供了重要实物资料，现被安放在伏龙观正殿中央。此外，都江堰还出土了堰工石像等多具石像及其他文物。记载都江堰的史书、方志、论著数以千计，达200余万字（含民国时期）。

二、青城山

青城山位于四川省都江堰市西南、成都平原西北部，主峰海拔1600米，景区面积200平方公里，是国家著名的历史名山和重点风景名胜区。相传黄帝曾经封青城山为五岳丈人，因此青城山古称“丈人山”。后由于山上林木葱郁，四季常青，整座山巍峨壮观如同一座城郭，故有“青城”的美称。

青城山山门（侯贺良摄于2010年6月）

青城山俯瞰成都平原，背靠岷山苍莽雪岭，林木青翠，终年常绿，山峦幽曲，景色优美。

青城山层峦叠嶂，奇峰突兀，共有36座翠峰、8个大洞、72个小洞，胜景百余处。山中林幽水秀，云雾缥缈，溪水逶迤，构成了一幅仙境胜景，素有“青城天下幽”的美誉，并与剑门之险、峨眉之秀、夔门之雄齐名。

1929年年初的青城山朝阳洞（《亚细亚大观》第5辑）

在青城山的青山绿水中，有众多古建筑点缀各处，建筑与自然环境浑然一体，形成隐、藏、幽、奇的效果，使自然景色更具文化底蕴，也使建筑因融于美景而更富有活力。青城山上的古建筑以道家宫观居多，共有40余处，道教从东汉时就在青城山活动，到唐宋进入鼎盛。这里的道教建筑，充分遵照传统，注重宫观选址的“枕山、环水、面屏”的模式，并按“前朱雀、后玄武、左青龙、右白虎”的准则进行布局。它们还结合自然地势，吸收南方地区干栏式的建筑特点，运用台、吊、挑、跌、梭、披、叠的技术，更显大方自然、朴实别致。

宫观建筑的基本组成，可概括为神殿、斋堂、客舍、园林四个部分。神殿是道观的主体建筑和中心，天师洞的三清大殿最具代表性。它采用重檐歇山式屋顶，坐西向东，横列五间，正中三大间为三清殿堂，右接祖堂，左连斋房。大殿共用大石柱28根，暗合二十八星宿之说，气势恢宏。殿堂上开一个八角方形的楼，名“无极殿”，既能采光通风，又使人产生玄妙无极的敬重心情。檐前有垂带踏道12级，两旁石栏回护，与内山门及东斋堂、西客堂共同形成庄严雄伟的四合院。院中的太极图和十二生肖图暗含道生万物、道法自然的宗教哲理。

斋堂位居大殿左侧，集书画、联额、诗词、雕刻为一体。客舍单独设院，居于僻静处，负责接待客人，一般居于大殿右侧。道观园林以“幽”“奥”取胜，采取引景、设景、借景等造园手法，既出奇又与山林巧妙融合，天师洞的西客堂就是其典范之作。它先在入口处用青石雕刻栏杆，设计大院小园，两旁间种花木，吸引游客自庙堂而入山林，此为“引景”。客堂前后厅之间有一小天井，因地势逼仄，因而就势堆起石山，植栽特色花木以点缀风景，再配以楹联匾额，以收移步换景的功效，此为“设景”。后客厅设计为吊脚楼，厅房用环形透景花窗，窗外四廊拱护，开轩即临四野，纵目则望群山，此为“借景”。

唐宋时期，大型道观升级为宫，青城山的宫观经过清代重修后，至今保存基本完好，主要有上清宫、建福宫、祖师殿、老君阁、圆明宫、常道观等。

青城山上清宫正殿（〔德〕恩斯特・伯施曼摄于1906—1909年）

上清宫位于青城山第一峰高台山之阳，山门外西侧石壁上，刻有“天下第五名山”“青城第一峰”。上清宫始建于晋代，唐玄宗时重建，五代前蜀王衍曾辟其为行宫，明末毁于火灾，现保存下来的殿宇建于清代同治年间。在漫长的岁月里，它既是传说中神仙道士的洞府，又是帝王下榻的行宫，还做过农民起义军首领张献忠的

大本营。上清宫乃青城山重要宫观之一，规模宏大，由照壁、山门、三官殿、玉皇楼、文武殿及南、北楼组成。

建福宫坐落于青城山的丈人峰下，始建于晋代，原址在天国山中，唐开元十八年（730）迁今址。南宋诗人范成大曾在此为宋帝祈祷，故皇帝特赐其名“会庆建福宫”，简称“建福宫”，并沿用至今。建福宫现存建筑为清代光绪年间重建，主要由大殿、缘云阁、水心亭等建筑组成。三重大殿分别供奉五岳丈人、太上老君、东华帝君等神像。其中殿内柱上394字的对联被赞为“青城一绝”。气派非凡的道教建筑前有清溪、后有乳泉相拥，宫内壁画、楹联弥足珍贵。

青城山极顶老君阁（赵中浩摄于2010年6月）

祖师殿始建于晋朝，原名“洞天观”“清都观”，因殿内供奉着真武大帝和张三丰祖师像，故名“真武宫”，又叫“祖师殿”。现存祖师殿建筑为清同治四年（1865）修建，全殿为单檐悬山式屋顶，穿斗式梁架，坐西向东，呈四合院样式。祖师殿背靠轩辕峰，面对白云溪，四周古木遮天蔽日，空灵深透，地极清幽。

老君阁位于青城山第一峰高台山的绝顶，海拔1600米。老君阁阁基有400多平方米，共6层，下方上圆，寓意“天圆地方”。外观呈塔形，顶接三圆宝，以昭

“天地三才”之意。老君阁造像以中国现代著名画家徐悲鸿的《紫气东来》为蓝本，由青城山道友绘制、塑造而成。老君像高13.6米，连牛身通高16米，均按古典建筑规范，用钢筋水泥浇筑，精铜包裹，金光灿灿，栩栩如生。登高望远，青城诸峰景色可尽收眼底，还可以赏神灯、观日出、看云海，风光无限。

圆明宫坐落在青城山北的木鱼山上，始建于明代万历年间，因供奉圆明道母天尊而得名。宫内有四重殿堂：前为灵祖殿，供奉道教护法神王灵官神像；二殿为老君殿，供奉太上老君；三殿为斗姆殿，斗姆即圆明道母天尊，为北斗众星之母；后殿为三官殿，供奉天、地、水三官大帝，以及全真道（道教的一支流派）的吕祖、邱祖和重阳祖师。

常道观距建福宫约2公里，建在白云溪和海棠溪之间的山坪上，原为黄帝祠，始建于隋朝，唐代改名为“常道观”，后来因有汉代张天师阐道时所居之洞窟，故俗称“天师洞”。三清殿是常道观的主殿，殿前铺设通廊石阶9级，前檐排列大石圆柱6根，立在高1.2米雕工精致的石狮、麒麟和独角兽柱础上。殿堂横列五间，重檐飞瓦，古朴宏伟。三清殿正中高悬清康熙皇帝御书“丹台碧洞”匾额。三清殿供奉的是三清尊神，中间是玉清元始天尊，手持元珠，象征洪元世纪；右边是上清灵宝天尊，怀抱如意，象征混元世纪；左边是太清道德天尊，也就是老子，手持宝扇，象征太初世纪，张道陵创教时把他尊为教祖。“三清”是道教信奉的三位最高神，三清殿由此得名。

作为道教名山，青城山空翠四合，宫观建筑崇尚自然，朴素大方，与山峦、溪谷和谐共存、融为一体，如同一幅天然图画，体现出道家崇尚朴素与自然的风格。

参考文献

[1]马虹、何易编著:《都江堰·青城山》,上海辞书出版社2003年版。

[2]周乐天、陈斐昌编著:《青城山与都江堰》(第2版),广东旅游出版社2011年版。

[3]郑明武、陈慧编著:《拜水问道——都江堰与青城山》,吉林出版集团有限责任公司2012年版。

[4]张成岗、张尚弘:《都江堰:水利工程史上的奇迹》,杜澄、李伯聪主编:《工程研究:跨学科视野中的工程》,北京理工大学出版社2004年版。

[5]旷良波:《都江堰灌溉工程遗产体系、价值及其保护研究》,《中国防汛抗旱》2018年第9期。

[6]英淼:《烙在世界文明史上的"中国符号"——世界文化遗产:都江堰、青城山》,《民主》2011年第2期。

[7]晏华:《都江堰—青城山》,《统一论坛》2004年第3期。

（张　莹　谭必勇）

一方水土一方人　独具特色古村落

——皖南古村落：西递、宏村

2000年11月，联合国教科文组织第24届世界遗产委员会会议在澳大利亚凯恩斯举行，根据文化遗产遴选标准第三部分第三条、第四条及第五条，会议审议通过将中国皖南古村落——西递、宏村列入世界文化遗产。世界遗产委员会对其评价是：西递、宏村这两个传统的古村落在很大程度上仍然保持着那些在20世纪已经消失或改变了的乡村的面貌。其街道的风格、古建筑和装饰物，以及供水系统完备的民居都是非常独特的文化遗存。这是世界上第一次把民居列入《世界遗产名录》，也是黄山市黄山风景区内的自然与文化景观第二次登录《世界遗产名录》，黄山也成为中国继北京后第二座同时拥有两处以上世界遗产的城市。西递、宏村作为徽派建筑的典型代表，其保存完好的村落形态、精湛的工艺结构、丰富的文化内涵，世所罕见。

一、遗产概况

（一）西递

西递位于古徽州府以西，因此处曾设“铺递所”而得名。其始建于北宋皇祐年间（1049—1054），14—19世纪发展到鼎盛。该村是以宗族血缘关系为纽带的古村落，胡姓聚族而居。由于历史上受到战乱侵袭少，也未受到后世经济社会变革、自然灾害的严重冲击，村落始终保持着原始形态，反映了历史发展的真实性和完整性。目前，西递村现存明、清古民居124幢、祠堂3幢，包括敬爱堂、履福堂、膺福堂、刺史牌楼、瑞玉庭等，其建筑为木质框架、砖砌墙体，建筑上木雕、石雕、砖雕等丰富多彩。整个空间错落有致，建筑风格朴素淡雅，蕴含着皖南古村落居民在人居环境营造方面的造诣，具有非常高的历史价值和艺术价值。

西递村的村口矗立着一座巍峨壮观的青石牌坊，它是西递村的标志，建于明万历六年（1578）。牌坊高12.3米，用的石料是黟县出产的青石，质地细腻。牌坊流檐翘角，盘龙漏窗，流露出数百年风雨沧桑历练出的沉稳与厚重。其正楼匾的上方刻的是“恩荣”二字，下方刻着“荆蕃首相”四字，背面是“胶州刺史”四字；花板上雕有鹿、鹤、虎、豹等，两旁盘有浮雕的双龙，双龙下是文官和武将；最下面的正楼所刻图案是“五狮戏球”，东

西递远眺（周梅生摄，《中国世界遗产影像志》）

西递胡文光刺史牌楼（齐凤臣摄，《中国世界遗产影像志》）

西两侧是“麒麟吐书”。这一巍峨壮观的标志性建筑，是胡氏家族地位显赫的象征。西递村中央是敬爱堂，为胡氏宗祠的所在地，不仅是商议族中大事的地方，也是婚丧嫁娶的场所。“敬爱”二字取“敬老爱幼，互敬互爱”之意。村中还有座康熙年间建造的履福堂，陈设典雅，充满书香气息，厅堂题有“书诗经世文章，孝悌传家根本”“读书好营商好效好便好，创业难守成难知难不难”的对联，体现了儒家的价值理念。

村中另一古宅为大夫第，为临街亭阁式建筑，原用于观景，楼额悬有“桃花源里人家”六个大字，近人多将此楼当作古装戏中小姐择婿“抛绣球”之处，现已成为西递村举办此项民俗活动的场所。位于横路街口的瑞玉庭，建于清代咸丰年间，正厅前的小庭院陈设颇为雅致，石几、石凳、假山石和盆景相映成趣。出了瑞玉庭前行几步就是桃李园，是咸丰年间徽商胡元熙的故居。桃李园楼上设有独特的“楼上井”，二三进之间的门上有隶书石刻“桃花源里人家”。桃李园后面的花扇门上镶有漆雕《醉翁亭记》，为康熙年间的书法家所书，至今清晰悦目。桃李园向前便是西园，过了八字形砖雕门楼就进得园内，前面部分是假山盆景、花鸟鱼池，“西递”二字石刻就在此处。园内一对石雕漏窗“岁寒三友”异常精美，左为松石图，右为竹梅图。西递村中还有尚德堂、仰高堂、惇仁堂、青云轩、膺福堂等，皆为可观之处。

此外，村中各家各户的宅院，精巧的花园，黑色大理石制作的门框、漏窗，石雕的奇花异卉、飞禽走兽，砖雕的楼台亭阁、人物戏文等，都体现了中国古代艺术之精华。

西递马头墙（李少白摄，《中国世界遗产影像志》）

西递古民居中最引人注目的是徽州三雕，徽州有句俗话：“无雕不成院，无画不成屋。”当时，商人地位较低，又因社会制度限制，普通百姓住宅不可超过三间五向，不可设斗拱，不可用彩饰，于是西递商人赚钱之后将大量钱财花费在装饰之上。徽州三雕，一是砖雕，西递家家户户大门上都砌有门楼、门罩，门罩上镶嵌着水磨青砖，在厚度不超过10厘米的青砖上有各种题材的雕刻；二是石雕，西递的石雕原料丰富，黟县出产的大理石特别适合雕刻，漏窗上的石雕别具特色，每当桃花盛开之时，桃花与石雕相互映衬，赏心悦目；三是木雕，雕饰图案几乎无一雷同，窗栏、窗扇、斜撑等处更是细致入微，走进西递居民屋中，就如同进入了木雕博物馆。

（二）宏村

宏村，古称弘村，位于黄山南麓、黟县东北部，始建于南宋，距今已有800多年的历史，原为汪姓聚居之地。它背倚黄山余脉羊栈岭、雷岗山等，地势较高，经常云蒸霞蔚，有时如浓墨重彩，有时似泼墨写意，被誉为“中国画里的乡村”。

整个村庄从高处看，宛若一头青牛。村中池塘（月沼）呈半月形，似“牛胃”；引清泉为“牛肠”，从一家一户门前流过，使得村民“浣汲未妨溪路远，家家门巷有清渠”。“牛肠”在流入村中被称为“牛胃”的月沼后，经过过滤，又绕屋穿户，流向村外被称作“牛肚”的南湖。这种村落水系设计别出心裁，一方面为村民生产、生活和消防用水等提供了便利，另一方面调节了气温、美化了环境。

宏村现保存完好的明清古民居有140余幢，分列规整，古朴典雅。宏村古民居主要是住宅建筑和私家园林，还包含书院、

宏村月沼（周梅生摄，《中国世界遗产影像志》）

祠堂等公共设施建筑，建筑组群较完整。这些建筑利用木、石、砖进行各种题材的雕刻，其室内装饰、庭院陈设以及绿化布局等都体现了徽州文化的深刻内涵，具有极高的历史、艺术和科学价值。

承志堂是村中最大的建筑群，是大盐商汪定贵的住宅，内部有房屋60余间，围绕着9个天井分别布置。全宅有木柱136根，木柱和额枋间均有雕刻，造型富丽堂皇，工艺精湛绝伦，可以说是皖南古民居之最。南湖书院原是明末兴建的6座私塾，清嘉庆十九年（1814）合并重建为“以文家塾”，又名“南湖书院”，由志道堂、文昌阁、启蒙阁、会文阁、望湖楼、祗园等六部分组成。南湖书院的亭台楼阁与湖光山色交相辉映，深具传统徽派建筑风格。德义堂厅堂前有16扇半幢莲花门，设通道连接着室内外，堂前有一个水塘，塘内有暗沟与水圳相通。德义堂“园中水，水中园”的布局，令其成为徽派私家园林的典型代表。另外，村中还有敬修堂、东贤堂、三立堂、叙仁堂，有的朴实端庄，有的气度恢宏。宏村的建筑与村里的参天古树、庭院中的百年牡丹相映成趣，可谓步步入景、处处堪画，体现了悠久历史所留下的深邃文化底蕴。

西递、宏村的村落布局、建筑形态，体现了中国传统哲学“天人合一”的思想，显示出古人对大自然的向往和尊重。这些保存完好的古民居建筑群与大自然紧密融合，创造出符合科学、富有内涵的生活环境，是我国传统民居的精髓所在。

二、申遗历程

1986年，西递村被评为安徽省重点文物保护单位。1999年，西递、宏村被国家确定为世界文化遗产申报单位，向联合国教科文组织提出申报，并通过了专家评估考察。2000年2月10—15日，联合国教科文组织派专家实地考察，对其给予充分肯定，并通过初审；6月26—29日，经联合国教科文组织

宏村承志堂商字木雕（周梅生摄，《中国世界遗产影像志》）

遗产委员会第24届主席团会议审议，同意推荐皖南古村落西递、宏村申报世界文化遗产，并将此提交至联合国教科文组织遗产委员会第24次全体会议审议。在审议中，主席团评价西递、宏村是古老文明的见证，是特色传统建筑的典型作品，是人和自然结合的光辉典范。第24届世界遗产委员会会议于11月27日在澳大利亚凯恩斯开幕，当地时间11月30日上午，中国皖南古村落西递、宏村得到了各成员国的充分肯定，并获得一致通过，被正式列入世界文化遗产。

皖南古村落西递、宏村符合世界遗产的价值标准：

第三条标准：西递、宏村是封建宗法时期以繁荣的商业经济为基础创立的人类居住样式的真实例证。

第四条标准：西递、宏村的建筑和街道形式，反映了中国历史上长期稳定存在的社会经济结构。

第五条标准：西递、宏村特别完好地保存了中国传统的乡村住宅，而这些住宅在过去的岁月里已大范围地消失。

皖南古村落西递、宏村的申遗成功，离不开国家文物局、国家建设部、当地政府、村民等有关人员的精心筹备和周密组织。其主要经验为：第一，深入发掘西递、宏村的文化内涵和特色，精心编制申报文本；第二，深刻领会世界遗产申报的标准和宗旨，严格按申报程序和要求组织申报；第三，对遗产实体进行系统科学的保护与管理，保持遗产的真实性和完整性。

三、传承与保护

作为世界文化遗产地的西递、宏村，游人不断增多，旅游业、民宿、餐饮等逐渐兴起。为兼顾文化遗产保护和旅游业的发展，努力找到传承、保护和开发的平衡点，当地各级政府和民间组织做出了诸多努力。

第一，加强法律规范化建设。世界文化遗产申报成功以来，黟县人民政府在黄山市世界遗产保护管理委员会的统一领导下，严格执行相关法律要求，及时成立了世界文化遗产保护管理领导组，西递、宏村成立了遗产管理委员会，形成了县、镇、村、民间组织四级保护的管理网络。2001年3月28日，黟县第十三届人民代表大会第四次会议审议通过《黟县西递、宏村世界文化遗产保护管理办法》；2001年12月，黟县人民政府颁布实施《黟县西递、宏村世界文化遗产保护管理实施细则》。此外，西递、宏村所属村委会分别制定了《西递古村落保护村规民约》和《宏村村规民约》，全面规范村民行为，提高全民文化遗产保护意识。

第二，创新遗产保护管理模式。黟县人民政府设立了世界文化遗产保护资金，除了每年财政预算安排一定资金，还在景区门票收入中提取20%作为文物保护资金。近十年来，黟县累计筹集10亿多元资金，对西递、宏村实施重点保护；近三年来，先后对100多幢古民居进行了修缮。此外，黟县还成立了西递、宏村保护基金会，建立文物认领保护机制，通过网络平台，吸引民间投资，共同参与到抢救古民居资源的行列中。西递、宏村还通过市场运作的方式募集社会资金，对大夫第、旷古斋等进行易主保护，有效保护了一些濒临倒塌但是居民无力承担维修费用的古建筑。

第三，推进古村落整体保护。自2001年以来，西递、宏村全面推进古村落整体保护。其一，不断整治、改造、修缮古建筑，按照“修旧如旧”的原则，修复了西递古戏台，恢复了“抛绣球”等民俗活动；整治违法违章建设，对违法建筑的涉案人员依法严厉查处，有利打击了乱拆乱建的行为。其二，加强消防工程建设，完成了“三线”地埋和古民居消防安全工程，并安装了报警器，增添了新的消防栓设备，配备了专职消防队和微型消防车。其三，修整道路，实施供水建设工程，缓解了遗产地供水矛盾。其四，规划建设了西递新区和宏村新区，将古村落核心区内的机关和企事业单位迁出，确保古村落建筑得到有效保护。

迄今为止，皖南古村落西递、宏村相继被授予全国重点文物保护单位、首批中国历史文化名村、国家5A级旅游景区、全国文物维修保护样板示范工程等荣誉称号。

参考文献

[1]《世界文化遗产——皖南古村落：西递、宏村》，http://www.people.com.cn/GB/wenhua/1087/2530159.html，2019-10-29。

[2]卞利：《皖南古村落西递、宏村》，《寻根》2004年第6期。

[3]吴晓勤、陈安生、万国庆：《皖南古村落申报世界文化遗产方法——以西递、宏村为例》，《江淮论坛》2001年第2期。

[4]徐靖：《流淌的徽州记忆》，《人民日报》2019年7月18日。

（楚艳娜　谭必勇）

王室主修名石窟　五万造像展佛艺

——大同云冈石窟

2001年12月，联合国教科文组织将大同云冈石窟列入世界文化遗产。世界遗产委员会对它的评价是：位于山西省大同市的云冈石窟，有窟龛252座，造像51000余尊，代表了公元5世纪至6世

云冈石窟及云冈村（〔日〕岛崎役治摄，《亚细亚大观》第13辑）

纪时中国杰出的佛教石窟艺术。其中的昙曜五窟，布局设计严谨统一，是中国佛教艺术第一个巅峰时期的经典杰作。

一、营造历史与发展阶段

云冈石窟位于山西大同以西16公里的武周山南麓，依山而凿，东西绵亘约1公里，气势恢宏，内容丰富，是中国第一处由皇室显贵主持开凿的大型石窟。石窟始凿于北魏兴安二年（453），直到北魏正光六年（525）基本完成。

（一）营造历史

北魏兴安元年（452），文成帝拓跋濬即位，佛法复兴，寺庙林立，僧侣遍地，营窟造像之风复显。和平初年，北魏沙门统昙曜在云冈石窟开窟五所，镌建佛像各一，即“昙曜五窟”。此为云冈石窟的第一次造像高潮。

北魏延兴元年至太和十八年（471—494），皇室、贵族崇佛祈福之风愈演愈烈，掀起了云冈石窟的第二次造像高潮。此时开凿的大型洞窟多达12座，占云冈大型洞窟总数的70%左右。另外，还出现了少量的中、小型窟龛，并在早期洞窟中补刻了一些龛像。

北魏太和十九年至正光六年（495—525），云冈石窟建造者转向中下层官吏、邑义信众、僧尼等，他们开凿了一大批中、小型窟龛，总数达200余座。

北魏结束以后，辽代在石窟前营建木结构窟檐，形成寺院建筑，“云冈十寺”因此得名。清顺治八年（1651）重修了因兵火损坏的木结构楼阁。

（二）发展阶段

云冈石窟从空间上分东、中、西三部分石窟群，从时间上大致可分为三期。

1. 早期石窟

早期石窟位于石窟群西部，即第16、17、18、19、20窟，俗称“昙曜五窟”，题材以三世佛和千佛为主。石窟的布局选择了气势磅礴的大窟高像，主像形体高大，占据窟内主要位置，平面皆作马蹄形，穹隆顶，摹仿古印度草庐形式，一门一窗，外壁满雕千佛。这是中国石窟雕刻史上十分罕见的现象。这些挺秀劲健、浑厚质朴的造像，反映了凉州石窟以及犍陀罗、秣菟罗造像的一些特点，具有浓郁的外来风韵。佛像服饰的外观沿袭了古印度和凉州地区的风格，容貌却是中国北方民族的，因而形成新的佛像模式。

第20窟是云冈石窟最具有代表性的洞窟之一。主像高13.8米，高鼻深目，眉眼细长，嘴角微微上翘，面部流露出慈祥和蔼的神情。挺拔硕健的身躯，显示出北方游牧民族的剽悍与强大。该像以其博大恢宏的气势和动人心弦的艺术感染力，成为云冈石窟的代表作。

云冈石窟第20窟佛像（张伟摄）

2. 中期石窟

中期石窟约开凿于延兴元年至太和十八年（471—494），位于石窟群的东、中部，大型洞窟、双窟较为集中，主要有四组双窟和一组三窟，单窟较少，这些洞窟是云冈石窟的精髓。中期石窟的特点是汉化趋势发展迅速，雕刻造型追求工整华丽，出现许多新的题材和造像组合，早期造像融入的外来因素已渐衰落，侧重于护法形象和各种装饰，佛教石窟艺术中国化由这一时期开始显著加强。石窟平面多呈方形，多具前后室，壁面雕刻都作上下重层、左右分段的布局，体现了中国汉代殿堂格局和传统建置。在造像内容方面，大像的数量锐减，取而代之的是题材内容的多样化，突出了释迦牟尼佛、弥勒佛的地位，新出现了供养人行列、伎乐天行列以及佛本生、本行故事，门拱两侧开始雕刻护法天神等，极大地丰富了石窟造像内容。在造像特点方面，佛像面相丰圆适中，较为清秀，衣着出现褒衣博带式服装；菩萨头戴花蔓冠，身披帔帛，下着羊肠大裙。中期石窟殿堂龛面，帷帐流苏，画面附榜题，龛尾饰龙雀，出现大量博山炉、兽面装饰等汉地文化因素，反映出佛教艺术中国化的不断深入。该期石窟中雕刻了数以万计的佛、菩萨、天王、力士、飞天等，佛像端庄、和蔼，菩萨典雅、含蓄，飞天活泼、可人，力士强壮、有力。这些姿态各异的雕像代表着佛像雕刻技艺的日渐成熟，石窟艺术中国化的步伐显著加快。

3. 晚期石窟

晚期石窟主要集中在云冈石窟群西部，另外在龙王庙沟区域及中部也有分布。其开凿时间约为太和十九年至正光六年（495—525），共有中、小型窟龛200余座。晚期石窟多为中、小型洞窟，类型繁杂，式样变化迅速，流行千佛洞、塔洞、四壁三龛式或四壁重龛式洞窟，窟门外崖面上也出现了雕饰，造像内容趋于简单化和程式化。晚期石窟造像呈现出一派清秀俊逸的新风貌，人称“秀骨清像”。在主像和造像组合方面，都日趋繁缛。主像释迦、多宝对坐像（释迦佛与多宝佛坐于同一龛中）普遍增多，窟外两侧流行雕凿力士。该期石窟较晚阶段主像两侧出现了弟子、菩萨并列像。晚期石窟中一些窟龛规模虽小，但处理得主次有序，人物形象清瘦俊美、比例适中，夸张中有收敛，清瘦中透秀雅。这种典雅、清新的艺术风格与早期石窟浑厚、纯朴的西域情调，以及中期石窟复杂多变、富丽堂皇的太和格调，共同构成了云冈石窟绚丽多彩的艺术特色。

二、遗产价值

云冈石窟是中国早期石窟艺术的代表作品之一，也是世界石窟艺术史上公元5世纪中叶至6世纪初壮丽辉煌、璀璨夺目的篇章。云冈石窟艺术以其规模宏大、题材多样、雕刻精美、内涵丰富而驰名中外，以典型的皇家风范造像而异于其他早期石窟，以融会东西、贯通南北的鲜明的民族化进程为特色，在中国石窟艺术中独树一帜。它对中国石窟艺术的创新与发展有着重大贡献，是世界佛教石窟艺术第二个繁荣期的杰出例证，具有其他早期石窟不可替代的历史、艺术、科学和鉴赏价值，这也是云冈石窟被列入《世界遗产名录》的重要原因。

（一）云冈石窟是古代雕刻艺术宝库

云冈石窟规模之宏大、雕刻艺术之精湛、造像内容之丰富，堪称公元5世纪后半叶至6世纪初中国佛教雕刻艺术的“陈列馆”，被誉为世界古代雕刻艺术宝库。这在昙曜五窟以及西部石窟群都有突出反映。云冈石窟的一窟一龛，上承秦汉现实主义艺术的精华，下开隋唐浪漫主义艺术之先河，雕像主次分明、比例适度，对比、夸张、烘托、渲染运用得恰

云冈石窟双龙透雕（〔日〕岛崎役治摄，《亚细亚大观》第2辑）

到好处，菩萨、力士、飞天造型生动活泼，塔柱上的雕刻精致细腻，既追求形式美，又注重思想内容的准确表达，具有永恒的艺术魅力，是公元5世纪至6世纪石窟造像最完美的艺术典范。

（二）云冈石窟是中国石窟艺术本土化变革与发展的标本库

云冈石窟从早期到中期短暂的30余年时间里，造像艺术相继完成了从“胡貌梵相”到“改梵为夏”的过程，这是强烈追求民族审美意识和多元历史文化杂糅的反映，是古印度犍陀罗和秣菟罗艺术与中国本土艺术相融合、碰撞所产生的结果。这在第20窟、第6窟的对比中反映得非常清楚。综观云冈石窟的成就，不论是外来风格还是本土风格，在造型技巧、题材选择、审美情感以及表现形式等方面，都开创了石窟艺术中国化的新形式，逐渐成为体现中国传统审美思想和审美情趣的石窟艺术典范。同时，作为中国石窟艺术发展、变化的一个转折点，云冈石窟所创造的许多有别于印度、中亚石窟的新元素又极大地影响了龙门、敦煌等其他的中国石窟造像。云冈石窟形象地记录了印度及中亚佛教艺术向中国佛教艺术发展的历史轨迹，反映出佛教造像在中国逐渐世俗化、本土化的过程。多种佛教艺术造像风格在云冈石窟实现了前所未有的融会贯通，由此而形成的“云冈模式”成为中国佛教艺术发展的转折点。

（三）云冈石窟是公元5世纪中国民族大融合的见证者

大同在公元5世纪不仅是当时世界上最大的都市之一，同时是吸收印度、中亚文化艺术，融合西域诸国和中国经济文化最发达的山东六州、关中、河西凉州、东北和龙等地区各民族文化与艺术的聚集地。北魏建都大同期间，大同在吸收先进地区的文化、借鉴经济发达地区的生产方式等方面，都达到了空前的规模，到公元5世纪中叶，已成为中国北部政治、经济、文化的中心。这一期间，有近百万人口迁徙大同及其附近地区，使得

云冈石窟充满异域风情的佛像（〔日〕岛崎役治摄，《亚细亚大观》第13辑）

这一区域的民族结构发生了很大的变化，汉、鲜卑、氐、羌、乌桓、丁零等民族移民会聚在一起，共同铸造了北魏文明。特别是伴随着青齐入魏及徐州工匠北上，像蒋少游、王遇、侯文和等一批民族艺术家，将其罕见的艺术才能融入云冈石窟的皇皇佛教艺术创造活动之中。昙曜五窟造像的凉州艺术风格遗痕、第6窟造像的南方艺术风格样式，都是公元5世纪中国民族大融合的特殊例证。石窟中留下的乐舞和百戏杂技雕刻，更是当时社会生活的生动反映。

（四）云冈石窟是世界佛教石窟艺术第二个繁荣期的代表

佛教石窟艺术自公元前2世纪在南亚次大陆德干高原西部诞生后，分别于公元前1世纪至公元2世纪和公元5世纪至8世纪，在世界上先后形成两个石窟艺术繁荣期。石窟艺术自公元3世纪传入中国后，于公元5世纪和7世纪前后（北魏和盛唐时期），先后形成两次营窟造像高峰。云冈石窟是中国石窟艺术史上第一次造像高峰期产生的经典巨作，是多元文化融合形成的中国化艺术风格的石窟，注重雕刻艺术自身的审美规律和形式法则，运用雕刻艺术语言揭示宗教艺术特征，是印度及中亚佛教艺术向中国佛教艺术发展的范例。它反映了佛教艺术植根于中国中原地区的创造成就，是世界佛教石窟艺术第二个繁荣期的杰出例证，与印度阿旃陀石窟、阿富汗巴米扬石窟并称“世界三大佛教石窟”。

三、保护与利用

新中国成立以来，遗产保护始终是云冈石窟管理机构工作的重中之重。特别是近些年来，云冈石窟研究院以更先进的遗产保护理念规划建设云冈旅游区，在保护—研究—开发利用方面做了大量的工作，走出了一条特色鲜明的路子。

（一）遗产的真实性及完整性

云冈石窟的窟龛造像保存完好，全部洞窟与造像未遭受大的人为和自然灾害的破坏。时至今日，除极个别窟龛前壁围岩早年崩残，部分造像因受风化剥蚀而细部雕刻漫漶，甚至肢体局部残

云冈石窟第20窟及其外观（〔日〕岛崎役治摄，《亚细亚大观》第13辑）

损外，绝大多数艺术品保存尚好，基本上保持了原有的规模和风貌，是中国石窟艺术群中保存最为完好的石窟之一。这为云冈石窟的科学保护和合理利用奠定了良好的基础。

自1952年成立专门保护管理机构以来，在云冈石窟区内除增设保护性栏杆、防护围墙、防雨设施，以及为方便文物保护和参观游览增加极少台阶、硬化窟前地面外，其他部分仍保持原状。在“石窟围岩裂隙灌浆加固”“残断落石归安粘接”等方面，采用传统技术与现代科学技术相结合的手段，在设计、材料、工艺、布局等方面均保持历史的真实性。目前，云冈石窟的山体岩石结构稳定，艺术雕刻保存完好。有关方面在对云冈石窟进行保护的同时，注重对其周围环境的保护，保证了它的真实性与完整性。

（二）记录与研究

自新中国成立至今，文物工作者对云冈石窟的资料采集工作，不仅一直不间断进行，而且不断提高其科学性和精准性，从完全手工、目测记录到近景摄影测量，特别是2005年以来数字化手段的全面应用，建立健全了石窟数字档案，为展示、研究、保护及综合管理云冈石窟提供了系统的应用基础支持。

近百年来，中外学者对云冈石窟进行了全面深入的研究，如日本学者出版了有关云冈石窟的16卷32本的考古调查报告，中国学者陆续出版了《云冈石窟》《云冈保护五十年》《云冈石窟编年史》《云冈石窟辞典》等专业性或普及性著作。

20世纪后半期，著名考古学家宿白先生引领国内相关研究，将云冈石窟的研究全面纳入历史考古学的轨道。此外，对云冈石窟保护的科技研究也日益受到重视，取得了可喜的成果。

特别值得提及的是，2019年，20卷本60万字的皇皇巨著《云冈石窟全集》出版，该书共收录包括照片、线描图、拓片在内的石窟影像作品12710幅，

《云冈石窟全集》书影
(云冈石窟官网)

文章23篇。除了充分利用现代数字技术建起一个巨大的石窟影像数字资料库，成为名副其实的“全集”，书中还提出了大量学术新观点。一系列全新的学术理论和考古发现，填补了云冈石窟研究的若干空白，扭转了“云冈在中国，研究看国外”的局面，从而推动了云冈学研究的深入发展。

（三）保护历程回顾

实际上，对云冈石窟的保护，在石窟的营建过程中就在进行，自北魏以后，历代对云冈石窟都有修建维护。新中国成立以后，党和国家高度重视对云冈石窟的保护。周恩来总理陪同法国总统蓬皮杜参观云冈石窟时，曾指示国家文物局要在三年内完成石窟维修工程。围绕云冈石窟保护，相关机构进行了大量卓有成效的工作。

其一，建立健全保护机构。从1952年成立大同市古迹保养所到2008年4月云冈石窟研究院与大同市云冈旅游区管理委员会合并重组，一直有专门的政府管理机构全面负责云冈石窟保护、研究与管理工作。

其二，建立和完善法律法规。山西省和大同市制定了专门针对云冈石窟的规章制度，如《大同市云冈石窟保护管理条例》《云冈石窟规划》。现在对云冈石窟遗址的保护，已形成“上、中、下”立体交叉保护与“近、中、远”多层保护体系。

其三，在具体实施的保护工作中，严格遵循国家制定的原则和要求，如修旧如旧、最小干预、整体保护等。在实际工作中，对难度较大的技术问题，往往是先组织专家论坛，制定科学的实施方案。在配合云冈石窟保护的环境整治中，已经实施了道路改线、近距离居民区拆迁、治理河道、环境绿化等20余项工作，有效改善了石窟周边的环境质量，在加强保护和改善旅游开发方面同时取得良好效果。

上图：搬迁前的云冈石窟及云冈村（云冈石窟官网，摄于2009年3月）

下图：环境综合治理后的云冈石窟全貌（云冈石窟官网）

云冈石窟自古以来就是名胜之地，2000年，组建了云冈旅游区第一家文化企业——云冈旅游开发有限责任公司。2009年，世界遗产论坛组织委员会、世界遗产旅游博览会组织委员会授予云冈石窟研究院“最佳遗产研究拓展奖”。根据旅游区和城市文化产业发展需要，通过招商引资、合作经营等方式，云冈旅游区相继成立了19家文化企业，构建出以文化旅游业为龙头，以节庆会展为支撑，以特色产品、文艺演出为基础的由四大新型业态组成的文化产业新格局，形成了完整的云冈文化产业链。

（四）存在问题及主要威胁

云冈石窟保护形势依然严峻，许多新的问题不断产生。比如，对风化石雕的保护材料的研究、如何保护窟檐建筑、对凝结水的治理等。此外，云冈石窟每逢十一、五一等国家法定节假日，游客剧增，如2019年国庆长假前两天，已接待游客4.6万余人次，剧增的游客数量对云冈石窟接待造成了巨大压力。诸如此类的问题，仍需引起有关方面的高度重视，并研究对策予以解决。

参考文献

[1]山西云冈石窟文物保管所编著：《云冈石窟》，文物出版社1981年版。

[2]王建舜：《云冈石窟艺术审美论》，中国社会科学出版社1998年版。

[3]云冈石窟研究院编：《2005年云冈国际学术研讨会论文集·保护卷》，文物出版社2006年版。

[4]张焯：《云冈石窟编年史》，文物出版社2006年版。

[5]王恒编纂：《云冈石窟辞典》，江苏美术出版社2012年版。

[6]李雪芹：《云冈石窟——刻在石头上的北魏王朝》，山西科学技术出版社2015年版。

[7]彭明浩：《云冈石窟的营造工程》，文物出版社2017年版。

[8]王建舜：《云冈石窟双窟论》，山西经济出版社2017年版。

（张　伟）

筑王城捍卫江山永固　建陵寝祈望富贵长存

——高句丽王城、王陵及贵族墓葬

2004年7月1日，在中国苏州召开的第28届世界遗产委员会会议上，中国高句丽王城、王陵及贵族墓葬以其独特的魅力和深厚的文化内涵，被列入《世界遗产名录》。这是中国第30处世界遗产，也是整个东北地区第一项单独列名的世界遗产。

高句丽王城、王陵及贵族墓葬距今已有2000多年的历史，主要分布在吉林省集安市和辽宁省桓仁满族自治县境内。此次列入《世界遗产名录》的共计43处遗迹，包括3座王城和40座墓葬：五女山山城、国内城、丸都山城，12座王陵、26座贵族墓葬、好太王碑和将军坟1号陪冢，这些都是高句丽文化的重要组成部分。从公元前37年到公元668年，高句丽政权一直统治中国东北地区和朝鲜半岛的北部，高句丽文化因此而得名。

辽宁本溪五女山高句丽遗址远眺（线云强摄，《中国世界遗产影像志》）

一、历史沿革

高句丽政权始于公元前37年，止于公元668年，曾是中国东北地区影响较大的少数民族政权之一，在东北亚历史发展过程中起到过重要作用。其主要的历史遗迹大量地存续于中国的吉林省和辽宁省，其中的王城、王陵和贵族墓弥足珍贵。

汉武帝元封三年（前108），灭朝鲜，设四郡，“以高句骊为县，使属玄菟”。汉元帝建昭二年（前37），北扶馀王子朱蒙为避害而率部分亲随南下，“至纥升骨城，遂居焉”。纥升骨城即位于当时的高句丽所在地（今辽宁省桓仁满族自治县五女山山城），因此朱蒙以高句丽为国号，这就是高句丽的第一座王城。

高句丽自汉元帝建昭二年（前37）立国后，至唐高宗总章元年（668）被唐与朝鲜半岛的新罗联军所灭。在其存在的705年时间里，曾两次迁都：第一次是在西汉元始三年（3），从五女山山城迁至国内城（今吉林省集安市），之后则在其北侧建设丸都山城，这就是高句丽在中国东北地区的三座古城址；第二次是在北魏始光四年（427），迁至平壤。

五女山山城在高句丽灭亡之前一直有高句丽人居住，至辽金时期（10—13世纪）被作为军事城堡使用，后又成为满族祖先兴起和活动的地方。清朝以后，五女山山城逐渐荒废。

东汉建安二年（197），高句丽与公孙氏政权发生战争，高句丽战败，国内城被毁，此后丸都山城两次为都，但公元246年和342年的战争使其宫室毁于战火。

国内城是高句丽政权的政治、经济、文化中心。北魏始光四年（427），高句丽移都平壤，国内城作为“别都”，列高句丽“三京”之一，仍不失其重要地位。因此，集安周边区域保存着大量的高句丽遗迹，仅集安洞沟古墓群一处即保存有高句丽古墓葬数千座，其中不乏大型王陵和王室贵族墓。这一时期是高句丽都建制度和丧葬制度的成熟期和发展期。

唐代，国内城为安东都护府之哥勿州驻地，后为渤海国西京所辖的桓州，辽代仍为桓州。

清代初期，清政府对长白山区进行封禁，国内城湮灭于荒烟蔓草之中。清末，中国学者通过对好太王碑拓片进行考释，重新发现了这段历史，并确认了这处珍贵的遗迹群。

清光绪二十八年（1902），辑安（今吉林省集安市）建治后，曾对国内城城墙进行修补。1946年以后，国内城城墙大多毁于战火和城市化建设，北墙和西墙部分保存完好。

中华人民共和国成立后，五女山山城曾分别于1999年和2002年进行了两次加固维修，其中前一次加固了山城东墙南段，后一次加固了山城东墙北段，均采用传统技术，使用原来坍塌的石料进行修复。另外，考古学家曾在山城顶部平坦区域和东、西门进行考古发掘，发掘出的文物和遗址均得到妥善保护。

国内城自清末以来一直为集安县治所在，1961年被列为省级文物保护单位，2001年被公布为全国重点文物保护单位。

迄今为止，丸都山城遗址基本保存完好。1958年设置专门保护机构，1983年城内居民全部迁出，1997年建保护站并对公众开放。

二、重要遗产

古高句丽民族曾创造了辉煌的历史，其主要的历史遗迹大量存续于中国的吉林省和辽宁省，其中王城、王陵及贵族墓葬最为珍贵。

20世纪90年代以来，中国的考古工作者在集安、桓仁陆续发掘了多处高句丽王城、王陵和贵族墓葬遗迹，对部分遭受自然损害的王陵进行维修，高句丽丰富的文化内涵逐渐清晰。

（一）五女山山城

五女山山城位于辽宁省本溪市桓仁满族自治县东北7公里的五女山上。山城大部分利用天然的悬崖峭壁作屏障，仅在东、南部山势稍缓处以及通往山上的豁口处筑墙封堵。山城平面略呈长方形，南北长1000余米，东西宽400余米，面积约80万平方米。城墙顶部大都筑有女墙。全城设有东、南、西3座城门。城内分布点将台、蓄水池等多处高句丽早期的重要建筑遗址及生活、军事遗迹，文化内涵十分丰富。1996年以来，考古单位对五女山山城进行了多次发掘，发现了诸多建筑遗址，出土了大量的文物，年代属高句丽早、中期，而且规格较高，具有重要的历史价值和文化价值。

（二）国内城、丸都山城

国内城、丸都山城是高句丽早、中期的都城，其特点是平原城与山城相互依附，共为都城。这也构成了高句丽王城的独特体系，即在同一地域设两座城池，一座平原城，一座山城，两城相互依存，共为都城。这种因地制宜的创造具有浓郁的民族特色，形成了世界都城建筑史上复合式王都的新模式。

其中，国内城是为数不多的地表保存有石筑城墙的平原城类型都城址，保存下来的城墙依然坚实牢固而又不失美观庄严。丸都山城为山城，其布局因山形走势而巧妙构思、合理规划，完美地实现了自然风貌与人类创造的浑然一体。通过考古发掘出的宫殿遗迹，仍可显示原有建筑的恢宏气势。国内城与丸都山城是高句丽政权使用时间最长的都城，透过它们可以见证高句丽创造的已经被历史长河湮没了的辉煌文明。

国内城是高句丽的第二座都城。汉平帝元始三年（3），高句丽第二代王琉璃明王“迁都于国内，筑尉那岩城”。从此国内城成为高句丽的政治、经济、文化中心，直至北魏太武帝始光四年（427），高句丽第二十代王长寿王

丸都山城宫殿遗址俯瞰（周梅生摄，《中国世界遗产影像志》）

迁都平壤。国内城作为高句丽的都城，时间长达425年，在高句丽历史上占有重要地位。

国内城呈长方形，城墙内外壁用石条、石块垒砌，城墙四面分布有6座城门，门口处均建有瓮城；城墙四角筑有角楼，四面都有马面，非常坚固。

丸都山城，即尉那岩城，现又被称为山城子山城，为琉璃明王迁都国内城后所筑，以作为国内城的军事卫城。该城位于国内城西北2.5公里处，通沟河右岸。山峰最高处海拔676米，山形北高南低，呈簸箕形状。该城沿山势走向而筑，平面不甚规整，大致呈四边形。东墙1716米，西墙2440米，南墙1786米，北墙1009米，周长约6951米。城垣皆用经过修琢的方整石块砌筑，外临陡峭悬崖，内抱开阔的坡地，易守难攻。全城有城门5座，东、北各两门，门外有台阶，通往山下；南面一门，开于正中低洼处，直通通沟河谷。城内有瞭望台、石砌水池、驻兵建筑遗址，还有一处大型宫殿建筑遗址。

（三）王陵和贵族墓葬

高句丽古墓群分布范围广、数量多，且类型复杂、内涵丰富。国内城与丸都山城城外，在群山环抱的通沟平原上，现存近7000座高句丽时代墓葬——洞沟古墓群，堪称东北亚地区古墓群之冠。它不仅可以从不同侧面反映高句丽的历史发展进程，而且是高句丽留给人类弥足珍贵的文化、艺术宝库。古墓群中以将军坟、太王陵为代表的十几座大型高句丽王陵以及大量的王室贵族壁画墓，是高句丽建筑技艺、艺术成就的一个缩影。好太王碑矗立于太王陵东侧，上面用汉字镌刻的碑文是高句丽保存至今最长的一篇文献资料。尤为重要的是，高句丽古墓身上充分展现了地方文化底蕴与周边文化特别是中原文化因素的有机交融，其独特魅力早已闻名于世，是高句丽文化的经典之作。

在国内城作为高句丽国都的425年时间内，前后共有19位高句丽王在此执政，其中至少有18位王的王陵建在此处。其中，被列入《世界遗产名录》的共有12处，包括千秋墓、西大墓、临江墓、太王陵和将军坟等。这些王陵规模宏大、气势雄伟，其中又以太王陵、将军坟最为著名，这也是迄今为止基本能够确定墓主人的两座王陵。

丸都山城及洞沟古墓群远景（周梅生摄，《中国世界遗产影像志》）

太王陵（周梅生摄，《中国世界遗产影像志》）

太王陵是高句丽第十九代王谈德的王陵。陵墓为方坛阶梯石室墓，平面呈方形，底边长66米，残高14.8米，外部由16级阶坛层层垒砌而成。第一级阶坛外还有护坟石，每面5块，每块重量都在10吨以上。墓室筑于顶部，平面呈铲形，长3.9米，宽3.2米，高3米，为平行叠涩藻井。陵墓上有“愿太王陵安如山固如岳”的铭文砖。陵墓东侧200米处有好太王碑，碑高6.39米，宽1.34—2米，重约37吨，略呈方柱形。碑身四面环刻碑文，现可识者1600余字，记述了高句丽国建立及前三代王开基创业、好太王的丰功伟绩和守墓制度等情况。好太王碑文是高句丽传世最长的石刻文字，史料价值极高，且其造型独特，堪称“关东第一石”。

1930年的好太王碑（《亚细亚大观》第7辑）

将军坟是高句丽第二十代王长寿王的陵墓，位于集安市东北4.5公里的龙山脚下。陵墓是典型的方坛阶梯石室墓，

1930年的将军坟（《亚细亚大观》第7辑）

外用1100多块经精细加工的巨大石条垒砌，内以鹅卵石填充。墓高12.4米，墓座边长31.58米。共有7级阶坛，四面各置3块巨石倚护。墓室构筑在第三级阶坛上，呈正方形，每边各长5米，室高5.5米，顶面以一整块巨大石板覆盖。将军坟气势恢宏，结构工致，被誉为“东方金字塔”。

高句丽人有厚葬的习俗，“男女已嫁娶，便稍作送终之衣。厚葬，金银财币，尽于送死，积石为封，列种松柏”。这样的墓葬，仅在集安洞沟古墓群就保存有近7000座。因此，数量庞大的古墓成为高句丽留给我们的重要文化遗存。这些墓葬可分为石墓和土墓两种，分别代表了高句丽不同时期、不同身份墓主人的墓葬特点。积石墓是高句丽人传统的埋葬方式，公元4世纪末，高句丽人吸纳接受周边文化，特别是中原文化元素，完成了积石墓向石室封土墓的嬗变。

众多王陵之外，大量的封土石室壁画墓也极具特色。壁画内容前后有很大不同，前期主要以墓主人的生活起居为题材，反映了高句丽贵族宴饮、歌舞、出行、狩猎等活动；中期佛教题材显著增加；晚期则大多以象征天地四方的“四神”为主题，其中以四神墓、五盔坟四号和五号墓最为典型。这些高句丽古墓壁画的题材和艺术形式，都明显受到汉文化的影响。

1930年的集安巨石遗迹
（《亚细亚大观》第7辑）

三、文化艺术价值

世界遗产委员会对高句丽王城、王陵及贵族墓葬有着高度评价，认为高句丽项目符合入选世界遗产名录六项标准中的五项，而且高句丽王城、王陵及贵族墓葬具有相当的完整性和真实性，包含了所有必要元素和相关考古材料，足以证明该遗产的突出普遍价值。高句丽王城、王陵及贵族墓葬43处遗迹的原始布局得以保持，其原始结构也基本上未受损坏，遗产区与缓冲区真实地反映了遗产的历史环境及其发展变化。除了国内城和丸都山城在历史上因战争造成了部分损坏，其他遗迹均未遭到严重的人为破坏。

位于中国东北的古高句丽王城、王陵及贵族墓葬全面系统地反映了高句丽王国的兴衰历史，生动具体地展现出其文化面貌和特点，是我国乃至世界的重要文化遗产，具有不可替代的历史、艺术和科学价值，是丰富多彩的中华文明星河中的一颗闪烁的明星。

参考文献

[1]秦升阳:《高句丽王城、王陵及贵族墓葬》,《东北史地》2004年第7期。

[2]王云刚编写:《高句丽王城王陵及贵族墓葬》，上海世界图书出版公司2008年版。

[3]魏存成:《高句丽遗迹》，文物出版社2002年版。

（张　卡）

历史城区建筑群　中西合璧相辉映

——澳门历史城区

澳门历史城区鸟瞰（陈显耀摄，《中国世界遗产影像志》）

澳门历史城区是中国境内现存年代最古老、规模最大、保存最完整和最集中的东西方风格共存的建筑群，保存了澳门400多年中西文化交流的历史精髓，是西方宗教文化在中国和远东地区传播的重要见证，更是400多年来中西文化交流互补、多元共存的结晶。2005年7月15日，联合国教科文组织第29届世界遗产委员会会议决定，将“澳门历史城区”作为世界文化遗产列入《世界遗产名录》，这一体现了中西方文化交融的历史建筑群成为中国第31处世界遗产。

一、铿锵有力的申遗脚步

1999年12月20日，澳门特别行政区成立。在国家的支持下，澳门特别行政区政府将申报世界文化遗产作为一项施政要务。

澳门东望洋山三大古迹——教堂、灯塔、炮台

2001年，澳门特别行政区政府开始着手申遗的筹备，起草了“澳门历史建筑群”申报文本，并定于7月23日为“澳门申报世界文化遗产启动日”，当地文化部门也正式开展“全澳文化遗产推广计划”。为成功申遗，国家文物局主要负责人和澳门特别行政区行政长官多次亲自参加申遗工作的研讨等活动，这在中外申遗历史上是罕见的。2002年初，联合国教科文组织世界遗产中心通过了“澳门历史建筑群”的申遗文本。2003年6月，由40多人组成的中国代表团参加联合国教科文组织的申遗会议，“澳门历史建筑群”被列为中国2005年世界遗产申报首选项目。2004年9月，负责世界文化遗产评估工作的国际古迹遗址理事会（ICOMOS）派遣地区专家赴澳门实地考察；12月，澳门特别行政区政府应国际古迹遗址理事会要求提交了申报文本补充文件，把申报项目由原来的“澳门历史建筑群”更改为“澳门历史城区”，由原来的12处建筑物进一步充实丰富，拓展为以澳门旧城区为核心，通过相邻的广场和街道连接成一片的历史街区。2005年2月，申报项目顺利通过世界遗产专家组的技术评估，7月15日成功入选，并被正式命名为“澳门历史城区”。

澳门历史城区符合世界遗产的价值标准：

第二条标准：澳门历史城区是中国现存最古老的西式建筑遗产，是东西方建筑艺术的综合体现。

第三条标准：澳门历史城区见证了西方宗教文化在中国以

至远东地区的发展，也见证了向西方传播中国民间宗教的历史渊源。

第四条标准：澳门历史城区是中西文化多元共存的独特反映，是中国历史城市中极具特色的组合。

第六条标准：澳门历史城区是中西生活社区有序的组合，从历史到今天，都与居民的生活习俗、文化传统密不可分。

以丰富的遗产为基础，以坚定的申遗决心为支撑，依靠全民族之力，迈着铿锵有力的脚步，经过5个年头的不懈努力，澳门历史城区申遗终于大功告成。

二、丰富的文化遗产

澳门历史城区是以旧城区为核心，串连起相邻的众多广场空间及20多处历史建筑的街区。这片区域是昔日华洋共处的旧城区，至今基本上保持原貌，开创了许多“中国之最”。如最早一批天主教堂建筑，最古老的教堂遗址、西式炮台群、修道院、基督教坟场，第一座西式剧院、现代化灯塔、西式大学、西式医院等。这个大范围的建筑群，呈现了海港城市和传统中葡聚居地的一切典型特色，包含了中西文化融合交流的特点。

圣若瑟修院及圣堂穹隆顶（王明辉摄，《中国世界遗产影像志》）

澳门历史城区被列为世界文化遗产的建筑遗产共30处，它们是众多历史建筑的优秀代表，大致可分为如下几个方面。

其一，中国传统风格的建筑，有妈阁庙、哪吒庙、郑家大屋、卢家大屋、三街会馆（关帝庙）和妈阁庙前地。其中妈阁庙和哪吒庙是中式传统庙宇，除了寺庙建筑，妈阁庙中还有大量摩崖石刻。郑家大屋、卢家大屋分别是著名思想家郑观应、著名商人卢华绍的家族旧居，是澳门颇具影响的家族建筑。三街会馆是商人们的议事场所。妈阁庙前地是妈阁庙前的广场，至今仍是信众会集朝拜的地方。

其二，休闲娱乐场所。在澳门，一般将有影响力的建筑前的小广场称为“前地”，多为人们的休闲娱乐之地，现影响较大的如岗顶前地、大堂前地、白鸽巢前地、议事亭前地、板樟堂前地等，还有被称为“中国第一所西式剧院”的岗顶剧院。这类地点反映了人们的生活和休闲娱乐方式。

其三，军事防御遗址，包括旧城墙遗址、大炮台、东望洋炮台（包括圣母雪地殿圣堂及灯塔），多是葡人所建的军事防御设施，是澳门历史的重要见证。

仁慈堂（陈显耀摄，《中国世界遗产影像志》）

其四，教育、慈善机构，有何东图书馆大楼、民政总署大楼和仁慈堂大楼。前两者用途虽经变更（曾作为东方基金会会址，也曾当博物馆使用），但最终作为图书馆和藏书楼使用。仁慈堂则成为集医院、育婴堂、孤儿院、老人院为一体的慈

善机构所在地。

其五，教堂、修道院。在葡萄牙管辖期间，澳门各居住点分布有数量较多的教堂、修道院，以满足当地居民信仰需求和进行宗教活动，如圣若瑟修院大楼及圣堂、圣奥斯定教堂、大堂（主教座堂）、玫瑰堂、大三巴牌坊、圣安多尼教堂（花王堂）、圣老楞佐教堂及耶稣会纪念广场、基督教坟场，其中大三巴牌坊已成为澳门的地标性建筑。

圣安多尼教堂内景（陈显耀摄，《中国世界遗产影像志》）

其六，办公、居住建筑，主要有港务局大楼、东方基金会会址、亚婆井前地。前两者是办公地点，后者则是富有西式风格的市民聚居地。

在澳门历史城区内，其实还有大量未被列为世界遗产的历史建筑，但它们绝大部分都已被政府评定为纪念物或具有建筑艺术价值的建筑物、建筑群。

三、强化和创新遗产保护举措

岁月沧桑，时代变迁。400多年前，澳门半岛上仅仅分布着一些小渔村，至1555—1557年葡萄牙人开始居住时，也只是搭建临时帐篷栖身，经过近5个世纪的建设，特别是澳门回归5年之后，澳门历史城区即作为世界文化遗产屹立在世人面前，令人刮目相看。申遗不是目的，申遗成功也不是终点，而是更高要求的起始。回顾申遗期间和申遗成功之后，澳门历史城区实行的一系列强有力的举措和创新性的措施，为中国和世界的遗产保护树立了典范：第一，大力营造全民重视文化遗产保护的氛围，先后推出“全澳文化遗产推广计划”“文物大使计划”，取得了良好效果。第二，建立缓冲区制度，对保护对象定期进行检查和修缮，加大维修投入。第三，分流游客，推出4条建议旅游路线，既丰富了旅游内容，也盘活了地区经济。第四，强化文化遗产保护的法律制度，适时补充和完善法律法规，为遗产保护提供有力的支撑。第五，加强调查研究，设立基金会，支持和推广研究成果。

参考文献

[1]国家文物局，http://www.sach.gov.cn/art/2012/8/29/art_37_1254.html，2019-10-17。

[2]《澳门“历史城区”列入世界文化遗产名录》，http://culture.people.com.cn/GB/22219/3546944.html，2019-10-17。

[3]澳门世界遗产网，http://www.wh.mo/cn/，2019-10-17。

[4]中国文化研究院，https://cn.chiculture.net/30020/b01.html，2019-10-17。

（楚艳娜　谭必勇）

甲骨王陵宫殿群　十二商王居住地

——安阳殷墟

这里出土的甲骨累计15万片，这里清理出了80余座宫殿庙堂基址，这里发掘了包括12座王陵在内的万余座墓葬，这里发现了难以计数的青铜、玉石、骨角、陶器等珍贵遗物，这里就是商代晚期的都城遗址——河南安阳殷墟。

一、历史沿革

殷墟是商代后期的都城遗址。约公元前17世纪，商国击败了夏王朝，在中原地区建立了中国古代历史上第二个奴隶制王朝，成为青铜时代东方最强盛的国家。商代早期，由于政治、环境等因素，国都屡迁。约公元前14世纪，商王盘庚由奄迁都殷，建立了这座规模宏大的都城，历经盘庚、武丁、帝辛等八代十二位商王，共255年（一说273年），“更不徙都”，使之成为中国青铜时代鼎盛时期的政治、经济、军事、文化中心。约公元前1046年，武王伐纣，殷商灭亡，这里逐渐沦为废墟，史称“殷墟”。

《史记·宋微子世家》记载：“箕子朝周，过故殷虚，感宫室毁坏……”《史记·项羽本纪》载：“项羽乃与期洹水南殷虚上。”中国著名的地理学著作《水经注》记载：“洹水出山，东径殷墟北。”

宋元时期，金石学兴起，殷墟小屯一带屡有青铜器出土，引起人们的关注，但被误认为是商王“河亶甲居相”之相地。

光绪二十五年（1899），清末金石学家王懿荣发现并考证殷墟甲骨文是商代的文字。后经学者多方求证和探索，甲骨文的出土地安阳小屯被确认为是中国古代文献中的殷墟所在地，商代的历史从此成为信史，中国有文字可考的历史由此上溯了近千年。

1928年至1937年，当时的中央研究院历史语言研究所对殷墟进行了15次大规模的科学发掘，发现了殷墟宫殿宗庙区、王陵区和大量的文化遗存。在这10年间，共在殷墟发现了宫殿宗庙建筑基址53座，发掘了王陵大墓13座和小墓、祭祀坑1000余座，发现了著名的甲骨窖穴，出土刻辞甲骨17000余片，并发掘出土了大量青铜器、玉器、石器、陶器和漆木器等，使这座湮没地下3000多年的商代都城逐渐被人们所认识，并确立了其中国第一个有文字可考的古代都城的地位。

1949年新中国成立至今，除了“文革”的影响，有关机构对殷墟的调查和发掘一直持续进行，大大丰富了之前的发现，使人们对殷墟的范围、布局和文化内涵有了全面系统的把握。

二、遗产价值

殷墟丰富的文化遗存表明，它不仅是一座地下文物宝库，而且是中华文明的发祥地之一。殷墟以其重要的历史、文化、科学和艺术价值，成为人类文明史上不可或缺、辉煌壮美、璀璨绚丽的篇章，成为人类文明进程中一座重要的里程碑，具有无可争议的突出普遍价值。

（一）殷墟是人类艺术与科技的杰作

殷墟甲骨文、青铜器、玉器等是世界艺术史上的突出代表。殷墟共出土甲骨150000余片，发现甲骨文单字约4500个，其中约有1500个已被释读，涉及的内容非常丰富，成为记录中国商代历史、文化最重要的资料。殷墟青铜器是古代科技与艺术、雕塑与绘画的完美结合，代表了当时青铜器铸造工艺的最高水平，出现了后母戊鼎等一大批工艺高超的重器。殷墟玉器体现出中国青铜时代高超的工艺水平和艺术想象力，以圆雕、俏色、双勾阴线为主要技法，表现出栩栩如生的人或动物形象，形成了自己独特的艺术风格，在世界上处于领先地位。

通过解读甲骨文，可以发现殷墟时期的科学技术在很多领域达到了世界先进水平。在天文学方面，殷人已能够准确地记录日食、月食和星象，并对超新星等天文现象有了较早的认识。殷历法采取阴阳合历，将一年分为12个月，并采用增加闰月的方法，解决了与回归年实际太阳日的矛盾。在数学方面，殷人已有了个、十、百、千、万等数字概念，并采用了十进位制。在医学方面，商代晚期已能认识人类的10多种疾病，除了用药物治疗，还使用针砭、按摩等治疗方法，达到了较高的水平。考古发掘表明，殷墟时期的手工业空前发达，不仅门类齐全，而且工艺水平极高。一些主要的手工业生产部门，如青铜冶铸、制玉、制陶、制骨、制车、纺织等都已达到了相当大的规模。殷墟出土的商代马车，已经使用了大量青铜构件，独辕双套双轮，结构精致复杂，体现出高超的机械、木作、青铜铸造等复合技术。

殷墟车马坑（张伟摄）

甲骨文（郭平摄，《中国世界遗产影像志》）

（二）殷墟文化对中华文化的形成与发展产生了深远影响

以甲骨文为主体的殷墟文字体系一脉相承数千年，对中华文明的传播与发展起到了巨大的推动作用。作为中国目前所知最早的成系统的文字形式，甲骨文具备了象形、指事、会意、形声、转注、假借等造字方法，标志着中国文字已进入了成熟阶段。其以形、音、义为特征的文字和语法基本保留下来，成为世界四大古文字中唯一传承至今的文字，对中国人的思维方式、审美观念产生了重要影响，在传播中华文化、促使中国大一统国家的形成与巩固方面发挥了重要作用。

殷墟青铜文化集中体现了商代的艺术水准和社会风尚，代表了中国古代青铜文化的最高水平，并以青铜礼器为基础，发展成一套以等级为核心的礼制制度，在中国延续了数千年。它对中国同时代其他地区的青铜器造型、器物组合、纹饰，直至丧葬习俗、礼制制度产生了重大影响，是中国青铜文化的核心所在。

殷墟的都城规划改变了夏代及商代早期的条块规划布局，形成了以宫殿宗庙区为中心的呈环形、分层、放射状分布的总体规划形式。同时巧妙地利用河道等自然条件，构成了御敌和防洪体系，体现了人与自然的和谐统一。这些富有科学性的规划原则和建筑艺术对以后的都城建设产生了重要影响。

殷墟的族邑聚落以血缘为纽带，形成了牢固的宗法结构，聚族而居、聚族而葬，宗法关系严格。这种以族为基本社会组织的形式，一直延续下来，深刻影响了后世的宗族观念。至今，在中国的广大农村还留有这种社会组织的孑遗。

青铜酒器一组（张伟摄）

（三）殷墟丰富的文化遗存为已消逝的文化传统提供了佐证

殷墟所展示的一些文化现象为特定历史时期所独有，随着历史的变迁和社会的发展，曾一度盛行于商代晚期的占卜、葬俗、祭祀制度等逐渐消失湮没，殷墟的发现和发掘为这些消逝的文化传统提供了存在的佐证。

殷商时期，占卜十分盛行，成为商代社会生活的重要组成部分。甲骨的贡纳、收贮、整治、钻凿及占卜的方法、程序和卜辞的语法、辞例等构成了一套严格而系统的制度。占卜内容包括祭祀、天象、年成、征伐、王事，甚至商王游猎、疾病、做梦、生子等。殷墟甲骨文的发现，见证了商代盛行的占卜制度，为研究中国文化史提供了重要的资料。

殷墟发现的众多墓葬反映了商代独特的葬俗。殷墟考古发掘90多年来，发现墓葬万余座，包括王陵和大量的族墓。殷墟的墓葬在形制、结构及随葬品上的特征，为研究商代丧葬习俗提供了丰富的资料。

殷墟宫殿区复原建筑（张伟摄）

（四）殷墟宫殿宗庙建筑、王陵是中国古代早期宫殿、陵墓建筑的代表作

殷墟宫殿宗庙区规模宏大，总面积达7.15公顷。目前，已发现宫殿宗庙建筑80余座。这些建筑成组排列，或为宫室，或为宗庙，或为社坛，已具备中国宫殿建筑“前朝后寝”“左祖右社”的规划雏形。殷墟的宫殿宗庙建筑以黄土、木料作为主要建筑材料，多坐落于厚实高大的夯土台基上，房基置柱础，房架多用木柱支撑，墙用夯土板筑，屋顶覆以茅草，造型庄重肃穆、质朴典雅，具有浓郁的中国宫殿建筑特色。殷墟的主要建筑规模巨大、结构繁复、互相连属；多重院落组合有序，左右对称，反映出中国古代宫殿建筑特有的均衡感、秩序感和审美意趣，体现了中国古代厅堂建筑的独特风格。殷墟宫殿的建设格局、建筑艺术、建筑方法、建筑技术，代表了中国古代早期宫殿建筑的先进水平。

殷墟王陵区是中国目前已知最早的完整的王陵区，面积达11.3公顷。王陵区共发现12座带有墓道的大墓及2000多座祭祀坑和陪葬墓，分为东西两区。这种东西分区的陵墓建设原则，开创了中国昭穆制度的先河。殷墟王陵大墓多为“亚”（带有四条墓道）、“中”（带有两条墓道）、“甲”（带有一条墓道）字形，墓室宏大，形制壮阔。殷墟王陵的埋葬制度、分布格局、随葬方式、祭祀礼仪等，集中反映了商代晚期的社会组织、阶级状况、等级制度、亲属关系，代表了中国古代早期王陵建筑的最高水平，并为以后中国历代王朝所效仿，逐渐形成中国独具特色的陵寝制度。

（五）殷墟为中国早期重大历史事件提供了确切物证，并见证了中国现代考古学的诞生发展

殷墟90多年的考古发掘成果，弥补了中国古代典籍中缺少商代文献的局限，证实了后世文献中只有零星记录的商王朝的存在，并由此使《史记·殷本纪》等文献所载内容成为信史，展现了中国商代晚期丰富多彩的社会生活画卷，为研究中国早期文字史、古代信仰、社会制度和重大历史事件提供了确切的物证，对20世纪初期以来中国学术界在历史研究中盛行的疑古之风做了正面回应。殷墟作为商代晚期的政治、经济、军事、文化中心，见证了商代由盛而衰的历史，映射了盘庚迁殷、武丁中兴、帝乙征夷方、帝辛失国等重大历史事件，使文献中自盘庚迁殷至帝辛失国“更不徙都”的历史、传说中的商王世系得到殷墟甲骨文和出土文物的证实，这些都为重建中国上古史奠定了坚实的基础。

殷墟是中国考古发掘次数最多、持续时间最长、发掘面积最大的一处古代都城遗址。自1928年开始的殷墟考古发掘，是中国学术机构第一次独立组织的考古发掘，使殷墟成为中国近现代考古学的发轫地，殷墟发掘所创造的许多考古方法被带到各地，并在考古工作中加以应用。殷墟被许多学者称为“中国考古学家的摇篮”，造就出李济、梁思永、夏鼐等一批世界知名的考古学家。从殷墟走过的路程中，我们可以看到中国考古学从初创到成熟，不断获得发展的进程。

三、保护与利用

（一）遗产的真实性及完整性

殷墟不仅为中国众多的历史文献所记载，而且为甲骨文及考古发掘所证实，其名称、时代确切。自1928年以来的殷墟科学发掘，逐步搞清了殷墟的范围、布局，并在发掘过程中对遗址进行了科学保护。1949年中华人民共和国成立以后，当地政府有计划地控制殷墟范围内村庄、道路、企业的发展规模，并逐步迁移保护区内的村庄、居民，较好地保持了殷墟的原有状态。目前，殷墟保护范围内除了自然形成的村庄、道路，其余皆为农田和绿地。殷墟仍保存着丰富的地下遗存，包括宫殿、陵墓、手工业作坊遗迹等，已经考古发掘的遗址除了作少量保护性展示，其余大多封存于地下，地表基本上保持了殷墟原有的环境和历史面貌。可以说，殷墟保持着很高程度的真实性与完整性。

（二）保护理念与举措

在加强殷墟考古发掘与研究的同时，国家和地方政府不断加强对殷墟的保护与管理。

1. 设立专业管理机构

1958年，中国社会科学院考古研究所成立了安阳工作队，次年在安阳设立了工作站，专门从事殷墟的考古发掘、保护和研究工作；1961年，殷墟被列为第一批全国重点文物保护单位，确定了保护范围；1987年，安阳市成立了文物工作队，专门从事殷墟保护区外缘的考古发掘和研究工作；1995年，安阳市又成立了殷墟管理处，专职负责殷墟的保护和日常管理。中央、地方相结合的文物保护管理体制，有效地促进了殷墟的保护工作。经过60余年的工作，殷墟的保护和管理日臻完善，殷墟基本上保持了原有的风貌。

2. 依法严格保护

安阳市制定了《安阳市殷墟保护管理办法》，编制了《安阳殷墟保护总

地下封存与地表植被相结合的殷墟王陵区大墓（张伟摄）

体规划》，并由河南省人民代表大会常务委员会颁布《河南省安阳殷墟保护管理条例》，以加强对殷墟保护、管理的立法工作。对殷墟的考古与研究严格遵循“保护为主，抢救第一”的方针，除因重大科研课题进行少量的主动发掘外，文物考古发掘以配合必要的基本建设为主，尽可能不主动发掘。20世纪80年代以来，安阳市在殷墟重点保护区的宫殿宗庙区、王陵区建成了殷墟博物苑和殷陵馆，对宫殿宗庙基址、王陵区大墓和一批祭祀坑等遗址采取建设遗址公园的方式加以保护。

3.保护理念与时俱进

殷墟考古工作呈现的总体变化趋势是由早期的重发掘、研究，到后期的发掘、研究、保护与利用并重。2006年，殷墟申报世界文化遗产获得成功；2009年，中国文字博物馆建成；2010年，殷墟被列入首批“国家考古遗址公园”名单；2012年，完成《安阳殷墟保护总体规划》的编制；2017年，开始编制《殷墟国家考古遗址公园规划》。这些都标志着殷墟在管理、保护和利用方面达到新的水平。

4. 整治环境

殷墟位于安阳市市区与郊区结合部。为加强对殷墟的保护，创造一个有利于殷墟遗址永久保存的环境和空间，1995年，安阳市对其用地进行严格控制，确保了殷墟整体风貌的完整性；2001年，专门制定了《安阳殷墟保护总体规划》，努力创造有利于历史文化遗产保护的环境；同年，安阳市人民政府对殷墟范围内的环境进行了大规模的整治，共拆除与文物遗址环境风貌不协调的建筑物和构筑物16公顷，搬迁小屯村、花园庄居民190户，对拆迁、搬迁地段进行大规模绿化，加大对保护范围内村庄、道路、环境的整治力度，较好地改善了殷墟的周边环境。

（三）存在问题及主要威胁

1. 开发压力

随着当地农村经济的发展和农村人口的增长，生产建设和住房扩建等对殷墟遗址的保护和环境风貌产生了一定的影响。申遗成功后，殷墟的保护工作形势转好，但到2012年前后，城镇化高压下的房地产业再次将殷墟保护工作推入困境。

2. 旅游压力

20世纪80年代以来，殷陵馆、殷墟博物苑陆续建成，使殷墟成为游览胜地。特别是殷墟成为世界文化遗产之后，旅游热度进一步上升，而日渐增多的游客数量对殷墟保护造成了一定的压力。

3. 安保压力

殷墟保护工作的具体实施是一项难度极大的工作。尽管遗址受到各级政府高度重视，但破坏遗址的事件和零星的盗墓活动屡禁不止。2018年5月以来，公安部门已成功侦破盗掘殷墟古文化遗址或古墓葬案25起，打掉盗掘破坏殷墟遗址古墓葬团伙14个，抓获犯罪嫌疑人140人，在案件侦办过程中追回各类文物713件。此外，考古遗迹、青铜器等文物的保护，仍面临着各种风险与困难。

参考文献

[1]杜久明、杨善清编写:《殷墟》，上海世界图书出版公司2008年版。

[2]段振美:《殷墟：从考古遗址到世界遗产》，文物出版社2011年版。

[3]杨宝成:《殷墟文化研究》，武汉大学出版社2002年版。

[4]唐际根、巩文主编:《殷墟九十年考古人与事（1928—2018）》，社会科学文献出版社2018年版。

[5]中国社会科学院考古研究所编:《殷墟与商文化：殷墟科学发掘80周年纪念文集》，科学出版社2011年版。

[6]中国社会科学院考古研究所、安阳市文物考古研究所编:《殷墟新出土青铜器》，云南人民出版社2008年版。

[7]中国社会科学院考古研究所编著:《殷墟的发现与研究》，方志出版社2007年版。

[8]陈志达:《殷墟》，文物出版社2007年版。

[9]杨善清、杜久明编著:《中国殷墟：去安阳认识商代文明》，上海大学出版社2006年版。

[10]岳洪彬:《殷墟青铜礼器研究》，中国社会科学出版社2006年版。

（张　伟）

侨民恋乡建家园　碉楼矗立山水间

——开平碉楼与村落

开平碉楼与村落的产生与发展反映出一种特别的社会、历史形态，它们是中国乡村本土文化与外来文化在建筑、规划、土地利用和景观设计等方面的一种完美结合和独特范例，构成了一道

开平赤坎古镇一景（何树炯摄，《中国世界遗产影像志》）

全世界独一无二的文化景观。

开平村落发端于10世纪的宋朝，现存最早的村落形成于14世纪的明朝；现存最早的开平碉楼建于17世纪，繁荣、兴盛于19世纪末20世纪初。它们是由排列有序的传统房屋、适应防匪防洪特殊需要的形式多样的高层建筑——碉楼，以及村庄共有的池塘、宗社建筑、晒谷场、村巷和排水沟渠等，依据中国传统的堪舆理念和当地的自然条件汇聚而成。

开平的华侨旅居欧美各国，因此这里的碉楼都带着浓郁的欧美风情。现存的1833座碉楼既有中国传统的硬山顶式、悬山顶式，又有国外不同时期的建筑风格，还有中西结合的庭院式、别墅式等。

2007年，在新西兰召开的第31届世界遗产大会上，“开平碉楼与村落”入选《世界遗产名录》，中国由此诞生了首个有关“华侨文化”的世界遗产项目；同时，它也是国际有关“移民文化”的第一个世界遗产项目。

一、历史沿革

开平原为新会、新兴、恩平三县交界之地，社会治安状况不佳，土匪猖獗，明朝万历年间在此驻兵镇守，始有“开平”之名。清朝顺治六年（1649）置县。鸦片战争以后，开平人开始大批出洋谋生。到了民国年间，战乱频仍，匪患尤为猖獗，海外华侨为保家财安全，纷纷回乡建碉楼。碉楼林立成为侨乡开平的一大特色，最多时碉楼达3000多座。

据史料记载，开平最早的碉楼建筑建于明末清初。民国时期的《开平县志》记载了月山镇龙田村奉父楼的兴建原因：“清初盗炽，许龙所妻某氏被虏，子益将备金议赎。某氏语使人曰：‘母不必赎，但将此金归筑高楼以奉尔父足矣。’是夜，投崖而死。益将遵命筑楼奉父。”从这段记载可以看出，碉楼的形成最早是出于防御匪患的目的。

17世纪中叶以后至鸦片战争爆发之前的这个时期，是开平碉楼的初期发展阶段，其建筑特点是造型简单、功能单一、采用传统的形式和材料，现在大沙镇竹莲塘等村的10座石楼就是早期碉楼的延续。

19世纪末，美国、加拿大等国家的排华政策迫使众多开平华侨纷纷回乡，在20世纪二三十年代形成了碉楼建设的高峰期。此时，西方建筑材料、建筑技艺和建筑造型为侨乡民众广泛运用，异国情调的碉楼异军突起，19世纪末到20世纪30年代便成为开平碉楼发展的兴盛期。一些华侨家庭的富裕及张扬，使得开平乡村盗贼更加猖獗。1912—1926年的14年内，土匪抢劫学校达8次，掳教师、学生100多人。为此，防盗防匪也成为开平侨乡民众的头等大事。为了防御当时的土匪，开平的华侨和乡亲将碉楼建成了一种集防卫、居住和中西建筑艺术于一体的特殊建筑。

第二次世界大战爆发后，随着侨汇的减少和中断，侨乡建设基本停顿，开平碉楼的建设进入衰落期。至现代，开平市人民政府保护了一大批最具代表性的碉楼，使其完好地保存至今。

二、开平碉楼与村落的现状及特点

现在，开平有1833座碉楼和近3000个村落，其中最具典型性和代表性的有三门里村落、自力村村落、锦江里村落和马降龙村落群。

（一）三门里村落与迎龙楼

三门里村落位于潭江冲积平原下游，村巷布局基本保持着早期村落的格局，比较弯曲，但民居排列较为整齐，建筑立面基本一致。在民居前面是晒场和半圆的池塘，池塘两边是村落的入口，以古老的大榕树为标志。村前有石狗和正对路口墙上的“石敢当”。晒谷场、村头、村尾分别有“姜太公在此”、“哪吒在此”和刻有钟馗像的“驱邪出外”石碑及3座社稷神位。

三门里村由明正统年间从赤坎镇迁来的关氏家族的一支兴建而成，村内的民居普遍存在早期典型的“三间两廊”形制的布局。三门里村最有历史价值的建筑是迎龙楼，这也是开平现存最早的碉楼，是关氏家族第十七世祖于明朝嘉靖年间出资兴建的，距今已有400多年的历史。

迎龙楼坐北朝南，建筑面积452.1平方米，楼体为砖木结构，楼高3层11.4米，一层、二层为明代大型红砖砌筑，第三层为青砖，是民国九年（1920）重修时所留。楼内是木抬梁地板，四角各有一个落地式塔楼，射击孔就开在塔楼二、三层的四面。楼顶为传统的两面坡式。迎龙楼非常传统，是早期碉楼的代表作。

（二）自力村村落与铭石楼

自力村村落东距开平市区12公里，坐落在潭江支流镇海水西岸的河谷平原上，由合安里、安和里和永安里3个自然村组成，共有民居82间。最早的安和里建于清道光年间，村民姓方。这是一个华侨众多的村落，侨汇是他们重要的经济来源之一。

自力村是开平现存碉楼最多、最集中的村落之一，全村共有9座碉楼和6座西式别墅，形成了自力村碉楼群。它们都是开平碉楼与村落建设兴盛时期的华侨建筑，包含了众楼、居楼和更楼等全部类型。楼内完好地保存着体现华侨历史文化和侨乡生

铭石楼顶部（《开平碉楼与村落》）

方氏灯楼(《开平碉楼与村落》)

活的遗物与历史文献，显示了碉楼与传统民居的和谐布局，以及与稻作农耕环境的协调。建村之初，村民就注意对自然水系的利用，形成了祖屋、碉楼、竹林、池塘、河流、稻田等乡村景观。

在自力村碉楼群中，铭石楼是最亮丽的一座，由华侨方润文于1925年修建，钢筋混凝土结构，高6层22.61米，占地面积600平方米。主楼坐落在院内左侧台地上，坐西北朝东南；中下部造型简洁，上部则比较华丽。五层的前部是宽广的敞廊，廊柱仿希腊爱奥尼克风格，四角是悬挑的半封闭式圆形防卫台；六层天台正前方的山花富含巴洛克风格；天台正中是一个中式的六角攒尖凉亭，绿色琉璃瓦顶与西式的立柱、拱顶巧妙地结合在一起。

方氏灯楼位于自力村村南1.5公里的山坡上，坐西南朝东北，钢筋混凝土结构，高5层共18.92米，占地面积20.25平方米，建筑面积110.77平方米。楼体造型主要突出防御功能，中下部开窗小，施以西式门楣，封闭坚实，以12个托脚使方正的楼体过渡到由拱券立柱环护的敞廊和具有拜占庭风格的穹隆顶亭阁组成的上部。

方氏灯楼是方氏各村于1920年联合修建的。灯楼建成后，由各村出资组建的民团长期住在楼内，团员从方氏各村的青壮年男性中抽调，防范着来自北面马冈一带的土匪。华侨则从国外为民团买来枪支、发电机、探照灯、报警器等。方氏灯楼是更楼的典型之作。整栋楼造型典雅，亭亭玉立，是周围乡村的景观中心。

（三）锦江里村落与瑞石楼

锦江里村落东北距开平市区35公里，坐落在潭江河谷丘陵平原上，坐西北朝东南，紧靠潭江西岸，清澈的潭江水由西南向东北流过村前，既方便了村民的饮水、灌溉，又是捕鱼、养鸭的生产场地。66间青砖坡顶的民居分成10条街巷整齐排列，东西村口各有一个闸门，没有砖砌的围墙，整个村落被茂密的竹林包围，竹林构成了村落的屏障；村外稻田环绕，阡陌纵横，环境自然和谐。被竹林拥簇着的瑞石楼、升峰楼、锦江楼3座碉楼并排分布，坐落在村后。露出林端的高高楼体，成为该村亮丽的风景。

这里也是一个华侨村落，锦江里的村民都姓黄，是清光绪年间从附近的长安里迁来的。为了防范盗匪和洪水，村民们于1918年集资在村后建造了一座高五层的众楼，取名锦江楼。它是锦江里最早的一座碉楼，高17.36米，一至四层分隔为众多小间，分配给集资建楼的村民。顶层为悬挑出来的平台，正中为一悬山顶的楼房，墙体密布射击孔。

瑞石楼的主人叫黄璧秀，出洋在美国谋生。因为年迈的父母都在锦江里，为了老人的安全，他于1923年回乡建造瑞石楼。瑞石楼是开平建筑艺术价值最高的碉楼，也是开平现存碉楼中最高的建筑，共9层25米，钢筋混凝土结构，占地面积232.36平方米，建筑面积552.21平方米。一层为客厅，二层至六层每层都有厅房、卧室、卫生间和厨房。五层顶部有仿罗马的拱券和四角别致的托柱；六层有爱奥尼克风格的列柱与拱券组成的柱廊；七层为平台，四角建有穹隆顶的角亭，南北两面都建有巴洛克风格的山花；八层平台中立有一座西式塔亭；九层小凉亭的穹隆顶具有明显的罗马风格。可以说，瑞石楼整体造型带有浓厚的西方建筑风格，其中又注入了中国建筑文化元素，内部布置、用具都是岭南传统的样式。“瑞石楼”三字刚劲

包括瑞石楼在内的开平锦江里碉楼群（何树炯摄，《中国世界遗产影像志》）

隽秀，很多楼层还雕刻着“富贵吉祥”“世界大同”等中国传统语汇。瑞石楼是典型的居楼，造型规范，比例匀称，做工精致，不论在建筑风格、楼高体量，还是在装饰艺术、建筑水平方面，都代表了开平碉楼的最高水平，所以有“开平第一楼”的美称。

除了瑞石楼，升峰楼也较有特色。它是由法国设计师设计，楼主黄峰秀于1928年建成的。“升峰”寓意楼主家庭幸福，事业腾升。楼高7层22.34米，占地面积116.26平方米，建筑面积354.71平方米，钢筋混凝土结构，造型精致秀丽。柱廊、柱头采用古罗马的混合式，角亭具有17世纪意大利建筑的巴洛克风格，亭的四角为三柱一组的巨柱组合。楼的外墙和窗楣、窗裙的灰雕十分讲究，装饰性极强。

（四）马降龙村落群与天禄楼

马降龙村落群东北距开平市区15公里，东依百足山，西临潭江水，由永安、南安、河东、庆临、龙江5个自然村组成，有民居176间。马降龙村落群是开平乡村民众尊重自然、最大限度利用自然条件安家落户，以及人与自然和谐共处的杰作。村落为东西朝向，面向潭江，村前有宗祠、池塘、古榕树、晒场等公共场所。村落民居为棋盘式布局，房屋一律为三间两廊的传统形式，统一的青砖素面墙，歇山式两面坡，土瓦覆顶。古村落群与自然山水的融合达到了一种极佳的境界，特别是中西合璧的碉楼与传统质朴的民居、竹林、果园、山水共同构成了一幅优美的村落文化景观。

马降龙村落群的7座碉楼和8座别墅大多稀疏地建在村后茂密的森林中，造型别致，保存完好，与民居及周边的自然环境融为一体，是开平自然生态环境最好的村落群。

在这些碉楼中，天禄楼最有特色。它是1925年由永安村、南安村的29户黄姓村民集资兴建的，钢筋混凝土结构，占地面积105.5平方米，建筑面积488.12平方米。楼高7层，一至五层共有29间房，每个集资户一间；六层是公共活动空间，七层是瞭望亭。天禄楼每层楼的造价不一，且水泥、钢筋、钢板等建筑材料都是在澳门购买的。天禄楼是为了防范其东面数公里处的土匪而兴建的，当年该楼只允许男性村民使用，女性禁止入内。

三、开平碉楼的特点与价值

碉楼是中国乡土建筑的一种特殊类型，是集防卫、居住和中西建筑艺术于一体的多层塔楼式建筑。防御功能和中西合璧风格是开平碉楼的主要特点。

第一，开平碉楼千姿百态，形式多样。从功能上分，有用作家庭居住的

开平赤坎古镇一景（何树炯摄，《中国世界遗产影像志》）

居楼、村民共同集资兴建的众楼、主要用于打更放哨的更楼等三大类；从建筑材料和结构上分，有石楼、三合土楼、砖楼、钢筋混凝土楼等四种；从建筑形体上看，基本上都是单体建筑，其下部形式都大致相同，造型变化主要在塔楼顶部，有中国传统的硬山顶、悬山顶等屋顶，也有国外不同时期的建筑形式和风格，如中西混合式屋顶、古罗马式山花顶、穹隆顶、美国城堡式屋顶、欧美别墅式房顶、庭院式阳台顶等。它们的最大特点是按照自己的意愿选取不同的外国建筑样式进行综合，自成一体，不拘一格，所以很难将开平碉楼归入国外某一时期的某种建筑风格之中。这些不同风格流派的建筑元素在开平碉楼中和谐共处，展现出独特的艺术魅力。

第二，开平碉楼虽然在用材、风格上各有差异，但都有一个共同的特点，就是具有强大的防御功能。开平碉楼为多层建筑，远远高于一般民居，便于居高临下进行防御。碉楼的墙体比普通的民居要结实坚固，不怕匪盗凿墙或火攻。碉楼还有门窗窄小的特点，窗户比民居开口小，有铁门钢窗等。碉楼在顶层四角一般会建有突出楼体的角楼，当地俗称“燕子窝”，从“燕子窝”的射击孔可以对碉楼四周形成全方位的控制。碉楼顶层多设有瞭望台，配备枪械、警报器、探照灯等防卫设备，增加了楼内居民的攻击点。

第三，开平碉楼在建筑材料上大量采用钢筋混凝土，这在中国广大城乡仍然处于封闭或半封闭状态的19世纪末20世纪初是独一无二的。中国不少沿海城市都有中西合璧的近代建筑，但它们大都是由外国人主持建造的，而开平碉楼是中国乡村民众主动学习、吸收西方建筑文化并与本土文化融合的产物。回乡置业的华侨们不仅带回了外国的建筑文化，还带回了西方的制度文化、观念文化和器物文化，并将这些西方文化和本土文化完美地融合在一起。这是开平碉楼最引人入胜之处。

开平碉楼与村落符合世界文化遗产评选的第二、三、五条标准：碉楼引人注目的独特造型反映出人类价值观——从北美归来的华侨带回来的建筑风格与本地乡村传统的融合——在世界特定文化区域内的重要交流；从明朝开始，为了应对当地的匪患，开平地区就有了建造防御性碉楼的传统，申报的碉楼代表了这一传统最为繁荣的时期，归国华侨带回来的引人注目的财富导致匪患猖獗，而他们所建造的碉楼就是一项极端的应对措施；碉楼主楼以其环境和奢华的财富展示，成为一种建筑形式，反映出开平华侨在19世纪末20世纪初对南亚、澳大利亚和北美等地区社会经济发展所发挥的重要作用，以及开平社区与世界上这些地区的华人社区之间的持续联系。

总之，开平碉楼具有良好的完整性和真实性，其复杂而大胆的中西方建筑风格的融合，以及与农业景观的和谐关系，体现了人类文化的突出普遍价值。

参考文献

[1]开平市文物局编：《开平碉楼与村落》，广东旅游出版社2014年版。

[2]开平市文物局编：《开平碉楼与民居》，广东旅游出版社2014年版。

[3]佚名：《开平碉楼与村落的典型代表》，《中国文化遗产》2007年第3期。

[4]郭珎：《世界文化遗产——开平碉楼与村落》，《城乡建设》2007年第8期。

[5]樊炎冰编著：《开平碉楼与村落》，中国建筑工业出版社2008年版。

（张　卡）

独具特色古城堡　生土夯筑客家屋

——福建土楼

福建土楼特指“分布在闽西和闽南地区那种适应大家族聚居、具有突出防卫功能，并且采用夯土墙和木梁柱共同承重的多层的巨型居住建筑”[①]，具有独特的建筑风格和悠久的历史文化，是我国传统生土夯筑艺术的杰出代表。2008年7月6日，在加拿大魁北克举行的第32届世界遗产大会上，“福建土楼”被正式列入《世界遗产名录》。福建土楼数量众多，此次列入《世界遗产名录》的土楼集中在闽南、闽西的漳州、龙岩地区，包括永定、南靖、华安的“六群四楼”，即永定区的初溪土楼群、洪坑土楼群、高北土楼群、衍香楼、振福楼，南靖县的田螺坑土楼群、河坑土楼群、和贵楼、怀远楼，华安县的大地土楼群，共46座土楼。

世界遗产委员会这样评价：福建土楼与山水交融、与天地参合，是人类民居的杰出典范，是东方血缘伦理关系和聚族而居传统文化的历史见证，是世界上独一无二的大型生土夯筑的建筑艺术成就，具有普遍而杰出的价值。

---

① 黄汉民：《福建土楼：中国传统民居的瑰宝》（修订版），生活·读书·新知三联书店2017年版，第112页。

一、福建土楼始建年代之讨论

一般认为，福建土楼的起源与历史上汉族人的数次迁徙有关。据记载，西晋末年、唐朝末年、南宋末年和明末清初，都有黄河流域的汉族人为躲避战乱而南迁，有的到达赣、闽、粤地区聚族而居，形成客家民系。他们掌握中原地区的夯筑技术，结合当地的自然环境和特定历史条件，把防御和族居结合起来，从而产生了这种独特的建筑形式。应该说这种认识不无道理，但缺乏直接的依据支撑。

列入《世界遗产名录》的46座福建土楼中，只有2座分别有“清乾隆庚寅岁葭月立”和“清嘉庆岁次丁丑端月立”的石刻匾额，其他44座均无确切年代资料，这显然不能说明土楼产生的时代。有学者以永定区馥馨楼所有者的家谱推算其始建年代为唐代，显然不足为据。而顾炎武在《天下郡国利病书》中记载：“嘉靖辛丑年（嘉靖二十年，1541）以来，寇贼生发，民间团筑土围土楼日众，沿海地方尤多。”另外，嘉靖万历年间，翰林林偕春在《兵防总论》中说：“民乃知城堡之足恃，凡数十家聚为一堡，砦垒相望，雉堞相连。每一警报，辄鼓铎喧闻，刁斗不绝。贼虽拥数万众，屡过其地，竟不敢仰一堡而攻，则土堡足恃之明验也。”从时间、地域和防御形式上看，这

河坑土楼群（《福建土楼：中国传统民居的瑰宝》）

应是土楼修建的真实历史。由此可以说明，明嘉靖年间福建土楼防御和居住为一体的功能已经是完备的。但是明嘉靖时期不是土楼的始建时代，何时起建这一问题的解决，还需继续探究。

二、福建土楼的功能、类型与建造

福建土楼的主要功能为聚族而居和防御，这两种功能是相伴而生的。一座土楼就是一个宗族，楼中按照地位、老幼等分配居住和生活空间，土楼内祖堂、仓储空间、取水渠道等一应俱全，是一个自成系统、封闭式的生活场所。突出的防御功能是土楼的最大特点之一，方形和圆形土楼等特殊的外形和建造技术很大程度上就是为了防御功能服务的。“不论是‘客家’与‘福佬’两大民系的矛盾，地方起义军与朝廷的对立，还是沿海倭寇的侵扰，家族间的械斗，乃至于山区之中猛兽出没，盗贼猖獗，都使当地人对居住安全提出很高的要求，福建土楼正是适应这种要求的产物。”[①]方形和圆形土楼的居住空间圈层分布，最外围建筑一般在三层以上，一层和二层不开窗，主要做厨房和仓库使用，三层及以上才是居住空间；高大厚实的外墙是土楼最重要

圆楼与方楼（福建土楼：中国传统民居的瑰宝》）

① 黄汉民：《福建土楼：中国传统民居的瑰宝》（修订版），生活·读书·新知三联书店2017年版，第213页。

方楼院内(《福建土楼：中国传统民居的瑰宝》)

的防线，有十几米高、一至二米厚，墙基和墙脚往往用大石块和鹅卵石砌成；土楼的大门往往用硬度高且具有防火性能的实木拼接而成，厚十几厘米，门背后有厚重的门闩；部分土楼还设有观察用的瞭望台、攻击用的枪眼、防火用的水箱、逃生用的地下通道等。

福建土楼的建筑类型多样，根据土楼研究专家黄汉民先生的调研统计，方楼数量最多，圆楼次之，五凤楼再次之，其他造型楼数量最少。五凤楼在形制上延续了中原地区的合院形式，最具代表性的布局为“三堂两横”,“三堂”沿中轴线分布，从前至后分别是下堂、中堂、后堂，其中下堂为门厅，中堂为正厅，主要作为祭祀场所和客厅，后堂即主楼，为最高的建筑主体，主要供家长居住；“两横”是“三堂”两侧的横屋，主要供其他家庭成员居住。永定区的土楼“大夫第”建于清道光年间，是五凤楼的代表。

方楼比五凤楼规模更大，也更能够节省空间，一般多层嵌套分布，最外层建设三四层高，二层以上开窗，内嵌合院或者小型土楼，基本都是封闭式建筑，比五凤楼的防御功能更优。方楼又分内通廊式和单元式两类：内通廊式为楼内居民公用通廊和楼梯，私密性较差，和贵楼是其中的代表；单元式为楼内相连单元完全隔开，每户单设楼梯，无通廊连接，私密性较好，西爽楼是其中的代表。

圆楼院内（《福建土楼：中国传统民居的瑰宝》

圆楼是土楼中最优美、最神奇、最受瞩目的类型，“方楼比五凤楼节省空间和建筑材料，而圆楼比方楼更加节省空间和材料。圆楼还能弥补方楼通风采光不均的缺点，所以当夯土技术完全成熟之后，结构特殊的圆形土楼就出现了”[①]。圆楼大多高三至四层，直径三十到五十米，一般嵌套二至三环，外环兼防御和居住，内部有院子和天井，中心一般为祖堂。圆楼也分为通廊式和单元式两类，前者如怀远楼，后者如龙见楼。

此外，福建土楼中有很多基于方楼、圆楼的变异形式，它们虽然数量不多，但每一座都极富特色，比如像一把撑开的雨伞的雨伞楼、八卦形的在田楼、马蹄形的厥宁楼、涟漪状的半月楼等，都体现着客家人在土楼建筑方面成熟的技术和天马行空的创造力。

土楼的建造要经过漫长的过程和复杂的工序。第一步，选址定位，客家人建造土楼必须先选址并定位，定位主要是确定土楼中轴线的位置。第二步，选址后楼主会请人设计土楼的样稿，之后即可选择良辰吉日破土动工开地基。第三步，挖好地基后紧接着进行打石脚，先砌墙基（也叫打大脚），一般用大块石料砌成，

① 廖冬、唐齐编著：《解读土楼：福建土楼的历史和建筑》，当代中国出版社2009年版，第72页。

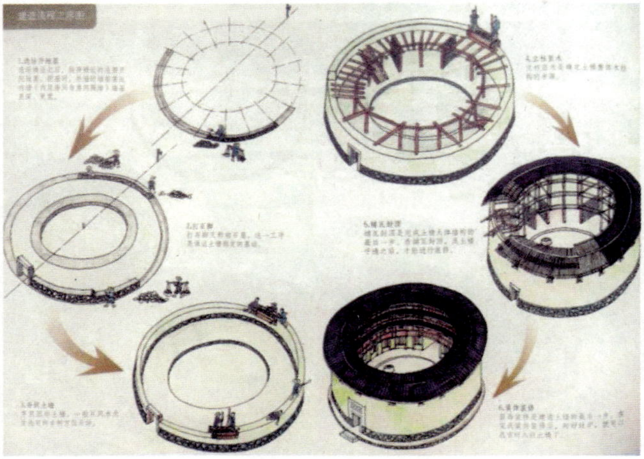

圆楼建造工序(《解读土楼：福建土楼的历史和建筑》)

砌至与地面基本持平；然后开始砌墙脚(也叫打小脚)，采用稍小的石料干砌，内外两侧用泥灰勾缝。第四步，行墙，即夯筑土墙，是建造土楼最关键的环节。建造土楼的土一般采用含沙土掺加上一定比例的黏土。夯筑土墙时，需要用到被客家人称为“墙枋”的模板。夯筑时，模板下方两头各放一根承模棒，用以模板和土墙的承重，并用墙卡夹在已经夯好的土墙上，将土填入模板后用硬木舂杵夯实。一副模板筑好的墙称为一版，一版墙加土四至五次，每两层土之间需要放入木条或竹条，以增加墙体的牵引力。一版墙夯好后，将模板提起向前移动，继续夯筑，墙面不断向前延伸，夯好一圈再夯下一圈，墙面渐渐增高。第五步，献架，即每夯筑好一层高的土楼外墙，需要在墙顶挖好放置楼层木龙骨的凹槽，同时在土楼内侧竖起木柱，木龙骨架设在凹槽与木柱上，土楼的楼板便铺设在龙骨上。第六步，封顶，即夯筑好土楼顶层的墙体后铺瓦封顶。最后是装饰装修，包括外部的安窗、粉刷、修大门和石阶、题刻匾额门联等，内部的铺楼板、建楼梯、装走廊护栏、装饰祖庙等。

三、客家人传统文化的载体

“福建土楼的聚落空间，强调负阴抱阳，藏风聚气，注重与天地自然环境的关系，是追求‘天、地、人’和谐统一的中华民族传统观念的继承。”[1]一方面，福建土楼的选址与设计建造都十分符合中国传统文化理念。选址时必选“藏风聚气”之地，所以土楼往往坐落在山谷之中，坐北朝南、靠山面水，周围环境优美。土楼建造时，挖好地基后要在基槽中放入代表“金木水火土”的五块鹅卵石，依照五行相生相克的说法进行摆放，表示对土楼建造顺利及家族顺遂的美好祝愿。土楼的布局设计也深刻体现着传统文化理念，比如承启楼的中心为祖堂，祖堂坐北朝南，两边配以半圆的围房，“在承启楼中，祖堂被视为太极，两个半圆的弧形屋被视为两仪，根据阴阳相生、太极生两仪等思想，一方面体现出宗族血脉的连绵不断的寓意，另一方面又象征着向外延伸的无限宇宙”[2]。另一方面，正是由于受中国传统文化影响，一座座土楼与山谷环境融为一体，像“地上长出来的蘑菇”，与山水交融、与天地参合。同时，土楼的建筑材料主要是沙土、黏土和木材，它们均取自周围自然环境，土楼破败倒塌后这些泥土和木料便又回归自然，真正做到了建筑与自然和谐相处。

振成楼祖堂（《福建土楼：中国传统民居的瑰宝》）

福建土楼的建筑布局体现着浓厚的东方血缘伦理关系，表达出客家人祖先崇拜、尊卑有序的

① 黄汉民：《福建土楼：中国传统民居的瑰宝》（修订版），生活·读书·新知三联书店2017年版，第183页。

② 廖冬、唐齐编著：《解读土楼：福建土楼的历史和建筑》，当代中国出版社2009年版，第72页。

宗法理念。“祖堂是家族的精神核心，岁时祭祀，精慎隆重；配合祭祀的需要，又设有族田、尝产、义学，根据辈分高低、血缘远近、年纪大小，每位族人各有一定的权利和义务，大家循规蹈矩、兢兢业业，为家族的荣誉和利益而努力奋斗。”[①]五凤楼、方楼和圆楼都沿着中轴线对称分布，中轴线最中心的位置就是祖堂或祖庙所在，体现了中国传统礼制中“择中立庙”“尊祖敬宗”的理念。这也是几百年以来客家人聚族而居所拥有的向心力和凝聚力的关键所在。

“土楼作为聚族而居的建筑，肩负着宗族繁衍和家族传承的重任，故在土楼建筑和装饰上处处有着耕读文化的影子。”[②]土楼作为农业文明时代的民居建筑，居于其中的客家人对于农耕的重视是不言而喻的。同时，从中原腹地远迁至此的客家人，其血脉之中深深打下了儒家文化的烙印，这使客家人崇文重教，强调耕读传家，也使土楼中充满了浓厚的耕读文化氛围。不少土楼中设有私塾，聘请教书先生，供族中子弟读书上学，比如南靖县怀远楼将祖堂用作私塾，永定区遗经楼将楼中一座四合院辟为私塾。土楼中的楹联也表达着客家人耕读传家的价值取向，比如永定区承启楼的门联为“承前祖德勤和俭，启后孙谋读与耕”，怀远楼的楹联写着“诗书教子诒谋远，礼让传家衍庆长”“世间善事忠和孝，天下良谋耕与读”。这些楹联既是土楼重要的装饰，又是客家人教育子孙的族训，表达了客家人的理想追求与价值取向。

四、福建土楼的保护与开发

作为一种传统民居，福建土楼自20世纪80年代已经停止新楼的建设，生土夯筑的土楼被淹没在现代化的小楼之中。世纪之交，人们越来越认识到福

① 谢重光：《土楼之根与土楼文化的精髓》，《中共福建省委党校学报》2009年第6期。
② 张梅、林国平：《福建土楼及聚落的变迁与秩序构建》，《福建论坛（人文社会科学版）》2019年第8期。

建土楼的历史价值与文化意义，部分具有典型价值的土楼被列入各级文物保护单位，同时福建土楼申遗工程启动。在申遗工程的总体统筹和调控下，一是地方政府相关部门充分听取了遗产保护专家、土楼研究专家的建议，制定了科学周密的土楼保护规划和整治计划；二是获得了强有力的资金和人力支持，使土楼保护计划、环境治理措施能够得到落实，损坏、破败的土楼得到修复，原生大环境得到一定程度的复原；三是在长期的申遗过程中，大量的基层工作者和生活在土楼的原住民积极参与，使他们对土楼的认同感和自豪感与日俱增。

2008年，福建土楼申遗成功，这些隐藏在山中的“东方城堡”登上世界舞台，成为中国传统民居的耀眼明珠，也为福建土楼的保护与开发带来了新的契机。同时，土楼在保护与开发过程中也出现一些问题和不足，需要采取正确措施予以保护。

第一，正确处理好旅游开发与保护的关系，才能使土楼保护与土楼旅游相互促进、良性发展。在土楼旅游产品的开发上，要坚持原真性原则，把原汁原貌的土楼文化展示给游客；同时坚持多样性原则，在观光旅游产品的基础上开发民俗旅游、研学旅游、体验旅游等产品，更好地发挥文化传播作用。在游客数量的控制上，坚持科学的承载量控制，避免游客过载对土楼本体和土楼原生环境的破坏。在交通、食宿等旅游基础设施的建设上，要科学规划，做好环境评估工作，并在运营后加强管理和监督。

第二，重视土楼的遗产地保护。福建土楼不能脱离周围环境而独立存在，其历史、功能、价值、文化都与周围环境存在千丝万缕的联系。所以土楼的保护与开发，不能仅聚焦土楼本身，而是应该强调包括环境在内的整体性保护。这就需要我们重视土楼所在村镇的旅游公共设施建设、居民新居建设，甚至商业性地产建设的科学规划与审批问题。

第三，重视非物质文化遗产层面的土楼营造技艺保护。土楼的营造技艺历史悠久，是国家级非物质文化遗产。历史上，土楼的营造技艺与土楼相伴而生、共同发展，20世纪80年代新土楼建设停止后，土楼营造技艺的传承也陷入了困境。然而，传统建筑文化遗产想要获得长期的保护，其营造技艺的传承是重中之重。土楼修复工作需要资金支持，更需要营造技艺传承人的支持。所以，土楼的保护，离不开营造技艺的保护，不能重土楼而轻技艺，应该将两者的保护合二为一。

参考文献

[1]黄汉民:《福建土楼：中国传统民居的瑰宝》(修订版)，生活·读书·新知三联书店2017年版。

[2]廖冬、唐齐编著:《解读土楼：福建土楼的历史和建筑》，当代中国出版社2009年版。

[3]谢重光:《土楼之根与土楼文化的精髓》,《中共福建省委党校学报》2009年第6期。

[4]张梅、林国平:《福建土楼及聚落的变迁与秩序构建》,《福建论坛(人文社会科学版)》2019年第8期。

[5]徐辉:《福建客家土楼》，江苏科学技术出版社2014年版。

（陈少峰）

“天地之中”在嵩山　天圆地方古建群

——登封“天地之中”历史建筑群

登封“天地之中”历史建筑群位于河南省登封市嵩山风景名胜区及其周边地区，包括8组11项历史建筑，即太室阙和中岳庙、少室阙、启母阙、嵩岳寺塔、少林寺建筑群（常住院、初祖庵、塔林）、会善寺、嵩阳书院和观星台，涵盖了中国古代礼制、宗教、科技和教育等建筑类型，展现了中原地区2000多年的建筑史，体现着中国先民独特的宇宙观和审美观，承载着中华优秀传统文化的根脉。2010年，登封“天地之中”历史建筑群经审议通过列入《世界遗产名录》，成为我国第39处世界文化遗产。

一、发展历史

在古人的认知中，天圆地方，天的中心对着地的中心，“天地之中”即中国的中心、天下的中心、世界乃至宇宙的中心。“天地之中”是嵩山历史建筑群的文化内核，是诸多古建筑集结于嵩山的原因所在。

经考古研究发现，嵩山附近的登封王城岗遗址就是大禹所建的“禹都阳城”，夏朝后期和商朝前期的都城也在嵩山周围的偃师二里头遗址和郑州附近。这一时期“王者必居天地之中”的理念已经形成。周朝建立后，相传周公曾到嵩山脚下的阳城“以土圭之法，测土深，正日景，以求地中”，并确定嵩山登封地区就是“地中”。“周公确立的‘地中’，在中国历史上得到传承，嵩山地区‘天地之中’的神圣地位自此难以动摇。”①

据西周青铜铭文记载，武王伐纣后曾“祀于天室”，“天室”即嵩山太室山，学者认为这开启了帝王封禅的先河。现存年代最早的山岳祭祀实物也在嵩山——“汉安帝元初和延光年间（114—125），阳城长吕常和颍川太守朱宠分别主持建造了嵩山汉三阙——太室阙、少室阙和启母阙”②。汉三阙分别是嵩山太室祠、少室祠和启母庙的神道阙。其中，太室祠是中岳庙的前身，相传建于秦代，据考证它最晚在汉武帝时期已经存在。

太室阙（《“天地之中”——嵩山历史建筑群》）

大约在北魏时期，太室祠改名中岳庙，成为祭祀“中岳山神”的场所，中岳庙的地位和规格不断得到提升。北魏时期重修中岳庙，并有《中岳嵩高灵庙之碑》传世。相传，道教发展史上的关键人物寇谦之在这一时期来到嵩山，将中岳庙作为主要的修道传道场所，并在此对新天师道进行改革。同样是在北魏时

① 任伟、贺艳编著：《“天地之中”——嵩山历史建筑群》，上海远东出版社2019年版，第30页。

② 汪培梓：《登封“天地之中”历史建筑群的形成和特点》，《黄河科技大学学报》2011年第4期。

期，天竺高僧跋陀来到中原，孝文帝亲自接见，因跋陀“性喜幽栖”，所以在嵩山少室山的丛林中为其建立寺院，这就是“少林寺”。“嵩山四大名寺”之一的会善寺也建于这一时期。

唐朝时期，因少林武僧在隋末助力唐王朝平定天下，少林寺得到唐王朝的支持，更加名扬天下。少林寺的《太宗文皇帝御书碑》《皇唐嵩岳少林寺碑》刻于唐玄宗时期，记录了少林寺对唐朝的贡献和发展历史。女皇武则天在嵩山举行了规模宏大的封禅大典，并斥巨资重修扩建中岳庙。著名禅师道安在唐高宗时期来到会善寺，屡次得到高宗和武则天的召见，“武则天巡幸会善寺时，曾拜道安禅师为国师，赐名安国寺，并增建殿宇、戒坛等。当时会善寺规模宏大，盛极一时，高僧辈出，元同、净藏和一行等皆出于此”[①]。嵩山观星台建筑群中的“周公测景台”，模仿周公确立地中时的测景台而作，建于唐玄宗时期。“周公测景台的建立，是盛唐时期对嵩山地区‘天地之中’地位的又一次官方确认。”[②]

“岳立天中”石碑（赵中浩摄于2006年4月）

宋朝时期，“天地之中”历史建筑群的最大发展是嵩阳书院的崛起和少林寺初祖庵大殿的建设。嵩阳书院的前身为太乙书院，宋仁宗时更名为嵩阳书院。位于北宋统治中心附近的嵩阳书院，是宋代“四大书院”之一，聚集了大批的学者大儒，比如司马光、程颐、程颢、

① 汪培梓：《登封“天地之中”历史建筑群的形成和特点》，《黄河科技大学学报》2011年第4期。

② 任伟、贺艳编著：《“天地之中”——嵩山历史建筑群》，上海远东出版社2019年版，第74页。

杨时等，都曾在此讲学和潜心研习儒学，吸引了大量求学的儒生，使书院很快成为当时的学术中心和教育中心。少林寺的初祖庵是为了纪念禅宗初祖菩提达摩而建，其中的主体建筑初祖庵大殿建于北宋宣和七年（1125）。中岳庙也在宋真宗时期得以重修，增加了800多间殿宇，建筑规模达到其发展史上的顶峰。

元代，郭守敬为制定《授时历》，在全国开展天文观测并建立20多座观测站，其中位于登封告成镇的观星台就是当时的天文观测站之一。

明清时期，登封“天地之中”历史建筑群得到不同程度的改建、扩建和整修。比如少林寺的常住院、立雪亭和千佛殿，中岳庙的天中阁和寝殿在明朝时得到大规模建设，少林寺、中岳庙和嵩阳书院等在清朝时进行过复建和整修。

二、登封八处十一景

嵩山中岳庙峻极殿背面
（赵中浩摄于2006年4月）

登封“天地之中”历史建筑群的太室阙、少室阙和启母阙合称“汉三阙”。“阙”是宫殿、寺庙等建筑的象征性大门，由左右两阙构成，中间没有横梁。嵩山“汉三阙”的石质构件上多有篆刻文字和浮雕画面，内容多为歌颂大禹和涂山氏的神话传说、汉代百姓的生活场景，具有很高的历史

研究和艺术价值。

现在的中岳庙主要是清朝复建的，能够体现出不同历史时期礼制建筑的发展轨迹。中岳庙共有7进11组建筑，对称分布。其中主殿为峻极殿，中轴线两侧有古神库、四岳殿、东西廊房、火神宫、祖师宫等多组院落，庄严肃穆。有学者认为，“中岳庙并非一座宗教建筑，而是礼制建筑，其价值也不（仅仅）体现在道教文化上，而是体现在历史悠久得多的山岳崇拜和国家祭祀文化上，尤其是中岳庙从金代奠定下来的空间布局，从某种角度说，是中国明清严正庄重、层次递进宫殿格局的始发之地”①。

嵩岳寺塔及其碑铭（赵中浩摄于2006年4月）

嵩岳寺塔位于嵩岳寺内，为北魏时期佛塔，建于北魏正光年间（520—525），是由青砖、黄泥砌筑的15层密檐式砖塔，平面呈十二边形。佛塔由基台、塔身、宝刹组成，基台外部表面以白灰皮装饰；塔身以叠涩腰檐为界，分上下两部分，上部外壁八面，每面砌有一座单层方形塔龛；塔顶宝刹亦用青砖砌成。嵩岳寺塔在建筑形制和装饰雕塑上具有印度佛塔风格，是古代中国与印度佛教文化和佛教建筑相融合的早期实物见证。

少林寺建筑群主要包括常住院、初祖庵和塔林。常住院是少林寺的主体建筑与核心，是住持、执事僧进行拜佛、

① 肖金亮、贺艳：《真实评估　整体保护——世界文化遗产“天地之中”历史建筑群的价值评估与保护规划概述》，《风景园林》2012年第1期。

坐禅、诵经、接待、藏书及开展大型法事活动的地方，也是僧人们居住和处理日常事务的地方。初祖庵是为了纪念禅宗初祖菩提达摩而建。塔林位于常住院以西，现存古塔228座，因古塔众多如林，所以被称为“塔林”。塔林“自唐至清延续一千多年而建造不绝，反映了少林寺及其所在地区社会、经济状况和宗教制度等多方面的历史信息”[①]。

会善寺是位于嵩山积翠峰下的一座千年古刹，是佛教传入中原后最早建立的佛寺之一。现在的会善寺是元至清代重修的古建筑，主体建筑为大雄宝殿。会善寺大殿面阔五间，进深三间，单檐歇山筒瓦顶，出檐深远，斗拱硕大，造型朴实，具有元代木结构建筑的典型特征。

登封市告成镇观星台（《“天地之中”——嵩山历史建筑群》）

现在的嵩阳书院基本保存了传统书院的建筑格局，五进院落沿着中轴线分布，包括先贤祠、先师殿、三贤祠、丽泽堂、藏书楼、道统祠、博约斋、敬文斋、三益斋等建筑，格局紧凑，功能齐全，古朴雅致。嵩阳书院“是中国最早的传播儒家理学学说、祭祀儒家圣贤和举行考试的书院，对儒学的发展起过重要作用，对研究我国古代书院建筑、教育制度以及儒家文化具有不可替代的标本意义”[②]。

---

① 郭黛姮：《“天地之中”的嵩山历史建筑群》，《中国文化遗产》2009年第3期。

② 任伟、贺艳编著：《“天地之中”——嵩山历史建筑群》，上海远东出版社2019年版，第109页。

观星台位于传说中周公测定的“地中”——登封市告成镇，是郭守敬建立的27座观测建筑中规模最大的，也是观测点中位置最核心的，是对历史上将“天地之中”作为观测中心这一传统的继承。观星台就是一座放大了的圭表，由台体和石圭两部分构成。圭表是古代日影测量的工具，圭是南北平放的尺子，表是直立的杆子，立杆测影，根据表在圭上的影长确定节气和历法。观星台台体用青砖砌成，呈覆斗状，上大下小。台的北侧中轴线位置从台底到台顶设有竖向凹槽，相当于圭表中的“表”，凹槽的南壁垂直向下；凹槽正北的地面上用36块青石平铺成长31.19米的石圭。表的高度增加后，测量的精度会提升，但是在圭上的投影会变得模糊。针对这个不足，郭守敬专门在圭上使用了可以平移的“景符”，将日影通过小孔聚焦，从而使测量到的日影精确度得到提升。同时，观星台还有观测星象和计时的功能，是当时最先进的天文观测台。

三、历史文化价值

登封“天地之中”历史建筑群是中华优秀传统文化根脉与核心的承载。禹都阳城，周公测影，夏商周三代均定都于“天下之中”的嵩山周围，“天地之中”的地位与国家统治的权威相辅相承，之后的河洛地区更是成为多个王朝的都城所在。正如有的学者所说，中华文化之精髓从嵩山河洛地区辐射向全国。“天地之中”的地位和影响，在国家山岳祭祀和天文测量中不断得到强化，“汉三阙”和中岳庙见证着中国古代对中岳嵩山祭祀和封禅的历史，周公测景台和观星台体现着古人对于“天地之中”的信仰。“中”是中国古代宇宙观、世界观、哲学观和文化观的核心内容，是中华传统文化中最神圣庄严的概念之一。“天地之中”是嵩山历史建筑群的文化内核，是礼制建筑、宗教建筑、教育建筑和天文建筑等能够齐聚嵩山的原因之所在。

登封“天地之中”历史建筑群是儒、释、道发展与融合的见证。道教是

嵩阳书院(《“天地之中”——嵩山历史建筑群》)

中国土生土长的宗教，也是在嵩山最早站稳脚跟的宗教，寇谦之在嵩山中岳庙修道并进行新天师道改革，极大促进了道教的发展。嵩山地区是中国最早传播佛教的地方之一，北魏少林寺、会善寺、嵩岳寺等古刹的建立使嵩山成为佛教圣地，尤其是禅宗的创立与发展使佛教走向中国化的道路，对中国佛教发展影响深远；而且少林寺禅武兼修，以武学积极入世，不断获得封建统治者对其的支持，也促进了佛教在中国的传播。儒学是中国汉代以来的正统思想，主要以官学进行教育和传承。唐末五代时期天下大乱，官学式微，众多儒家学者在嵩山开展讲学活动，私学书院开始兴起，嵩阳书院便是其中之一。“二程”于嵩阳书院开创的理学被称为新儒学，对北宋及以后的儒学发展影响深远。

儒学作为思想正统，道教作为土生宗教，佛教作为外来宗教，三者在传播和发展的过程中存在竞争与矛盾，然而三者齐聚嵩山，经过长期共存和交流后开始相互促进与融合发展。儒、释、道在嵩山的发展与融合，体现出以“天地之中”为思想内核的中庸之道、和而不同和兼容并蓄理念。

登封“天地之中”历史建筑群是中国多种类型古建筑之典范，也是中国的世界文化遗产中为数不多的建筑群之一，它包含的建筑类型多样，礼制建筑、宗教建筑、教育建筑、天文建

少林寺初祖庵大殿(《“天地之中”——嵩山历史建筑群》)

筑齐聚，历史悠久，内涵丰富；而且“登封历史建筑群不仅具有较高的历史、艺术和科学价值，而且不少建筑还具有一定的开创性意义，属全国之最或某一建筑类型中的孤例，对后世建筑以及周边建筑的形成和发展都产生了深远影响”①。如“汉三阙”是我国山岳祭祀制度的最早实物例证，中岳庙是我国最大的礼制建筑群，嵩岳寺塔是我国现存最早的砖结构佛塔和唯一的十二边形塔，少林寺塔林是我国规模最大的僧人墓塔群，会善寺大殿是该建筑群中唯一留存至今的元代木结构建筑，观星台是我国现存最早、体量最大、最杰出的天文建筑，等等。

特别值得一提的是，有学者认为少林寺初祖庵大殿是体现宋代《营造法式》建筑规范的实例。《营造法式》是北宋崇宁二

① 汪培梓：《登封“天地之中”历史建筑群的形成和特点》，《黄河科技大学学报》2011年第4期。

年（1103）政府颁布的官修建筑规范图书，少林寺初祖庵大殿建于北宋宣和七年（1125），晚于《营造法式》20多年，而且其主要构件和建筑样貌经过多次重修依旧保持着北宋时期的样子。"《营造法式》规定的建筑制度，深刻地反映在初祖庵大殿上，尤其是在木构、石雕方面的技术做法甚至可以称为孤例。初祖庵大殿是北宋木结构建筑中，符合《营造法式》制度较多的独一无二的重要实物标本，具有无可替代的历史价值。"①

四、保护与开发利用

登封"天地之中"历史建筑群是中华优秀文化遗产，通过申遗促进了对其的保护，申遗成功更为其保护、开发和利用提供了难得的机遇，使嵩山、洛阳、郑州成为宣传历史文化遗产的"全名片"。如何充分抓住机遇和优势，进一步做好对这一珍贵遗产地的保护、开发和利用，仍有大量的工作要做。

第一，加强科学管理，防止不当开发。第二，注重整体性宣传，引导人们特别是游客对嵩山历史文化遗产的总体了解，避免"冷暖"不均的现象。第三，完善旅游线路规划，为游客提供更便捷的观赏条件。总之，把嵩山历史建筑群放到"天地之中"的大环境中，保护好、开发好、利用好这一优秀的世界文化遗产，任重而道远。

① 任伟、贺艳编著：《"天地之中"——嵩山历史建筑群》，上海远东出版社2019年版，第142页。

参考文献

[1]任伟、贺艳编著:《“天地之中”——嵩山历史建筑群》, 上海远东出版社2019年版。

[2]汪培梓:《登封“天地之中”历史建筑群的形成和特点》,《黄河科技大学学报》2011年第4期。

[3]肖金亮、贺艳:《真实评估　整体保护——世界文化遗产“天地之中”历史建筑群的价值评估与保护规划概述》,《风景园林》2012年第1期。

[4]郭黛姮:《“天地之中”的嵩山历史建筑群》,《中国文化遗产》2009年第3期。

（陈少峰）

锡林草地覆古城　蒙汉共筑元上都

——元上都遗址

2012年6月29日，在俄罗斯圣彼得堡召开的第36届世界遗产大会上，元上都遗址被正式列入《世界遗产名录》。

元上都遗址位于中国内蒙古自治区锡林郭勒盟的正蓝旗境内，地处长城以北。遗址的面积超过25000公顷，包含了寺庙、宫殿、墓葬群、游牧营地和连通水系的灌溉渠等。

元上都遗址鸟瞰（和平摄，《中国世界遗产影像志》）

元上都融合了蒙古文化和中原文明，记录了人类历史上一段重要的文明阶段。保存良好的宫城、皇城、外城城墙，整齐对称的街巷，错落有致的建筑遗迹，自然生态良好的草原，众多的人文遗迹，优美的生态环境，构成了中国目前保存最完整的大型古代都城遗址。作为全世界最具代表性的游牧民族的文化遗产，元上都遗址以其重要的历史、文化、科学和艺术价值，成为人

类文明史上不可或缺、辉煌壮美、璀璨绚丽的中华文明和游牧文明进程中一座重要的里程碑。

一、元上都遗址历史沿革

蒙古语中称元上都为“兆奈曼苏默”，意为“108座寺庙”。上都作为中国历史上空前大一统王朝——元朝的第一座都城，与元大都（今北京）、元中都（今河北张北）并称元朝的“三都”。

宪宗六年（1256），总领漠南汉地政务的忽必烈命刘秉忠“相宅于桓州东、滦水北之龙冈”，开始建开平城。宪宗八年（1258），开平城建成。中统元年（1260），忽必烈在开平府登基，继蒙古汗位，这里遂成为临时首都；后大都建成，遂于中统四年（1263）将开平府改名为上都，亦称上京、滦京等，这里便成为和元大都并列的“北控沙漠，南屏燕蓟”的草原都城。作为元上都的主要建设者，刘秉忠、郭守敬等汉族幕僚创造性地将草原游牧文化和中原农耕文化运用到了上都城建设的各个领域。元上都也成为北方游牧民族的蒙古族掌握政权后，建立的第一座真正意义上的都城。至元八年（1271），忽必烈定国号为“元”，上都城和大都城成为元朝交替使用的两个都城。至正十八年（1358），元上都被农民起义军红巾军攻陷后焚毁。至正二十八年（1368），朱元璋军队攻入元大都。从此，元上都退出了历史舞台，成为一座沉睡在草原上的文化遗址。

自忽必烈在开平府登基至元灭亡，其间历经11位皇帝共108年，上都始终是元朝的政治、经济、军事和文化中心。元朝的11位皇帝每年有近半年的时间（主要是夏季）在元上都处理国事、接受外国使节和蒙古宗王的朝觐，而且在这11位皇帝中有6位的登基大典是在元上都举行的。

2009年以来，考古工作者在元上都遗址进行了历史上规模最大的考古发掘。通过考古发掘，呈现在我们面前的元大都遗址，不仅保存着宫城、皇城、外城、关厢、街道等元代城市遗址，而且保留着中轴线和“棋盘街”的城市布局。考古工作者在元上都外城西部发现了500多座房址、8条大型道路及众多支道。城墙、瓮城、城门及大型建筑基址基本保存完好，地表清晰可见街道、房址及宫殿遗迹。由于元上都建在地势开阔的金莲川草原之上，高大的城墙、鳞次栉比的宫殿基址，构成了草原地带深邃悠远、规模宏大的文化景观。

二、元上都遗址的布局与特征

在中国，为了突出皇权至上，截取一段地球子午线作为皇家建筑中轴线的构思始于元代，更准确地说是始于元上都的修建。各个建筑沿南北方向的中轴线依次排列，左右对称、南北取直，是中国明、清两代皇宫——北京故宫典型的建筑形式，而这一设计理念，最初来源于元上都。

元上都南临上都河，北依龙岗山，周围是广阔的金莲川草原，形成了以宫殿遗址为中心，分层次、呈放射状分布，既有土木为主的宫殿、庙宇建筑群，又有游牧民族传统的蒙古包式建筑的总体规划布局。

刘秉忠在元上都的城市建设中运用了中国传统的建筑布局理念，选择了“四山拱卫，佳气葱郁”的相生之地，既体现了背山面水的中国传统聚落选址模式，又符合游牧民族“逐水草而居”的居住传统。在城市规划中，刘秉忠第一次将草原游牧文化和中原农耕文化一并运用到城市建设的各个领域。元上都城址以宫城、皇城以及外城为主体，然而三城的道路系统各不相同：宫城、皇城供皇帝起居、大臣办公，街道格局呈现横平竖直的“棋盘街”特征；外城格局则较为分散，供蒙古贵族扎帐开会。元上都的建设体现了草原城市建设的最高水平，其设计理念在我国乃至世界城市建设史上都具有独特的地位和价值。

（一）三重城垣

元上都遗址由城址（含宫城、皇城、外城）以及城垣外的关厢和铁幡竿渠组成。遗址类型有城墙、城门、道路、护城河、防洪渠，以及宫殿、寺庙、商铺、民居、仓库等各类建筑基址。城址平面呈方形，坐北朝南，边长2200余米，由宫城、皇城和外城三部分环套而成，明显应用了中国古代中原地区都城规划的设计传统。

外城为正方形，除了东墙长2225米，其余三墙都长2220米。外城被一条东西向的隔墙分为南北两部，南部位于皇城以西，有纵横交错的街道和整齐的院落遗址。这些院落遗址均是房屋临街、院落在后，因此这里应是当时上都城内的商业区。北部则很少有建筑遗迹，只在中央部位有东西长317.5米、南北长192.5米的不规则长方形土围墙建筑，这里应是元代皇家饲养珍禽异兽、

元上都夯土城墙（和平摄，《中国世界遗产影像志》）

栽培奇花异草的“御苑”所在地。

皇城位于外城的东南部，其东、南二墙即外城东墙南段和南墙东段。皇城近方形，四墙长度不等，其中东墙长1410米，西墙长1415米，北墙长1395米，南墙长1400米。城墙中间为黄土夯筑，内外两侧均用自然石块包砌，墙厚0.8—1米，用白灰坐浆并勾缝。墙基宽12米，顶宽约2.5米，残高约6米。皇城内除了正对城门的主要街道，亦有若干条小街纵横交错，乾元寺、大龙光华严寺、孔庙和道观等建筑分布于城内各处。

宫城位于皇城正中偏北处，平面略呈长方形。东墙长605米，西墙长605.5米，北墙长542米，南墙长542.5米。墙体中间以土夯筑，内外均用34厘米×19厘米×7厘米的青砖横竖错缝包砌，以白灰坐浆，灰缝厚1.5厘米。砖墙底部垫有厚40厘米的石条或片岩做基。在砖面和夯土墙之间约1米的空隙内，用规格不等的残碎砖块、小石片及泥土平铺填筑。墙基宽10米，顶宽2.5米，高约5米。在宫城南北中轴线两侧，随形就势，分布有并不对称的大型建筑基址和院落遗址30余处。

（二）城门及瓮城

元上都现存13座城门，其中宫城有3座城门，分别为东、西、南“丁”字三街相对的东华门、西华门和御天门。皇城有6座城门，东西各2座，两两相对，分别为东门、小东门和西门、小西门；南北各1座，南门同御天门直对，应为明德门，北门与外城北墙东侧门直对，应为史籍所载的复仁门。皇城6座城门均建有瓮城。外城有4座城门，北墙2座，西墙正中1座，南墙与明德门对应1座。外城4座城门也分别建有瓮城。在元上都建有瓮城的皇城和外城10座城门中，凡南、北墙上的5座城门，瓮城均为长方形，瓮城门为南、北向直开；凡东、西墙上的5座城门，瓮城均为马蹄形，瓮城门折向南开。经过对外城北墙西侧瓮城门遗址的考察得知，瓮城门的门道宽10.8米，门道两端的夯土墙上贴有由圆木一破为二的桦木板，厚3—4厘米，此应为修筑墙体时的护板。这些瓮城的城门均用石块封堵。

（三）角楼、马面与护城河

皇城和宫城四角均建有角楼，呈圆台形，由下至上渐做收分，底径约25米，顶径14米。在角楼和城门内侧，还分别筑有登城的斜坡通道。

在皇城四墙外侧，发现有石筑的马面，每面墙6座，共24座。马面为中间夯筑，外侧三面包砌石块，整体呈梯形，底宽上窄，渐做收分，底宽约10米，凸出墙体约6.5米，现存高度约5.8米。每个马面相距115米至180米不等。

外城护城河位于城墙外23米处，保存较好。在外城城门处，护城河均向外弧，对应处的河沟地面隆起，可能是桥梁的位置所在。在皇城和宫城墙体外侧，均发现有环绕的连贯的河沟痕迹，这些河沟具有城内排水和护城河的双重功能。

（四）城外四关

在元上都遗址城外关厢地带的调查中，除了北关建筑遗迹相对略少，其余东、西、南三关均保存有大量建筑和纵横交错的街道，且每一关厢的面积都几乎与元上都遗址的面积相近。特别是东关和西关，有的大型院落的边长在百米以上。关厢内的建筑分为粮仓、大型院落、小型民居和临街店铺等几大类。如东关的万盈仓和西关的广积仓，均建在高阜之处。

元上都的四关是元上都城址的重要组成部分。在西关发现的东西主干道两侧，有成排的临街店铺，有的大院内房屋成排分布，属于客栈馆舍之类。元代诗人有“西关轮舆多似雨，东关帐房乱如云”的诗句，可见西关作为商业区的繁华景象。东关由于地近皇城，王公贵族与他们的部属居于此地，为便于觐见皇帝，所以帐幕云集。南关外发掘的一处建筑遗址为成排的石基房屋，房屋内均砌有一到二铺火炕，似为一客栈遗址。在这处建筑东侧的元上都明德门外御道两侧曾出土大型的酒缸和饮酒器具。元代诗人“滦水桥边御

元上都遗址（王华摄，《中国世界遗产影像志》）

道西，酒旗闲挂暮檐低”的诗句，恰到好处地描述了当时南关酒肆的情形。在北关则发现了两处建筑规模较大的并列的驻军院落遗址。东侧院落南北长227米，东西宽130米，后院为整齐的成排住房，前院则纵向分为两个独立的院落，似为指挥、管理人员办公和日常生活区域。

（五）铁幡竿渠

由于元上都位于湿地和草甸两种草原景观的交会带，且为背山面水的选址，所以其地势较为低洼，易受水患威胁。因此，元上都建城时便在西北的山上立铁幡竿以镇水，并将该山称为铁幡竿山。大德二年（1298），科学家郭守敬提出“山水频年暴下，非大为渠堰，广五七十步不可”，遂设计修筑了排泄山洪的铁幡竿渠，以保障都城的安全。大德五年（1301），又重新修筑了泄洪渠和防洪坝，使其有效防范水患。现铁幡竿渠遗址亦为元上都遗址的重要组成部分，于元上都外城西门外450米处又折向东南，在西关大街北侧折向正南入上都河，渠道宽约50米，存高在2—5米之间，全长近6公里。

（六）墓葬群

近年来，在元上都城址周围发掘了砧子山、卧牛石、一棵树和羊群庙四处墓葬群。

砧子山墓葬群位于上都城东南约9公里的砧子山的东南和西北两侧山坡上，墓地分布范围较广。墓葬群凭依砧子山主峰，在四面山麓缓坡地带20余平方公里的范围内成片分布，面积约174公顷。据统计，该处有1500余座墓葬。砧子山墓葬多数都有石砌的方形茔墙，墙内最多为6穴，少者1穴，多数以松柏木匣盛放骨灰。在一些大的墓茔内还会砌有小的隔墙，将墓茔分成几个小区域；有的墓室四壁绘有黑、红、绿彩的人物、花草壁画。砧子山墓葬群所见石碑、砖铭、买地券和器物铭文上，凡有姓氏者都是汉语姓氏，可证明这些墓主应是元王朝100余年历史中，生活在上都地区的汉族人墓葬。这是内蒙古地区目前发现的规模最大、延续时间最长的一处元代墓葬群。

卧牛石墓葬群位于元上都古城西北约15公里的向阳山坡上。该墓葬地表均用自然石块叠砌成一“凸”字形墓茔，已发现的墓葬皆为骨灰墓，形制有砖椁墓、木椁墓和竖穴土坑墓三类。卧牛石墓葬群保存较好，随葬品较为丰富。从墓葬形制和葬俗看，它与砧子山墓葬群较为接近，很可能也是居住在元上都附近的汉族人墓葬。

一棵树墓葬群位于元上都古城西北12公里的山坡之上，分布较散。自1994年至今，共清理出元代墓葬25座，其中有方形石茔墓，面积30—50平方米，有圆形石茔墓，还有的墓无茔墙。

羊群庙墓葬群位于元上都古城西北约35公里处的小山湾内，葬俗葬式基本同于一棵树墓葬群。二者的葬俗葬式和随葬品均带有浓郁的游牧民族特色，应是元上都附近普通蒙古族人的墓地。

砧子山和卧牛石墓葬群所反映的，是中原汉族人聚族而居、分家族按次序埋葬的特点。特别是存在大量的骨灰葬的情形，反映了佛教对汉族人埋葬习俗的影响。一棵树和羊群庙的单人葬和异穴双人葬形制及大量反映游牧文化特点的随葬品组合，表明其属于蒙古族人墓葬。特别是在墓葬中出土的银饰牌上，浮雕有太阳和弯月，进一步说明蒙古族人在很大程度上信奉伊斯兰教的情形。从四处墓葬群的分布情况看，在元代的上都地区，蒙古族人和汉族人的埋葬区是分开的，汉族人多埋葬在城东南的砧子山及城西北的卧牛石一带，而蒙古族人则埋葬在城西北的广大地区。

三、元上都遗址的重要价值

元上都遗址位于内蒙古自治区锡林郭勒盟正蓝旗，北依龙岗山，南临上都河，是中国元代都城中创建最早、历史最久、格局最独特、保存最完好的遗址。

元上都遗址是一座草原都城的遗址，是文化融合的独特产物，见证了亚洲北部游牧文明与农耕文明之间的共存与融合。元上都遗址将北方草原“逐水草而居”的传统驻居方式与中原汉地农耕社会“背山面水”的传统定居方式相结合，展现了不同文明和民族之间在征服和同化过程中生活方式与价值观念的交互影响，由此创新的这一规划模式与理念都被其后的元大都和明清北京城继承，在世界城市规划设计史上拥有独特的地位。

元上都玉碑（和平摄，《中国世界遗产影像志》）

世界遗产委员会认为，元上都遗址作为草原都城遗址，展示了文化融合的特点，见证了北亚地区游牧文明和农耕文明之间的碰撞及相互交融。遗址所处的位置、环境及其城市格局，体现了游牧文化和农耕文化的共存与融合。它把汉族城市规划中不可缺

少的苑囿和景观与蒙古族的生活方式结合起来，造就了一个城市规划的杰出典范，见证了人类历史的一个重要时期。

这座巨大的都城遗址如今基本上被草原覆盖，其整体城市布局及城址保存完好，与13和14世纪建立和投入使用时别无二致。遗址上完整保存至今的蒙古高原地理环境与草原特色景观，仍能体现草原都城的环境特征和空间感受。

参考文献

[1]正蓝旗元上都遗址文物事业管理局：《元上都遗址》，《世界遗产》2015年第Z1期。

[2]魏坚：《元上都及周围地区考古发现与研究》，《内蒙古文物考古》1999年第2期。

[3]杨欣云：《元上都：一个消逝的文明》，《百科知识》2012年第8期下。

（张　卡）

穿越两千五百年　贯通水路五万里

——中国大运河

2014年6月22日，在卡塔尔多哈举行的第38届世界遗产大会上，中国大运河入选《世界遗产名录》，成为我国第46个世界遗产项目。作为一个大跨度整体线性文化遗产项目，中国大运河是指我国自春秋时期开凿邗沟以来，先后在隋唐宋时期开凿的以洛阳为中心的南北大运河、元明清时期以北京为中心的京杭大运河及其延伸段浙东运河的总称，是世界上开凿时间最早、规模最大、线路最长、延续时间最久的人工运河。

大运河与钱塘江交汇处（张振华摄，《中国世界遗产影像志》）

中国大运河跨越地球10多个纬度，纵贯在中国最富饶的华北平原与江南水乡上，自北向南通达海河、黄河、淮河、长江、钱塘江五大水系，是中国古代南北交通的大动

脉，代表了工业革命前水利水运工程的杰出成就，对中国乃至世界历史都产生了巨大而深远的影响。世界遗产委员会认为，中国大运河是人类历史上最伟大的水利工程杰作，是人类创造力的杰出范例，展示了人类在直接起源于中国古代的庞大农业帝国中的技术能力和对水文地理学的掌握。

一、历史变迁

中国大运河始凿于公元前486年，由隋唐大运河、京杭大运河、浙东运河共三大部分十段河道组成，被国际工业遗产保护委员会在《国际运河古迹名录》中列为最具影响力的水道。

中国大运河的形成与发展并非一蹴而就，在历史脉络中，“运河”名称的由来与变化，是不同历史节点所勾连的历史进程的反映。从典籍记载来看，早期运河多称沟或渠，如邗沟、灵渠等，天然河道则称水，如黄河就被称为“河水”。汉代“漕渠”名称出现，特指汉武帝时在关中开凿的西起长安、东通黄河的水利工程。东汉末年至魏晋，因战乱等原因漕渠多遭损坏，只有各割据势力在小范围内开凿水道，运输军粮与士卒，以增强自身的力量。

京杭大运河淮安段繁忙的航运情景（倪峥嵘摄，《中国世界遗产影像志》）

隋唐两朝是中国大运河的发展时期，这一阶段不但开凿了连通长安、洛阳、杭州、涿郡的多条河渠，而且在沿河一线设置了黎阳、思洛、河阳、含嘉、洛口等漕仓，用于蓄积漕粮，每仓存粮多达数百万石甚至上千万石。隋代开凿运河，南北纵贯2700公里，将黄河、长江、海河、淮河相贯通，对国家统一起到了重要作用。唐代因循隋朝运河路线又有所拓展，并新增漕仓，特别是晚唐时，经刘晏的整顿与创新，漕粮运输达到新的高峰。

“运河”一词在宋代开始出现，《四库全书》所列宋代文献中有94种使用了“运河”的名称，“大运河”的概念也首次在南宋江南运河段出现。两宋虽然经济较为发达，但均未完成全国统一，同时经常受到少数民族势力的干扰，因此无法在全国区域内开凿运河。但两宋是中国漕运制度逐渐完善的时期，先后创建了转般、均输、直达等方法，朝廷设有管理漕运与河道的发运司、转运司、排岸司、催纲司等机构，监督全国漕粮的运输与运河河道的维护，从而达到集中全国财力、维持京城稳定的目的。

火车装载的货物通过运河运往四面八方（〔日〕岛崎役治摄于1929年，《亚细亚大观》第5辑）

元明清时期，“运河”开始指称贯通南北的京杭大运河。元代开济州河、会通河与通惠河，改隋唐运河之弯曲，将运河线路变为直线，直接连接北京与杭州，形成了真正意义上的京杭大运河。《明史·河渠志》《清史稿·河渠志》中，都列“运河”专篇，指北至北京、南至杭州的运河，但两者又有不同。雍正

四年（1726）官方正式设置北运河的管理机构后，多使用通惠河、北运河、南运河和江南运河等说法。近代以来，民间则往往将其称为“京杭运河”或“大运河”。中国运河与漕运的历史变迁，也是其管理制度不断完善与系统化的过程，从局部运河到京杭大运河，从东西走向变为南北走向，从单纯的军事需求扩展到政治、经济、文化的交流，突出反映了运河对国家、社会、历史产生的重要影响，对于中华文明的多样性、丰富性及延续性具有重要意义。2014年运河申遗过程中，隋唐、浙东两段运河与京杭大运河被合称为“中国大运河”。

二、主要河道

（一）隋唐大运河部分

1.通济渠

早在春秋战国时期就开凿了鸿沟，亦曰汴渠。汉魏时期又开凿了阳渠，疏浚整修了汴渠。大业元年（605），隋炀帝开通济渠，它是由汴渠、阳渠疏浚而成的，其中汴渠是通济渠的主要渠段。

2.邗沟

春秋时期，吴王夫差下令开凿了连通长江和淮河的运河，因其途经邗城，故得名“邗沟”。邗沟沟通了长江、淮河两大水系，成为隋唐大运河最早修建的一段。东汉顺帝时期，陈敏整修邗沟，另开新道，由江都经樊良湖改道津湖，再经津湖直接由末口入淮，避免了射阳湖的风涛之险，给漕运带来了很大的便利。

3.永济渠

大业四年（608），隋炀帝诏发河北诸郡男女百余万修永济渠。永济渠也是利用之前王朝开凿留下的运河河道与自然水道疏浚而成：自今河南武陟至卫辉一段，用沁水、清水（即卫河）疏浚而成；自卫辉至馆陶一段，基本上利用了曹操遏淇水入黄河故道的白沟开凿而成；自馆陶至沧州一段，部分利用了汉代屯氏河和西汉大河故渎而成；自沧州至涿郡一段，又部分利用了漳水，至独流口则与漳水别而另辟新道，并折向西北，与漯水相接后经漯水到达涿郡。

1929年江南运河上的小船、拱桥及岸边的洋公馆（〔日〕岛崎役治摄，《亚细亚大观》第5辑）

4. 江南运河

江南运河的开凿历史，可以追溯到春秋时代。春秋末年，吴国开挖运河，从苏州的北门起，向西北穿过漕湖，经太伯渎与今江南运河而上，再经阳湖北行，入古芙蓉湖，然后由利港入长江，以达扬州。秦朝开凿了从今镇江至丹阳的运河，江南运河在秦始皇时已经初具规模。西汉武帝时，在吴江南北沼泽地带开河，南接杭嘉运河，基本上连通了苏州至嘉兴的水道。六朝建都南京，又修整、开凿了运河和堰埭。东晋初年，因镇江附近运河水浅，还修筑了丁卯埭平水堰，以平衡水位。隋炀帝所开的江南运河，是将之前王朝开凿留下的运河河道加以疏浚而成的。

（二）京杭大运河部分

京杭大运河作为南北的交通大动脉，对中国南北地区之间的经济、文化发展与交流有着巨大贡献，特别是对沿线地区工农业经济的发展起了巨大作用。京杭大运河北起北京，南到杭州，流经通惠河（北京市区—北京通州）、北运河（北京通州—天津）、

晚清浙江京杭大运河上的拱桥及船只

南运河（天津—山东临清）、鲁运河（山东临清—山东枣庄）、中运河（山东枣庄—江苏淮安）、里运河（江苏淮安—江苏扬州）、仪扬运河（江苏仪征—江苏扬州）、江南运河（江苏镇江—浙江杭州），全长1747公里，通航里程为1442公里，其中全年通航里程为877公里，主要分布在黄河以南的山东、江苏和浙江三省，其中苏北运河为世界上最繁忙的内河航道之一。

（三）浙东运河部分

浙东运河的开凿始于春秋晚期，位于今浙江省东部宁绍平原上，主干航道分为东西两段，西段是人工开凿的萧绍运河，旧称西兴运河；东段则利用姚江天然水道开凿而成。运河两岸，山川秀丽，文化底蕴深厚，既有距今7000年前后的河姆渡文化、以越窑为代表的青瓷文化、以保国寺为代表的建筑文化、以阿育王寺为代表的佛教文化，又有以天一阁为代表的藏书宝库和以王阳明、朱舜水、黄宗羲为代表的杰出名人，还有运河畔的爱情圣殿——梁祝文化公园。

三、运河遗产

运河的水是流动的，运河文化的传播也是流动的；运河的运输是往返的，运河文化的传播也是双向的。大运河申报的系列遗产分别选取了各河段的典型河道段落和重要遗产点，包括河道遗产27段，总长度1011公里，相关遗产共计58处。遗产类型包括闸、堤、坝、桥、水城门、纤道、码头、险工等运河水工遗存，仓窖、衙署、驿站、行宫、会馆、钞关等大运河的配套设施和管理设施，以及一部分与大运河文化意义密切相关的古建筑、历史文化街区等。这些遗产分布在2个直辖市、6个省、25个地级市，遗产区总面积为208.19平方公里，缓冲区总面积为542.63平方公里。

在大运河及其沿途地区，不仅有大量的物质文化遗产点，而且保留有众多的非物质文化遗产项目。据不完全统计，大运河沿线共有各类国家级非物质文化遗产400多项，其中比较著名的有昆曲、京剧、武术、杂技、杨柳青木版年画制作技艺、扬州漆器、剪纸技艺、张小泉剪刀锻制技艺，以及众多群众喜闻乐见、脍炙人口的民间故事、历史传说、诗歌民谣等。这些珍贵的非物质文化遗产，目前大都进行了相应的普查登记，并根据遗产的不同特点分门别类地开展保护与传承工作。如杭州在大运河畔因地制宜地建立了中国刀剪剑博物馆、中国扇博物馆和杭州工艺美术博物馆等非遗展示宣传平台，不但有效地保护了当地的文化资源，而且将其与旅游产

1926年江南运河上用于运输和生活起居的乌篷船（《亚细亚大观》第2辑）

业、文创产业相结合，取得了非常好的社会效益与经济效益。保护和利用好这些运河沿线的非物质文化遗产，对于实现沿线城市经济社会的全面、协调、可持续发展，以及发展社会主义先进文化、丰富人民群众精神文化生活，具有重要而深远的意义。

1929年苏州城内运河局部（〔日〕岛崎役治摄，《亚细亚大观》第5辑）

四、流动的文化

中国大运河作为我国古代贯通南北的唯一一条水上交通大动脉，不仅促进了我国古代经济发展，而且在其发挥重要作用的过程中，吸纳沿线具有地方特色和民族特色的文明成果，积淀形成了内涵深厚、千姿百态的运河文化。中华文化是多元一体的文化，而大运河的开通，促进了南北文化和中外文化的大交流，形成了独具特色的中国运河文化。

（一）包容与统一

善于沟通、包容开放是大运河文化的基本特征。文化需要沟通，而运河的本质也是沟通。大运河是一条文化的河流，它不仅直接串联起南方和北方，沟通了黄河与长江，而且间接地连接起更为广阔的空间，对中国文化大格局的形成具有十分重要的作用，同时也是联系古代中国与世界的桥梁，是古代东方主要的国际交通路线之一。运河上的洛阳、宁波分别是陆上丝绸之路和海上丝绸之路的起点，大运河的开通连接了这两座城市，促进了不同区域之间的物流和人际交往，也影响了古代中国与世界的外交往来。

（二）扩散与开放

大运河的开通与整修，直接刺激与活跃了中国区域间的物流与人际交往，改变了中国的地理环境，形成了一个南北东西全方位互通互联的大水网。大运河的原始功能是运输，而货的运输与人的流动，直接带动了运河沿岸经济的发展、文化的繁荣和城市的崛起。如唐代繁华的都城长安，是运河西部的终极，南北运河均归于此；运河重镇济宁，是全国南北物资交流的集散地；江北运河重镇扬州，城池之大、货物之多、市场之繁华、交通之发达，堪称当时天下第一；名城苏州，处于江南运河的中心位置，航运繁忙；大运河南部终极杭州，是当时全国最富庶的郡县之一。

（三）创新与拓展

不断扩大、延伸、创新和发展是大运河文化的又一特征。大运河是古代东方世界主要国际交通路线的组成部分。隋唐宋时期，大运河的南端通过海上丝绸之路从宁波、泉州通向海外诸国，西端则从洛阳西出，通过横贯亚欧内陆的丝绸之路通往中亚、欧洲；元代以后则由于蒙古汗国的建立，欧亚大陆交通更加畅通。大运河使中国与世界更加紧密地联系起来，形成了古代

唐朝张继名诗《枫桥夜泊》诞生地——枫桥及其周边（〔日〕岛崎役治摄于1929年，《亚细亚大观》第5辑）

中国与亚洲、欧洲等国家和地区间广泛的政治、经济、文化联系，促进了古代中国与世界的沟通与交流。

大运河不仅是中国的，也是世界的。古往今来，大运河始终承载着人们互联互通、拉近时空、共享资源的美好期待，人员、商品、文化、信息的流动打破了地域的藩篱，拉近了人心的距离，为不同文化、不同语言的平等交流与合作奠定了基础。时至今日，尽管大运河的经济功能已不如以往突出，但是大运河长期积累的文化价值仍然具有丰富的现代意义，大运河文化中蕴含的包容情怀和互联互通精神，仍然是国际社会共同的追求。

参考文献

[1]潘镛:《隋唐时期的运河和漕运》，三秦出版社1987年版。

[2]姜师立:《中国大运河文化的内涵、特征及分类研究》,《中国名城》2019年第2期。

[3]张秉政、李华锡:《隋唐大运河非物质文化遗产的三个特点》,《淮北师范大学学报(哲学社会科学版)》2019年第1期。

[4]白硕:《大运河沿岸非物质文化遗产现状、问题与对策》,《人口与社会》2018年第6期。

[5]林留根:《世界文化遗产中国大运河的考古阐释与文化解读》,《东南文化》2019年第1期。

[6]郑民德:《中国大运河的历史变迁、功能及价值》,《西部学刊》2014年第9期。

[7]谢光前、李道国:《大运河文化带建设的立场、原则及其治理体系构建》,《江南大学学报(人文社会科学版)》2018年第5期。

（张　莹　谭必勇）

蚕丝细软且悠长　织出万里商贸路

——丝绸之路：长安—天山廊道路网

“丝绸之路：长安—天山廊道路网”是丝绸之路的构成部分，也是横跨东亚和中亚的超大型文化线路遗产，其东西跨距达5000公里，是今中国、哈萨克斯坦、吉尔吉斯斯坦三国境内代表性历史文化遗存和环境景观要素的集合。“丝绸之路：长安—天山廊道路网”沿线包括中心城镇遗迹、商贸城市遗迹、交通遗迹、宗教遗迹和关联遗迹等5类代表性遗迹共33处，其中中国境内有22处遗迹，哈萨克斯坦、吉尔吉斯斯坦境内各有8处、3处遗迹。申报遗产区总面积426.80平方公里，遗产区和缓冲区总面积234.464平方公里。2014年6月22日，在卡塔尔多哈举行的第38届世界遗产大会上，中、哈、吉三国联合申报的古丝绸之路的

甘肃大方盘城与丝路古道（孙志军摄，《中国世界遗产影像志》）

东段——“丝绸之路：长安—天山廊道路网”成功入选世界文化遗产，成为首例跨国合作、成功申遗的项目。

一、申遗之路

丝绸之路跨国系列申遗项目历时久、涉及面广、内容复杂、要求高，是前所未有的开创性项目，历经了1998年至2005年的“酝酿”、2006年至2011年的“启动与推进”、2012年至2014年的“深入推进”三个阶段。中国和中亚有关国家为保护丝绸之路遗产和申报世界文化遗产开展了大量工作，付出了艰辛的劳动。

（一）酝酿阶段（1998—2005）

因关注到丝绸之路的文化遗产价值，1998年，联合国教科文组织启动了“对话之路：丝绸之路整体性研究”项目。从1998年至2005年间，丝路沿线国家和联合国教科文组织对丝绸之路进行了七次实地考察，并形成了较为专业的考察报告。项目进行过程中，联合国教科文组织以书面、视听等形式，为亚欧非人民普及丝绸之路相关知识，收集了数千幅来自不同地区的照片，在沿线国家、地区动员了数千名研究人员、艺术家、记者等参与其中，以促进经验交流，加强丝路沿线国家的人对丝绸之路各个方面的理解，奠定了多国联合申遗的基础。

吐鲁番高昌古城局部（郝沛摄，《中国世界遗产影像志》）

（二）启动与推进阶段（2006—2011）

2006年8月2日，联合国教科文组织世界遗产中心、中国国家文物局联合举办丝绸之路申报世界文化遗产国际协商会议，会上达成了“丝绸之路跨国申报世界遗产吐鲁番初步行动计划”，标志着丝绸之路跨国联合申报世界文化遗产工作正式启动。

丝绸之路遗产由于线路漫长、涉及国家多，从2007年4月起，经联合国教科文组织及沿途国家多次协商，至2011年底，世界遗产中心做出了重要调整，把原来五国一条线路分作两段，一段为中国、哈萨克斯坦、吉尔吉斯斯坦之间的跨国廊道，另一段为塔吉克斯坦和乌兹别克斯坦之间的跨国线路，将这两段线路分开申遗。这一共识达成后，中国国家文物局召开跨国系列申遗协商会，与哈萨克斯坦、吉尔吉斯斯坦签署了《丝绸之路跨国申遗工作备忘录》，标志着三国申遗工作的开启。

行走在塔克拉玛干沙漠的驼队（郝沛摄，《中国世界遗产影像志》）

（三）深入推进阶段（2012—2014）

调整计划确定后，中国、哈萨克斯坦和吉尔吉斯斯坦三国分别派出一名政府官员、考古专家和遗产专家，成立申遗工作组，进行各自国家遗产点的相关工作。最后，经各国政府批准，三国共确定33处遗产点（中国22处、哈萨克斯坦8处、吉尔吉斯斯坦3处）提交给世界遗产中心。2014年6月22日，在卡塔尔多哈举行的第38届世界遗产大会上，中、哈、吉三国联合申报的古丝绸之路的东段——“丝绸之路：长安—天山廊道路网”成功申报世界文化遗产，成为世界上首例跨国合作、成功申遗的项目。世界文化遗产委员会认为，此次申报的天山廊道路段在丝绸之路交通与交流体系中具有突出的特点。它形成于公元前2世纪，兴盛于公元6—14世纪，沿用至16世纪。它见证了公元前2世纪至公元16世纪期间亚欧大陆经济、文化、社会发展之间的交流。

上图：大雁塔（〔德〕恩斯特·伯施曼摄于1906—1909年）

下图：小雁塔（〔德〕恩斯特·伯施曼摄于1906—1909年）

二、丰富的遗产点

“丝绸之路：长安—天山廊道路网”在我国境内有22处考古遗址、古建筑等遗迹，其中河南省4处、陕西省7处、甘肃省5处、新疆维吾尔自治区6处，遗产区总面积为29825.69公顷，缓冲区总面积为176526.03公顷。

我国境内的22处遗产点分别是：河南省的汉魏洛阳城遗址、隋唐洛阳城定鼎门遗址、新安汉函谷关遗址、崤函古道石壕段遗址共4处，陕西省的汉长安城未央宫遗址、张骞墓、唐长安城大明宫遗址、大雁塔、小雁塔、兴教寺塔、彬县大佛寺石窟共7处，甘肃省的玉门关遗址、悬泉置遗址、麦积山石窟、炳灵寺石窟、锁阳城遗址共5处，新疆维吾尔自治区的高昌故城、交河故城、克孜尔尕哈烽燧、克孜尔石窟、苏巴什佛寺遗址、北庭故城遗址共6处。这22处遗产点，串而连之形成我国境内陆路丝绸之路的通道。自汉代以来，该通道在中西文化交流中发挥了重大作用。

三、历史意义与现实价值

丝绸之路是世界上路线最长、影响最大的文化线路和商贸通道，在张骞出使西域时便形成其基本干道。“丝绸之路：长安—天山廊道路网”连接了开拓丝绸之路的两大政权中心，即中国汉唐中心都城长安/洛阳及中亚七河流域地区，它是连接中国与欧洲的整个丝绸之路的一部分。

渭水渡河码头（〔德〕恩斯特·伯施曼摄于1906—1909年）

“丝绸之路：长安—天山廊道路网”最高处海拔达到7400米，最低处海拔为-154米，沿途有高山湖泊、大江大河、无垠沙漠、终年雪山等，从极端干旱地带跨越至半湿润地带。廊道中遗址所依存的环境多有鬼斧神工般奇特而壮观的地貌，有数千年的文字记录，为遗址提供了更宽广的背景。申遗成功的33处各类遗址，展现了许多已经消逝的古老民族的文化，也见证了中原农耕文明、草原游牧文明、西域绿洲文明的交流、冲突与融合。

丝绸之路将古代东亚、南亚、中亚、西亚和近东的社会连接起来，促进了世界一些重要文明的发展，是世界远距离交流的通道网络，为社会发展带来了深远的影响，具有重要的历史意义：其一，促进了亚欧大陆经济、文化、社会发展之间的交流，尤其是游牧文明与农耕文明之间的交流，促进了技术、艺术风格、语言、社会习俗与宗教信仰的交流与传播；其二，长途贸易推动了大型城镇的建设，促进了沿路城市的发展；其三，促进了宗教中心的发展。

“丝绸之路：长安—天山廊道路网”的成功申遗具有极大的现实意义。一是向世界复原了早在2000多年前就形成的这一促进全球经济发展的经济动脉形象，向世界展现出中国、哈萨克斯坦和吉尔吉斯斯坦三国丰富的文化遗产。二是进一步加强了中国和吉尔吉斯斯坦、哈萨克斯坦的文化交流，扩大了三国之间在文物保护方面的合作，密切了整个丝绸之路沿线国家乃至全世界之间的友好往来。三是极大增强了沿线国家保护人类遗产的力度，形成了一股以政府为主导的保护文物的强大力量，兴起了文化遗产保护的热潮，使古丝绸之路再现勃勃生机，进而促进当地旅游经济的发展。

如今，尽管世界各文明之间相互交往的内容和方式与古代相比有了质的变化，但不同文明间的交流与对话依然是全球化进程的必然趋势。丝绸之路仍然在为中国与世界各种文明之间的深入交往与互动交流提供着新的舞台，为当今世界的和平、发展、合作提供着可资借鉴的精神资源。

参考文献

[1]陈同滨:《丝绸之路跨国申遗：国际语境中的探索、创新与协作》,《世界遗产》2015年第5期。

[2]郭桂香、王征:《史无前例的文化遗产保护国家行动》,《中国文物报》2014年6月25日。

[3]郑汝可:《丝绸之路申遗文本负责人：中国是最重要推手》,《长江日报》2014年7月1日。

[4]中国世界遗产网，http://www.whcn.org/Detail.aspx?Id=1892，2019-09-29。

[5]邵振宇、曹铭婧:《从长安出发的世界文化遗产——丝绸之路：长安—天山廊道的路网》，李家骏、许楗主编:《人类文化遗产保护》第7辑，西安交通大学出版社2015年版。

（楚艳娜　谭必勇）

区域自治的先行　民族管理之借鉴

——土司遗址

13世纪至20世纪初，元、明、清中央政权在西南等少数民族聚居地区推行“土司制度”，朝廷委任当地首领担任“土司”，世袭统治当地人民。2015年7月4日，经在德国波恩举行的第39届世界遗产大会审议，由湖南永顺老司城遗址、湖北恩施唐崖土司城址、贵州遵义海龙屯遗址组成的“土司遗址”申遗项目，成功入选世界文化遗产。

湘西深山中的老司城祖师殿（中国世界遗产网）

世界遗产委员会认为，土司遗址反映了13世纪至20世纪初期古代中国在西南群山密布的多民族聚居地区推行的管理少数民族地区的政治制度。留存至今的土司城寨及官署建筑遗存曾是朝廷委任、世袭管理当地族群的首领“土司”的行政和生活中心，其中湖南永顺老司城遗址、湖北恩施唐崖土司城址、贵州遵义海龙屯是相对集中于湘鄂黔交界山区的代表性土司遗址，在选址特征、整体布局、功能类型、建筑形式、材料和工艺等方面，既展现出当地民族鲜明的文化特色，又在此基础上表现出尤为显著的土司统治权力象征、民族文化交流和国家认同等土司遗址特有的共性特征，是该历史时期土司制度管理智慧的代表性物证。

土司遗址系列遗产见证了古代中国作为统一多民族国家，在管理西南山地多民族聚居地区时呈现出的独特的“齐政修教，因俗而治”的管理智慧。这一管理智慧促进了民族地区的持续发展，有助于国家的长期统一，并在维护民族文化多样性传承方面具有突出的意义。

一、土司制度的发展演变

土司制度是元、明、清时期中央王朝在西南等少数民族聚居地区推行的一种特殊的管理制度。

土司制度形成于元代。作为特定历史阶段的政治制度，土司制度的产生有着特定的历史渊源。自秦汉时期以来，中国对少数民族聚居地区先后推行了秦代的“道”、两汉的“属国”和“边郡”、东晋南朝时期的“左郡”和“左县”以及唐宋时期的“羁縻”等行政建制和管理制度。这些制度均表现为在朝廷监管下，由朝廷委派各地方民族首领自主管理其辖地，“其道在于羁縻”，因此可统称其为“羁縻政策”。但在朝廷的监管力度、管理的制度化及规范化等方面，这些制度随时代推进呈现出越加严格、规范的特征。土司制度在前述“羁縻政策”的基础上，建立了规范的制度体系，对土司的官职及其辖地执行了更为严格的管控，是中国民族管理政策发展成熟的产物。

清代统治稳固后，虽于雍正时期实施了大规模的改土归流，但云南、贵州、广西、四川等地仍有部分地区继续施行土司制度，青海、西藏、甘肃等局部地区也开始推行土司制度，这些地区的土司城寨、衙署、庄园等得以继续营建和使用。

20世纪初，土司制度伴随中国封建时代的结束而终止，但在民国时期，尚有少量土司残存。

二、三大土司遗存的历史演变

现存土司遗址主要为明清时期的遗存。明代晚期以后，特别是清代初年大规模改土归流后，部分土司相关建筑伴随当地土司的消亡而废弃，以遗址状态保存。

（一）老司城遗址历史演变

老司城遗址位于湖南省永顺县灵溪镇司城村，是古溪州彭氏土司政权司治之地。永顺彭氏政权始于五代后梁开平四年（910），止于清雍正六年（1728）改土归流，历时818年，世袭28代，共有35位刺史或土司。其辖区大致以溪州地区为中心，随其势力的兴衰而历代有所不同。

老司城遗址博物馆（永顺老司城遗址管理处官网）

绍兴五年（1135），第十一世彭氏首领迁其治所于灵溪之福石郡，这是老司城建城的开端。老司城历经宋、元、明、清诸朝，历时589年，为土司时期溪州地区的政治、经济、军事、文化中心。

明朝进一步完善了土司制度。明洪武六年（1373），正式设立永顺宣慰司，第十六世首领彭天宝升为永顺等处军民宣慰使司。明中后期，江浙一带倭寇蜂起，永顺土司奉命抗倭，为中央王朝屡建战功。同时永顺土司积极履行朝贡、纳赋的义务，获得重赏。这一时期，永顺彭氏土司达到鼎盛，为老司城的大规模营造提供了基础。目前考古遗存的主要历史年代也在这一时期。

明末清初，永顺土司的势力进入衰落时期，老司城不再有大规模的营造活动。清雍正二年（1724），治所迁至颗砂城，老司城遭到废弃。雍正六年（1728），第三十五世首领永顺宣慰使彭景燧在其父彭肇槐的带领下献土归流，举族迁往江西吉安，置产安居。

（二）唐崖土司城址历史演变

覃氏乡民在湖北恩施武陵山区的活动由来已久，东汉时史书对此已有明确记载，至宋元时期，唐崖土司势力已经显赫。

明朝建立后，唐崖土司被封为“长官司”（六品）。洪武年间，唐崖土司随湖广土司叛乱被平，治所废毁，永乐四年（1406）复置。其后200余年间，唐崖土司稳步发展，政治、经济、文化各方面日臻成熟。其辖域范围包括了今天咸丰县的唐崖镇、活龙坪乡和邻近的部分地方，面积约为600平方公里。

明末，唐崖土司借征讨播州杨应龙、水西安邦彦、永宁奢氏等机会，适时扩张势力，于天启年间达到鼎盛。尔后，明末农民大起义，唐崖土司多次奉调征剿，并取得若干战功，受到朝廷的封赏。明崇祯年间，唐崖城三街十八巷、大衙门建筑群、大寺堂等主要建筑建成。

清初，由于先后参与了吴三桂和谭宏起义，唐崖土司势力遭到极大削弱。雍正四年（1726），清朝开始进行改土归流。迫于形势，唐崖土司于雍正十三年（1735）自请改流。延续了近400年的唐崖土司遂告结束，辖地并入新设的咸丰县，唐崖土司城遭到废弃。

（三）海龙屯遗址历史演变

自唐乾符三年（876），杨氏先祖杨端自四川南部入播州起，至明万历二十八年（1600），明王朝平定播州杨氏土司叛乱，废除播州土司为止，杨氏土司历时725年，世袭27代，共有30位土司。

海龙屯土司城始建于宋宝祐五年（1257）第十五世杨氏首领杨文在任时期。宋淳祐二年（1242），杨文向四川地方官员陈述“保蜀三策”。到宋宝祐五年（1257），杨文与南宋朝廷共建“龙岩新城”，又叫“龙岩屯”或“海龙屯”，作为整个南宋西南地区防御体系的一部分。

元至元十五年（1278），杨邦宪降元，置播州安抚司，开启了播州的土司统治。元明时期，播州宣慰司辖地较大，包括今贵州省遵义、桐梓、仁怀、绥阳、正安、湄潭、余庆、瓮安、福泉、黄平、凯里等地。

明洪武五年（1372），杨铿降明，仍受宣慰使职。明万历二十三年（1595）前后，杨应龙在多种因素下反叛朝廷，大规模重修始建于南宋的海龙屯，作为对抗朝廷的军事防御设施。今朝天关、飞龙关上尚存有万历二十三年、二十四年重建的

海龙屯东大门朝天关（中国世界遗产网）

题记。万历二十八年（1600），明军发动“平播之役”，在围攻海龙屯50余天后，于当年六月攻破海龙屯，杨应龙自缢，海龙屯毁于战火。万历二十九年（1601），播州土司改土归流，播州一分为二，设遵义军民府属四川、平越府属贵州。

三、三大土司遗址功能布局及特点

目前，全国有土司遗址100余处，其中以唐崖土司城、永顺老司城和海龙屯这三处遗址最具代表性，是西南地区推行土司制度有力的实物见证。

三处遗址之中的老司城和海龙屯的考古遗址及地上遗存，反映了当时最高级别的土司治所；唐崖土司城的牌坊、官署区、城墙、排水沟渠和土司墓葬群，反映了较低级别的土司治所。三处土司遗址都是典型的山地民族聚落，内部建筑包括吊脚楼、院楼、街道、城墙、寺庙等，都遵循“因地制宜，就地取材”的原则，木材、石材都是城址附近所产。如永顺老司城内部的街道以及城墙所用鹅卵石均取材于城边的灵溪河，海龙屯和唐崖土司城的城墙、关口所用石材均取材于附近山上的采石场。除了就地取材，这些建筑样式也包含了许多民族文化的元素，如永顺老司城祖师殿后的皇经阁是土家族吊脚楼的样式，海龙屯新王宫遗址带有黔北民间院落的特征。这些都体现了土司制度“因俗而治”的特点。

土司遗址还见证了中原文化在西南少数民族聚居地区的传播。唐崖土司城内有一座石牌坊，上面雕刻“荆南雄镇”“楚蜀屏翰”八个大字。这八个字是明朝天启年间，明熹宗为表彰土司覃鼎带领士兵平定叛乱有功所题，显示了中央王朝对土司的认同。

（一）老司城遗址

老司城遗址位于湖南省湘西土家族苗族自治州永顺县灵溪镇司城村，距县城19.5公里。这里是永顺彭氏土司历代中心司城所在地，是湖广地区土司体系中的最高职级机构——宣慰司的治所遗址。永顺宣慰使隶属彭氏家族，属民以土家族为主。

老司城遗址由老司城的山水环境、中心城址、外围遗迹构成，总面积25平方公里，核心区面积25万平方米，是目前国内规模最大、保存最完整、历史最悠久的古代土司城市遗址。

其中心城址依山傍水，位于合称为“三星山”的福石山、禄德山、寿德山之下，称为“三星拱聚”，后有四面山脊为屏障，前有灵溪河为隍壕。城内沿河而下分布着宫殿区、衙署区、居民区、教育区、墓葬区和宗教区、作坊区等功能区，布局合理，建筑精巧，功能完善，古建筑保存完好。

宫殿区位于城北高处，枕山临水，俯瞰着其下的居民区。整个宫殿群由高大的城墙围成椭圆形，建筑面积达14000平方

俯瞰老司城遗址（永顺老司城遗址管理处官网）

米，融土家族传统建筑特色与汉族建筑特色于一体，既有因地形而建造的富有民族特色的干栏式吊脚楼，又有讲究地基选址、源于汉族地区的青砖黑瓦封火墙。宫殿外围墙体用本地赤沙涂为红色，格外醒目。居民区内有正街、新街、河街、五铜街、紫金街、左街、右街、鱼肚街、半坡街九条大街，主要大街都通向宫殿区的正门大西门，显示出土司在当地的崇高地位。各街又被众多巷道相连，以宫殿区、衙署区为核心，形成蛛网状向外蔓延。城外则被东北—西南—东南流向的灵溪河围绕，形成一个半岛状，具有天然的军事防御功能。

老司城中心城址是中国西南山水城市的优秀典范。各个区域既相对独立，又通过街巷、道路和河流彼此串联，随形就势，构成了布局合理、功能完善、景色宜人的山地城市。城址中的彭氏宗祠、玉皇阁、文昌阁、“子孙永享”牌坊等古建筑保存完好，古城墙、古街道、排水沟渠、土司墓葬群等仍然可见。

老司城外围遗址主要以城址为中心，沿灵溪河分布，共有23处，包括庄园遗址、军事遗址、宗教建筑遗址，以及连接这些遗址的古道。这些外围遗址连同山水环境，烘托着中心城址，体现了政治与军事、人文与自然的和谐统一。

（二）唐崖土司城址

唐崖土司城址位于湖北省恩施土家族苗族自治州咸丰县唐崖镇唐崖司村。自元至正六年（1346）覃氏始祖被封为安抚司，一直到清雍正十三年（1735）被废除，唐崖土司历经16代389年的司城就设在这里。

城址西倚玄武山，东临唐崖河，东西长1200余米，南北宽600余米，总面积约0.75平方公里。地势西高东低，沿东西向的中轴线依地形对称分布。城址从外到内分为三重，分别为外城、内城和宫城。城内功能分区比较明显；街巷纵横，既构成完备的交通网络，又是城内各区和各个院落的边界标志，形成了“三街十八巷三十六院落”的总体格局。内有帅府、官言堂、书院、钱库、左右营房、跑马场、花园和万兽园等。在土司城内外还修建有大寺堂、桓侯庙、玄武庙等寺院。这些建筑遗存的主要修建年代为明代中后期至清初，气势庞大，弥足珍贵。

（三）海龙屯遗址

海龙屯遗址位于贵州省遵义市汇川区及红花岗区。遵义古称播州，是唐末至明末杨氏土司统治的中心区域，留下了丰富的土司文化遗存。海龙屯土司遗址包括杨氏土司遗产的核心组成部分，即海龙屯遗址、养马城遗址及杨氏土司墓群。

海龙屯遗址是播州杨氏土司的夏季治所和战时军事中心。遗址的中心城址海龙屯雄踞于巍峨的大娄山脉东支的龙岩山上，地势险要，早在宋代杨氏土司就在这里修建堡寨，至明代晚期已经是一座规模宏大、防御体系完备的山城。遗址所在山峰相对高度约350米，三面环水，一面衔山，地势险要，如今周长约6公里的环屯城墙尚存。屯顶平阔，屯内遗有“老王宫”和“新王宫”两组重要建筑基址，以及金银库、四角亭、采石场、校场坝、环屯马道和敌楼等遗迹。

养马城遗址位于海龙屯东约5000米的高坪镇大桥村、海龙囤村两个养马组的山头上，总面积约2平方公里。城址规模宏大，城墙周长约6000米，残高3—6米。该城地势相对平旷，与海龙屯形成了山下城与山上城互为补充的关系。

播州杨氏土司墓地已发现5处，墓主人资料确切可考的有杨氏土司及其夫人墓葬7座，其中尤以坪桥村杨粲墓和鸣庄村杨氏土司墓群最具代表性。南宋播州第十三代杨氏土司杨粲夫妇合葬墓，也是目前我国西南地区发现的规模最大的宋代石室墓。

海龙屯土司遗址是中央王朝与边疆地方势力关系的一个缩影，是明末著名战争“平播之役”的主战场。其建筑防御理念，影响到南宋山城防御体系的建立。

四、土司遗址的主要价值

土司遗址是中国古代中央王朝统治西南少数民族区域所采取的独特的政治制度——土司制度下的产物。作为一种特殊政治制度的产物和典型代表，这三处土司遗址不仅反映了土司制度的发展历史，更是中国古代政治制度下中央与地方两大基本关系的直接反映。当地民族风俗与中央官制特征的有机结合，反映了不同价值观的融合，见证了中国古代王朝的行政管理方式。

土司遗址的城市规划和建筑设计顺应自然山水和地形地貌，其建筑兼有汉族文化风格和西南少数民族文化特色，展现了汉族和土家族、仡佬族等少数民族的族群互动和文化交流。根据联合国教科文组织和世界遗产委员会规定，世界文化遗产的评定标准有6条，提名项目至少要符合其中一条。土司遗址符合其中的第三条和第四条，即“能为一种已消逝的文明或文化传统提供一种独特的至少是特殊的见证”和“是一种建筑、建筑整体、技术整体及景观的杰出范例，展示人类历史上一个或几个重要阶段”。国际业内专家进行现场考察后认为，土司遗址的系列遗存有历史时空、社会背景、文化内涵、物质遗存属性，完全符合列入《世界遗产名录》的标准。

三处土司遗址还具有良好的完整性与真实性，遗产在功能、形式和布局、建筑材料和风格、地点及环境等方面都保留了真实的遗存风貌。由于老司城遗址遗产区内仍有土家族族群居住，因此这一遗产地在精神和传统层面具有较高的真实性。

土司遗址作为具有区域政治中心和军事防御堡垒双重作用的典型山城遗址，是西南地区古代族群为了维持安全与稳定而建设的山地建筑典范。山城的建设者充分利用地形地貌，人工建筑与自然地物相得益彰，构成了完整的山地军事防御体系，充分反映了民族文化与生态环境的完美融合，成为古代山地城市和建筑的典范。

参考文献

[1]孙华:《土司遗址》,《世界遗产》2014年第Z1期。

[2]郗玉松:《论土司制度、土司文化和土司遗产的价值》,《昆明学院学报》2019年第2期。

[3]罗维庆:《土司文化的形态及多样性传承——以永顺老司城为例》,《三峡论坛》2017年第6期。

（张　卡）

弹丸小岛大社区　中外交流汇集地

——厦门鼓浪屿

鼓浪屿位于厦门市的九龙江入海口，是一座面积仅1.84平方公里的海岛，与厦门市区隔着600余米宽的鹭江遥遥相望。随着1843年厦门开埠和1903年鼓浪屿公共地界的确立，这个位于清帝国东南部海疆的小岛，突变为一扇中外交流的重要窗口，见证了清王朝晚期的中国在全球化浪潮冲击下，步入近代化的曲折历程。在特殊的管理模式作用下，通过闽南本土居民、外来多国侨民和返乡华侨群体的共同营建，鼓浪屿发展成了具有突出文化多样性和近代化生活品质的国际社区，成为19世纪中叶到20世纪中叶体现现代人居环境理念的独特范例。

2017年7月，在波兰克拉科夫举行的第41届联合国教科文组织世界遗产委员会会议（世界遗产大会）上，厦门鼓浪屿获准列入《世界遗产名录》。至此，中国已拥有52处世界遗产。

国际古迹遗址理事会认为，鼓浪屿展现了亚洲全球化早期多种价值观的碰撞、互动和融合，其建筑特色与风格体现了中国、东南亚及欧洲在建筑、传统和文化价值观上的交融。这种交融的产生得益于岛上居住的外国人和归国华侨的多元性，并因此形成一种全新的建筑风格——厦门装饰风格。这一风格不仅在鼓浪屿发展，还影响到东南亚沿海及更远地区。

一、鼓浪屿的历史沿革

鼓浪屿在宋元时期称圆沙洲，明代因岛上的一块巨石被海潮冲刷出一个岩洞，海浪扑打时发出擂鼓之声，由此得名“鼓浪屿”。

宋代始有人到岛上捕鱼晒网，繁衍生息。元代厦门设千户所，在鼓浪屿派兵驻守。明代在鼓浪屿设立汛口并建有墩台，嘉靖时曾有兵将在此抗击倭寇；明末郑成功在鼓浪屿训练水军，建有“龙头寨”，至今寨门尚存。清代初期设鼓浪屿澳，成为厦门五大澳之一，并设澳甲在此管理商船、渔船和渡船；康熙二十三年（1684），在厦门设立闽海关正口，在鼓浪屿设立青单小口，由此鼓浪屿得到较快发展，始见繁荣景象。

鸦片战争时期，清军曾在岛上设炮台。1841年8月，英军强占鼓浪屿，前后达5年之久。1842年《南京条约》签订后，厦门被迫成为对外开放的通商口岸，西方人开始占据鼓浪屿作为居留地。从此，西方文化通过多种渠道在这里传播，相继在岛上设立了各种政治、经济、文化机构，如领事馆、海关税务司、洋行、教堂、教会学校及医院等，建立了一批西式或殖民地式的建筑。1843年11月，英国在鼓浪屿首先设立“领事事务所”，首任领事就是侵略厦门的英国海军舰长。接着，德国、美国、法国、日本、荷兰、西班牙、奥地利、比利时、丹麦、挪威、葡萄牙、瑞典等10余个国家竞相在岛上设立领事馆。1895年签订的《马关条约》将台湾割让给日本，一批台湾望族避居鼓浪屿，在此建造住所。

1903年，鼓浪屿被辟为“公共地界”，也称“万国租界”，设立了以洋人为主的工部局作为岛上的行政管理机构，形成国际化的居住社区。同时，鼓浪屿吸纳了大批闽台富商、南洋华侨等中外社会精英来此居住生活，中西文化在此广泛融合，兴建了一大批文教、医疗、金融、体育、市政道路等公共设施。

1941年太平洋战争爆发后，鼓浪屿进入日本独占时期，多元文化交流就

鼓浪屿内厝澳码头（李振平摄）

此中断，直至1945年日本战败、第二次世界大战结束，中国政府收回鼓浪屿，这里的文化、经济才得以复苏。1949年10月，鼓浪屿解放，随后成为厦门市鼓浪屿区，岛上的自然和人文环境受到较好的保护。

二、文化多样性的历史社区

在19世纪中叶至20世纪中叶的百年历史中，鼓浪屿以其特殊的地理位置和社会、政治、文化环境，成为当时较少受动荡时局影响的安全岛，并发展成中西文化相互交融的近代居住社区。至今遗留下的931组历史建筑、自然景观、历史道路、历史花园等，构成了一个复合的历史社区。其中以西式建筑风格为主，并融合闽南乡土建筑技艺和工艺特点的51组近代建筑最为突出。它们大致可分为：公共管理设施、领事馆旧址、金融商贸建筑、宗教活动场所和文教、卫生、娱乐单位以及大量别墅、花园等住宅建筑。

在鼓浪屿，主要的历史道路有四条，分别为日光岩、岩仔脚环线道路，笔架山环线道路，鹿耳礁环线道路和至东南海滨放射道路。另外，在鼓浪屿还有升旗山、日光岩、鸡母山、浪荡山、英雄山、笔架山、燕尾山等自然景观和日光岩寺、延平文化遗址（国姓井，龙头山寨遗迹等）、《重兴鼓浪屿三和宫记》摩崖题记等历史遗迹。

鼓浪屿，海岸曲折逶迤，岩石起伏有致，各式建筑错落点缀，享有“海上花园”“钢琴之岛”“万国建筑博览馆”“中国最美城区”等诸多美誉。郑成功、李叔同、鲁迅、林语堂、林巧稚等众多文化名人在此留下身影。这些保留至今的中西建筑恰恰赋予了鼓浪屿中西文化交汇、自然景观与人文景观交融的深厚内涵。

（一）闽南传统建筑古朴精致

早期鼓浪屿岛逐渐形成了以闽南文化为主的本土传统文化。在历史文献中，关于早期鼓浪屿的发展状况，《读史方舆纪要》有如下记载：“鼓浪屿及夹屿，旧皆有民居。洪武二十年（1387），悉迁入内地，成化（1465—1487）以后，恢复旧土。”

虽然19世纪中期的内厝澳聚落经历焚毁，已经难寻原生居住形态的遗存，但明清时期鼓浪屿的建设情况仍可通过日光岩下东北区域保留的岩仔脚民居得以了解。四落大厝、大夫第、黄氏小宗等闽南传统红砖厝院落及祭祀建筑，至今仍旧古朴精致。这些民居遗存展示了中国古代社会中受儒家士大夫文化影响的居住伦理与耕读传家的生活形态，以及鼓浪屿早期闽南传统文化的深厚底蕴。而从分布在岛上不同区位的《重兴鼓浪屿三和宫记》摩崖题记、种德宫和日光岩寺等早期文化遗存来看，这些始于明代的宗教遗迹，从另一个侧面反映出当时岛上居民的生活状况。

（二）西方建筑大量建设

鼓浪屿岛独特的沿海地理位置与海岛特性，使它较早地通过海上贸易，与海外特别是东南亚地区及日本建立起紧密的联系。

明景泰到天启年间（1450—1627），位于九龙江入海口的漳州月港一度非常繁荣，它与47个国家和地区有直接贸易往来。月港的兴起与繁盛，直接促进了位于月港出海必经之路的鼓浪屿与海外的联系。16世纪初，欧洲殖民者开始进入东南亚大陆和附近的岛屿，同时厦门逐渐取代月港成为闽南海上贸易门户。明正德十一年（1516），葡萄牙人在厦门港外的浯屿与当地商贩进行私下交易，由此开启了西方国家与厦门之间的海上贸易。到17世纪初，厦门岛、鼓浪屿就被明确地标示在西方人的航海图上。至今留存在田尾的18世纪欧洲海商的墓碑，成为西方国家与中国东南沿海地区文化交流的历史见证。

1843年，依据中英《南京条约》，厦门开埠。由于鼓浪屿与厦门港隔海相望，风景秀丽，西方人陆续进入鼓浪屿，推动了鼓浪屿社会与文化的第一次发展变迁。他们通过建设住宅、公共建筑及基础设施，传播宗教，创办文化教育、医疗机构，开展体育等娱乐活动，推动商业贸易等手段，将外来文化传播到鼓浪屿这个小岛上。西方传教士以此为基地，向闽南及更广阔的内地传播基督教及西方文化；外商以此为基地，通过厦门港从事中外贸易。岛上建起了许多领事馆、商贸洋行、货栈以及洋行公馆、职员宿舍。西方传教士也纷纷在此建设教士住宅、教堂、礼拜堂，推动教会学校与公共医疗卫生设施的建设，并利用这些事业推动宗教的传播。与此同时，体育设施、俱乐部等文化娱乐设施，以及道路、墓地、码头等基础设施的建设也发展起来。鼓浪屿上的外国人社区逐渐形成，并与本土原住民分区而居。外国人的建筑和设施建设，极大地改变了鼓浪屿的面貌，使这座小岛成为当时中国东南沿海区域容纳多国居民与各地文化最密集、最具代表性的地理单元之一。

鼓浪屿上的外国人居住规模不断扩大，社区公共卫生事业建设所需人力和资金的压力也越来越大。1878年，英、德两国领事组织成立“鼓浪屿道路墓地基金委员会”，以征收各种税款的办法筹款，建设和维护鼓浪屿的道路和墓地。鼓浪屿在这一时期基本形成了环布整岛的重要道路框架，建成了环绕日光岩和岩仔脚的环线道路、环绕笔架山的道路、环绕鹿耳礁的道路，以及由这些环线至岛屿东、南海滨的放射道路。在这些道路的基础上，随后增加了划分小块街区的联系性道路，初步形成了田尾路、鹿礁路、福建路、三明路片区这几个主要的西方人居住区，并与位于内厝澳与岩仔脚的华人聚居区共存。

这一时期西方人多采用东南亚殖民地及中国沿海开埠城市常见的殖民地外廊样式建房，建筑相对独立，分布较为分散，选址喜欢山岩、断崖上或海岸边这些景观位置较好的区域。西方人居住的片区之间，往往穿插着成片的本地原住民的传统民居及他们的田地，中外建筑在空间布局和风格形态上呈现出鲜明的对比。

爬满凌霄花的鼓浪屿建筑（李振平摄）

（三）中西多元文化交汇融合

1902年，与鼓浪屿相关的中外各方利益集团促成签订了《厦门鼓浪屿公共地界章程》。1903年，鼓浪屿工部局正式成立，建立了由鼓浪屿驻岛各国侨民与中国人代表共同参与管理的公共社区管理体制。

从1903年鼓浪屿工部局正式成立至1941年太平洋战争爆发之间的这一阶段，被称为鼓浪屿的工部局时期，是鼓浪屿多元文化碰撞、交流、融合与互鉴最为广泛而深入的时期，也是鼓浪屿社区建设发展完善并达到巅峰的时期。在此期间的建设成果，构成了目前岛上社区文化遗产的主体部分。

这一阶段，鼓浪屿的社会生活和城市建设，由西方人主导向还乡华侨主导的模式转变。尤其是19世纪20年代至30年代，受世界性经济危机的波及，东南亚社会经济遭受重创，东南亚的闽南移民纷纷入住鼓浪屿，更使鼓浪屿的近代化历程进入一个黄金时期。鼓浪屿工部局时期，华人人口数量急剧增多，远远超过外国人数量。1911年，鼓浪屿的人口增加到大约12000人，其中外国居民大约300人；到1930年，鼓浪屿的外籍人口为567人（其中日本369人），但中国居民已达20465人。

华侨的回归定居，极大地促进了鼓浪屿甚至厦门地区的经济发展，为城镇建设提供了充足的资金支持。他们将投资建设社区公共事业、提升居住与生活环境的质量，作为追求文化进步与生活近代化的物质手段。同时，华人自己组织成立的社会团体也在当地发挥出巨大的影响和作用，其中包括“华人纳税者会”（1924）、“华民公会”（1925）、“华人议事会”（1928），以及华人宗教团体、工会和诸如婢女救拔团等社会进步组织。

在这种形势下，鼓浪屿社区空间不断扩展，社区格局逐步改观，华洋社区的边界被彻底打破。这一时期，岛上还建设了完备的社区公共管理机构和服务设施，包括各国领事馆、各企业的驻岛机构，以及代表不同文化特色的宗教建筑，也包括电话通信、电灯电力、自来水设施等基础设施的建设。此外，华人华侨在社会文化建设方面也积极投入，不仅投资兴学、创办医院，还开辟建设了延平公园、延平戏院等公共文化设施。岛屿上的山地逐渐绿化，具有景观意义的山岩与礁石也得到了保护。

大量由华侨主导建设的建筑，在融合中西文化的基础上，形成了独特的华侨建筑风格，其中具有突出特征的厦门装饰风格建筑不仅限于鼓浪屿，还传播到厦门、漳州、泉州地区。

近代化的医疗卫生体系与教育体系的形成，是鼓浪屿的居民生活水准的重要保证。由于早期西方传教士传教的需要和之后华人华侨对新学的倡导，鼓浪屿在当时就形成了较为完整的近代化教育体系，涵盖了从学前教育、小学、中学到职业教育等各个领域。

富于特色的建筑、公共设施、城市街区，展现了当时中西方多元文化融合、交流、发展的国际社区形态。到20世纪30年代，在鼓浪屿这座小岛上，形成了当时中国社区设施最为完善、文化生活最为多元丰富的近代国际社区，并以其高品质的生活环境闻名于世。鼓浪屿的这些社区设施和相关的物质遗产也以较高的真实性和完整性保留至今，成为当时社会生活状况的见证。

三、鼓浪屿的突出价值

鼓浪屿的城市聚落形态和建筑结构，保持了其独特布局和风格特征，其原始位置和自然景观，保留了作为理想居所的环境特征，能提供广泛的公共服务。鼓浪屿的城市结构依然受到原有法律条文的保护，这些法律于1903年国际社区初建之时颁布，至今依然有效。岛屿的各种空间环境，无论是自然环境还是建筑环境，诸如道路连接和视觉关系等，均保留了它们原有的关联和关系。

鼓浪屿历史景观的完整性也得以保留传承。建筑物与周边环境的历史关系促进了整体景观的完整性，包括受到保护的海礁、山岩等自然景观，以及既有附属庭院又有独立私家花园的历史花园，为建筑结构和岛屿自然环境融为和谐整体奠定了基础。而且，该岛从未通过轮渡以外的其他交通基础设施与厦门相连，确保了岛屿的持续完整性。

雨中的鼓浪屿街巷（李振平摄）

与其他世界遗产相比，鼓浪屿虽然很“年轻”，但它体现了中国文化包容、合作和与时俱进的精神。联合国教科文组织世界遗产委员会对鼓浪屿这处活态文化遗产的突出普遍价值给予了高度评价：鼓浪屿展现出独特的建筑特色和风格，以及中国、东南亚和欧洲在建筑、文化价值与传统上的交流，它们经由定居在岛上的外来侨民或还乡华侨传播而来。这一国际社区不仅反映出定居者受到不同程度的本土化影响，同时也融合产生出一种新的混合风格，即所谓的厦门装饰风格，它诞生于鼓浪屿，并对东南亚沿海地区及更远地区产生了较为深远的影响。在这方面，鼓浪屿国际社区成为亚洲全球化早期阶段不同价值观碰撞、交流和融合的集中体现。鼓浪屿是厦门装饰风格的发源地和杰出范例，在此基础上，厦门装饰风格反映出传统建筑类型向新型建筑模式的转变过程，对后来东南亚的建筑风格具有一定的借鉴意义，在更广阔的区域内产生了深远影响。

鼓浪屿作为文化融合的独特例证，是多年来多元文化交流融合的产物，清晰地反映了几十年间不断融合多元文化元素所形成的有机城市结构。其中，诞生于鼓浪屿的一种新型建筑风格——厦门装饰风格，是最为独特的受多种风格影响和融合的历史见证。

参考文献

[1]谢惠雅：《鼓浪屿八卦楼的建造历史及建筑特点》，《文物春秋》2013年第2期。

[2]彭佳：《浅析鼓浪屿世界文化遗产的突出普遍价值》，《度假旅游》2019年第1期。

[3]龚洁：《鼓浪屿建筑丛谈》，鹭江出版社1997年版。

（张　卡）

文明圣地冠九州　实至名归入世遗

——良渚古城

在中国，流传至今的文化内容丰富、底蕴深厚的遗产地数量众多，其中价值重大、意义突出的被陆续列为国家重点文物保护单位，截止到2019年，已有5058处之多。联合国教科文组织经过严格审查，将各国家（地区）文化遗产中最优秀、影响最大的，公布为世界文化遗产单位。自这一制度建立以来，中国著名的文化遗产地，仅地下埋藏的，如周口店“北京人”遗址、河南安阳殷墟、陕西秦始皇陵及兵马俑坑、明清皇家陵寝等已陆续进入世界文化遗产行列。2019年，作为新石器时代史前文化遗址，浙江省余杭区良渚古城遗址成功进入世界文化遗产名录。这处文化内涵丰富、影响巨大的文明圣地成为世界优秀文化遗产，可谓实至名归。

良渚古城是良渚文化的命名地，是最具代表性的地点。它位于浙江省杭州市以北约18公里处，坐落在东西约20公里、南北约40公里、面积约100平方公里的“C”形盆地中部，北、西、南三面环山，其间大小河流纵横，常年水量充沛，为人们的农、林、牧、渔等生产活动提供了良好的环境。这里是太湖文化圈的重要组成部分，在公元前5000年到前2000年间，先后经历了马家浜文化（公元前5000年至前4000年）、崧泽文化（公元前4000年至前3300年），然后进入良渚文化（公元前3300年至前2300年），即良渚古城的建造和使用阶段。

一、从良渚遗址到良渚古城的认识过程

追溯对良渚遗址、良渚文化、良渚古城的认识过程，首先要提及的便是1936年施昕更先生在良渚镇的调查和发掘。当时他在这一区域发现了十几处以黑陶为主要文化特征的地点，并进行了小面积发掘。1938年，他负责整理出版的报告就定名为《良渚（杭县第二区黑陶文化遗址初步报告）》。这是中国早期考古学著述成果之一，第一次把良渚黑陶引入考古学领域。后因战事原因，良渚一带考古工作中断，直到1949年中华人民共和国成立后才得以继续。

中华人民共和国成立后，迎来了考古事业的新时代。为配合国家经济建设的需要，考古调查工作（也有部分发掘）在全国全面展开，由此发现了大量的古遗址点，在此基础上，考古工作者又进行了文化序列归属的梳理研究。1959年12月，经过对良渚黑陶的研究，中国著名考古学家夏鼐先生提出了对良渚文化命名的见解（参见夏鼐：《长江流域考古问题——1959年12月26日在长办文物考古队队长会议上的发言》，《考古》1960年第2期），由此"良渚文化"被视为一个独立的考古学文化体，成为中国新石器时代考古研究的课题。这一见解是良渚文化研究历程的阶段性标志，推动了日后对良渚文化的深入探索。

进入20世纪七八十年代，在江苏、浙江、上海地区，陆续发现了属于良渚文化的重要遗迹，特别是在靠近良渚遗址的瑶山、反山，大型的贵族墓葬（墓地）和祭祀遗迹的发现，把考古学家的目光又引向良渚遗址。自20世纪80年代后期以来，考古人员对良渚遗址的勘察、发掘工作持续进行。经过艰辛的努力和不懈探索，"中华第一城"的神秘面纱逐渐被揭开，见证中华五千余年历史的良渚古城又重见天日，焕发出耀眼的光辉。

二、良渚古城的基本概况

良渚古城处于“C”形盆地中央，周围分布有大小300多个良渚文化遗址点，其布局就像众星拱月。古城址规模庞大，布局严谨有序，气势恢宏。这座南北长1800—1900米、东西长1500—1700米，面积近300万平方米的古城址，四周围绕底部宽达60米的城墙，四面城墙处分布8座水门和1座陆门，并有多个码头。城内外有纵横交错的水道，城内中央有巨大的夯筑基座，基座上又筑有3个宫殿台基，其上有排列有序的宫殿，宫殿旁有开阔的广场。在城内大型台基两侧及城外西北、东北处，有多组良渚大墓和祭祀遗址，从中勘探和发掘出土了大量的文物，包括玉器、石器、漆器、陶器、骨器及木舟、筏、桨和支护木构件，其中不乏文物精品。

（一）城墙、城门和水道

良渚古城的城墙总长约6000米，墙宽在20—150米之间，较宽处向外或向内突出部分，类似后世城墙的马面。城墙的构筑方式是在规划好的城墙沿线上（城门处除外），底部先铺一层石块，垫石一般宽40—60米，马面处宽达百余米，厚约30厘米；然后分段逐层用黄色黏土垒筑墙体。现多数墙体已被毁坏，保存最高处约4米，想必城墙建造时墙高都在4米以上。四面城墙每面有2座水门，共8座。水门一般宽30—60米，只有西面水门

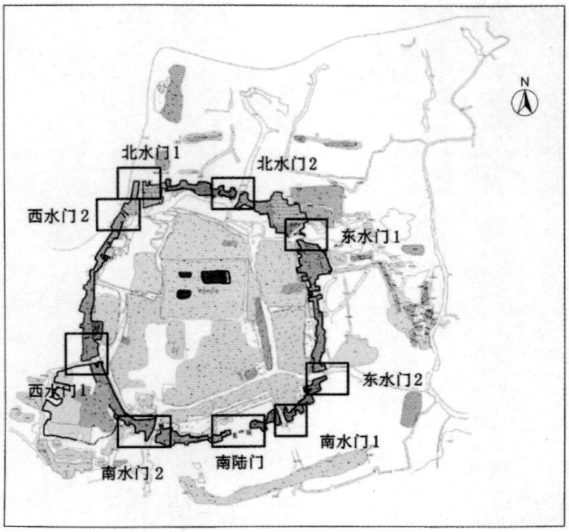

良渚古城水、陆门位置示意图（《良渚古城综合研究报告》）

稍窄，一座宽10米，另一座宽20米。南城墙中部地势较高，借势在南墙中部建起1座陆门。水、陆门和城墙构成了良渚古城的外围框架。由于古城地区水量充沛，在城墙（包括城门）内外，利用古河道并经人工开挖贯通，形成了2条环绕城墙内外的河道，城内各高地之间也开挖出河道，供水上通行。在城内共发现大小河道（渠）51条，相互纵横贯通，城外也有多条河渠通向外围的河流或水洼地，这样就形成了一个复杂而有序的水道体系。

（二）大型台基与宫殿

良渚古城的主要设施是位于城内中心部位的大型台基。台形基座四周边缘齐整，呈下大上小的覆斗形，底部长630米，宽450米；顶部长590米，宽415米，面积约30万平方米。因原地势高低不同，台基筑土高度也不同，高处加筑2—6米，低处则10—12米。在这个规模庞大的台基上，又在东北、西北和西南分别堆筑了3处宫殿区，依次叫大莫角山宫殿区、小莫角山宫殿区和乌龟山宫殿区。大莫角山宫殿区长175米，宽88米，高约6米，面积15000平方米，四周挖有宽4—5米、深1.5米的围沟；小莫角山宫殿区长90米，宽40米，高约6米；乌龟山宫殿区长130米，存宽67米，高约7米。台基的东南部是一处面积约3万平方米的沙土场地，清理时其上有大片的木构平面。

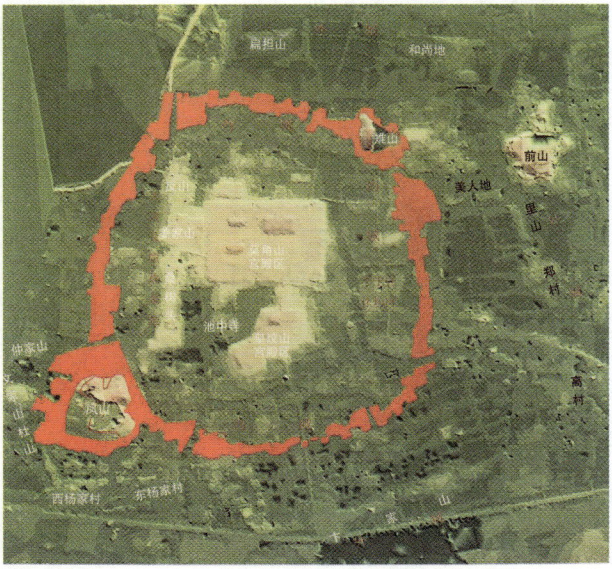

良渚古城城内功能分区情况（《良渚古城综合研究报告》）

在3处宫殿区内，考古人员发现了规模宏大的宫殿基址。在大莫角山宫殿区，清理出南北二列、排列整齐的宫殿基址7座，单座面积在300—900平方米之间；在小莫角山宫殿区，发掘出宫殿基址4座；乌龟山顶部因后世破坏未发现大型宫殿基址。另外，在宫殿区周边还发现了面积较小的房址24座，它们可能是宫殿主人的服务人员或警卫人员的住所。

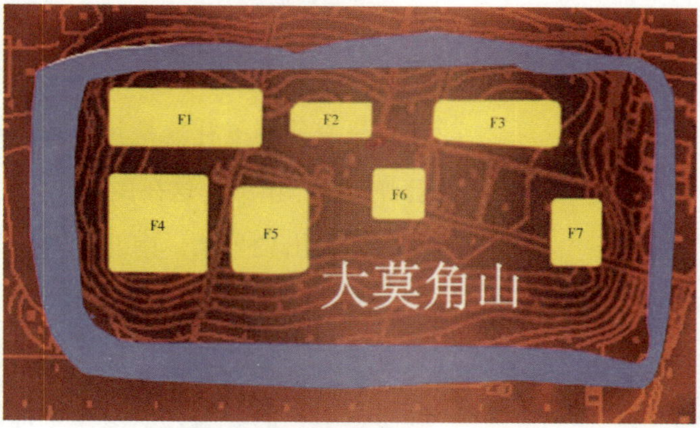

大莫角山顶部的房屋台基分布平面图（《良渚古城综合研究报告》）

在大型台基面上，还清理出纵横的沟渠45条、土埂48条，台基边缘还筑有底部填充石、沙的排水盲沟。

由此可知，良渚古城内的中心部位是古城核心区，核心区里有人工筑起的高大土台基座，上面又规划了3处宫殿区，并有大面积广场，其间通行道路、水系布置有序。

（三）祭坛和贵族墓地

在良渚古城内外发现的祭坛和贵族墓地，都是古城布局和文化内涵的重要遗存，是统一规划的产物。这类遗迹分布在城内大型台基两侧、城外西北约2千米的汇观山、城外东北约5千米的瑶山，地点大都选在高地并经过人为加工修建。

在城内大型台基两侧，原来有大小不等的高地，由北而南分别是反山、姜家山和桑树头，它们与大型台基隔河为邻，经人工筑成高地。这里是良渚文化的一处贵族墓地，经考古勘探和发掘，在反山发现分为两列的良渚大墓11座，在姜家山集中区发现排列有序的大墓14座。它们均为北偏东方向，规模大多为长3—4

米、宽2米上下，都有葬具，其中有的木质棺椁齐全。随葬品种类多、数量大，以制作精美的玉器为主，还有陶器、漆器和骨器等。普遍使用玉礼器是其显著特点。其他随葬品数量相对较少，但普遍制作精细。这在良渚文化时期是最高规格的大墓。

如反山12号墓，南北长310厘米，东西宽165厘米，有葬具，出土玉器、石器、漆器、陶器共170件，仅玉器就有158件，种类有冠状饰、三叉形器、半圆形饰、镯形器、琮、钺、“权杖”、锥形器、璧、柄形饰，以及作串饰的管、珠；石器有钺5件；漆器有嵌玉片杯、觚共2件；陶器有鼎、豆、罐、缸组合。反山23号墓，南北长390厘米，东西宽195厘米，也有葬具，随葬器物210件（套），随葬品类与12号墓大致相同，是共同的埋葬习俗所致。

反山12号墓（《良渚古城综合研究报告》）

另外，地处城外的瑶山和汇观山墓葬，不是单纯的贵族墓地，而是墓葬（墓地）建在了一种时间更早的特殊遗迹上，它们虽同属良渚文化，但明显的是墓葬挖建在废弃了的这种特殊遗迹上。

瑶山是一座海拔35米的山丘，在山顶处人们修建了一座正南北方向的用石块垒砌包边的长方形土台，南北长约40米，东西宽19米，高度至少有1米。在土台的西部中央，有一东西长9米、南北宽11米的灰土方框，发掘者推断它具有观象测年的作用，当它废弃后，又被作为贵族墓地使用。在这里共清理出了两排13座良渚文化大墓，其埋葬习俗与城内墓地基本相同。据统计，这13座大墓共出土各种随葬品754件套2660件，其中玉器678件套2582件，其他则为石器、陶器。

汇观山是一座海拔22米的小山包，顶部修筑有二层台阶，呈长方形覆斗状，在顶面偏西处，用挖沟填筑的方式，做出了一个“回”字形灰土方框，与瑶山的灰土方框方向一致。在这里发现了4座大墓，其规格、习俗与上述墓地基本相同，只是随葬品中的单种器类数量较多，如4座墓的54件石器全是钺，其中仅4号墓就出土石钺48件，因为钺是一种代表指挥权的兵器，据此推测墓主人应该是一位军事首领。

对瑶山和汇观山上灰土方框的性质、功能，学者经过两年的观察和细致的研究，得出值得重视的结论。两处灰土方框方向一致，四个角的方向度数也一致，每到冬至日，日出方向正好与方框东南角所指方位一致，为135度；日落方向与方框西南角所指方位一致，为225度。每到夏至日，日出方向与方框东北角所指方向一致，为45度；日落方向与方框西北角所指方向一致，为315度。春分、秋分的太阳恰好从方框正东升起，方向为90度；从正西降落，方向为270度。所以这种灰土方框应是观测天象的观象台，如果把灰土方框平移，就不会有此结果。这实在是了不起的发现。这里是否还有对月亮或其他天体星象进行的观测，还有待进一步探索。

1987年揭露的瑶山遗址全景。上图：自南向北

下图：自北向南

另外，在古城周边，经发掘

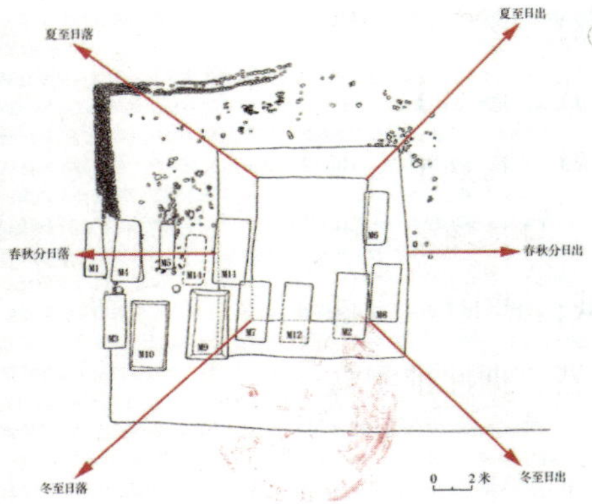

瑶山遗址观象台示意图(《良渚古城综合研究报告》)

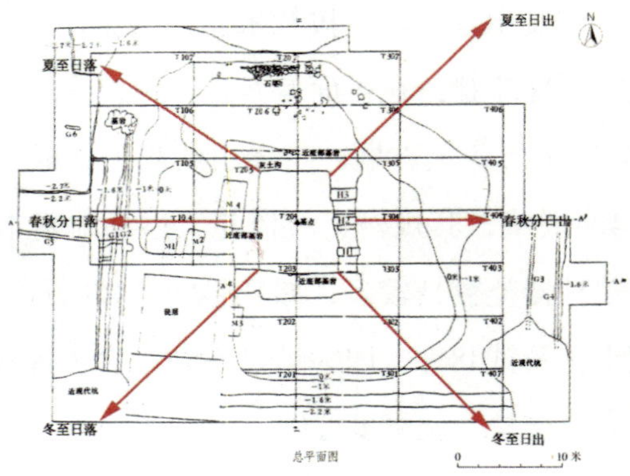

汇观山遗址观象台示意图(《良渚古城综合研究报告》)

也清理出了一批良渚文化墓葬。如在古城东南的下家山遗址，除发现大型灰沟、水埠及木构码头等遗迹，还发现有66座墓葬，此墓地虽然规模较小，但从总体上仍能看出埋葬习俗的共性——氏族(家族)墓地的性质。在良渚古城西南的文家山遗址，发现有18座墓葬，其中较大型墓1座、中型墓2座，其他为小型墓，显然此处是少数为显贵、多数为平民的家族性质的墓地。

三、社会经济概况

社会生产能力和水平是维系人们生存质量的关键，生产经济状况是衡量社会文明程度的主要依据。以良渚古城已经获得的资料为研究对象，可以了解良渚文化的社会经济状况和生产技术水平。

在当时长江流域的良渚文化区，稻作农业已进入成熟阶段，水稻种植是其主要农业生产活动。最突出的实例，是位于良渚古城东北的茅山遗址中发现的大片稻田。考古学家根据现场断定，这里有一片面积达80亩的良渚文化时期稻田，这片稻田每隔20米就有一道田埂，其长度在100米上下，两端都挖有灌溉渠。考古发掘出土的耘田器、锄、镰刀等是当时的农业生产工具，其中玉质农具不一定直接用于实际生产，而是贵族集团向祖先、神灵表示他们重视和参与农业生产的礼器。经检测，除了稻谷颗粒，这里还发现有粟、甜瓜、葫芦的种子，它们大概也是用于种植的品种。

良渚文化晚期稻田及相关遗迹(《良渚古城综合研究报告》)

畜牧类生产活动，包括人工饲养和狩猎，也是人们重要的食品来源。从良渚及其邻近遗址发掘出土的动物骨骼、器表纹饰和雕刻品形态可知，这里常见的动物种类有牛、猪、鹿、狗、猴、鼠、鸡、鸭、鹅等，其中有些还有多种属别。它们有些是人工饲养，有些则是狩猎获得。良渚古城周围水域面积广，水量充沛，既有水生植物也有水生动物。经检测，这里人类可食用的水生植物有菱角、芡实，而数量更多、品种更丰富的水生动物有鱼、虾、蚌、螺、蛤等，是人们主要的捕捞对象。此外，这里大片的水域也为鸭、鹅的人工饲养提供了优越条件。

良渚遗址处于群山环抱之中，拥有适宜的气候，是多种树木（包括果树）、竹子生长的理想环境。经科学检测和比对分析，这里既有其果实可以食用的如桃、杏、梅、柿、胡桃等树种，又有如桑、苧麻等可为编织提供原料的经济作物，还有大量的松柏、杨树、杉树等林木，后者是人们制作木制品的材料来源。如这里发现的修建房舍建筑、运输码头、河道边岸所需数量颇大的木材，做舟、筏、桨叶的木料，还有人们饮食生活所需数目巨大的

反山12号墓出土的部分玉器(《良渚古城综合研究报告》)

柴草，都是以此处繁茂的树木为基础的。

至于手工业生产，这里主要有玉石加工、陶器烧制和漆木器制作几个门类。代表良渚文化手工业生产技术最高水平的是玉石加工。玉石质地坚硬，加工制作难度大，良渚玉器不仅发现数量多，而且多是礼仪性用器，产品质量要求高，必须有庞大的专业队伍和成熟的制作技术才能完成。纵观良渚玉器，以片状和柱状类器物为多，容器类较少；在治玉工艺方面，对玉料的切、割、琢、钻(掏膛)、雕、刻、抛(光)等，良渚治玉工匠都达到了当时的最高水平。例如，良渚玉器最常见的玉琮、柱状器和饰品中的管、珠，都需要对器体纵向钻孔，孔径从大到十几厘米，中到2—3厘米，至小到不足1厘米，孔壁都光滑规整；数量较多的大小不等的圆柱体(钻孔内芯)，也均用管钻成孔，其娴熟的钻孔技术，令人叹为观止。

陶器在当时是社会需求量最大的生产门类。良渚文化时期制陶技术的突出成就是由之前的泥条盘筑、慢轮修整发展到快轮拉坯的技术，生产率由此得到极大提高。陶色方面，良渚陶器除黑色外，橘红色器物的出现是烧造控火技术成熟的表现。漆器是当时的高档奢侈品，除在祭祀等重要场合使用，也在大墓中作为随葬品。除了沿用之前木胎上惯用的红、黑色髹漆技术，还发明了在器表镶嵌玉片的新技术。反差明显的红、黑漆色，复杂神秘的图案，加上晶莹的玉片，使漆器更显高贵华丽。

四、良渚古城的价值

良渚古城的发现、发掘和研究有着重要意义，向人们展示了一个时代变革中的场景，揭示了当时生产力发展状况和生产技术发展水平，从而反映出当时生产关系的状况。

良渚古城所处的时代，大约是从距今5300年到4500年，是古代中国从史前时代向文明时代演变、过渡的关键时期。良渚古城的建造是一项庞大的工程，例如城墙的构筑，据统计，仅在墙基铺垫的石料就需10万立方米，城墙用土要110万立方米。按当时的生产力水平，如果3个人一天完成1立方米土石的采掘、运输、铺筑的话，仅仅城墙的修筑就需1万人连续工作1年才能完成。城内大型台基的构筑、3处宫殿区基座的迭筑、大型宫殿房舍的建造，所需的人力、物力、财力更是难以计算。如果当时没有一个组织庞大劳动队伍、调度协调施工的“技术中心”和“指挥部”，要完成这样庞大复杂的工程是不可能的。再如良渚大墓中所出土的精美玉器，必须是专业工匠才能制作完成，特别是像钻孔、雕琢、刻画这样的技术环节，非有多年经验的技师难以胜任。而要掌控这样的工匠队伍，靠的是什么力量，用什么来支撑？这就必须有一个凌驾于社会之上的权力机构，以及控制这个机构正常运转的核心人物。毫无疑问，这个权力机构及其核心人物就是大墓的主人。这些大墓是当时金字塔式墓葬布局的顶部墓葬，在当时的墓葬中，这类墓规模最大、规格最高、随葬品数量最多且质量最优。墓主们生前规划了良渚古城的布局，组织了各项工程建设，也享受了当时的最佳待遇，包括死后葬入最奢华的“地下天堂”。

良渚古城被揭示出来以后，得到强有力的保护，被列入国家重点文物保护单位。有关管理机构为其制定并颁布了专项保护规划，国家投巨资将其建设成国家级考古遗址公园，这些都为其长期的保护、展示和研究奠定了坚实的基础。良渚古城遗址被联合国教科文组织列为世界文化遗产后，其研究、保护与利用工作将更上一层楼。

参考文献

[1]浙江省文物考古研究所编著:《良渚古城综合研究报告》，文物出版社2019年版。

[2]浙江省文物考古研究所编著:《瑶山》，文物出版社2003年版。

[3]浙江省文物考古研究所编著:《反山》，文物出版社2005年版。

[4]浙江省文物考古研究所编:《庙前》，文物出版社2005年版。

（于海广）

PART 02

世界文化景观遗产

Complete Records of China's World Cultural Heritage
and Cultural Landscape Heritage

六大宗教集聚地　奇秀险雄汇名山

——庐山文化景观

庐山在1996年被联合国教科文组织列入世界文化景观遗产名录，是中国第一处世界文化景观遗产。联合国教科文组织对其评价是：江西庐山是中华文明的发祥地之一，庐山的历史遗迹，以其独特的方式融汇在突出价值的自然美之中，形成了具有极高美学价值的与中华民族精神和文化生活紧密相连的文化景观。

“文化景观”是1992年世界遗产委员会新设的遗产类别，指人类罕见的、目前无法替代的文化景观，是全人类公认的具有突出意义和普遍价值的“自然和人类的共同作品”。庐山当时申报的类别是“自然与文化双遗产”，评定时被列入“文化景观”遗产类别。庐山的成功申遗，将这一新的世界文化遗产类别展现在国内公众视野中，也引发了学术界对“文化景观”遗产的研究，推动了国内“文化景观”的申遗进程。

1938年庐山上通往牯岭的公路（〔日〕岛崎役治摄，《亚细亚大观》第14辑）

一、发展历史

东晋是庐山文化景观形成的主要时期。东晋咸康六年（340），书法家王羲之任江州刺史，在庐山金轮峰下建造别墅，后将别墅赠给佛门，使其成为著名的归宗寺。这是庐山见诸记载的第一座寺院。这一时期高僧慧永来到庐山，当地官员建西林寺供其修行。后来，慧永的师弟慧远也来到庐山，又为其建造东林寺。学者认为，东林寺注重环境，合理选址，寺庙与山水相融合，是中国第一座寺庙园林。[①]慧远在庐山潜心研究和弘扬佛法36年，主持翻译了大量的佛经，并于此开创莲宗（净土宗）。慧远和庐山东林寺成为我国净土宗的祖庭和佛教徒开创宗教思想、弘扬教义的重要地区，也是东晋、南朝时期南方最重要的佛学研究和佛教活动中心。[②]慧远的弟子们在庐山建立了300多座寺院，其中最著名的属昙诜法师建造的大林寺。东晋时期先后建立的西林寺、东林寺和大林寺，

1927年的庐山东林寺
（《亚细亚大观》第5辑）

① 欧阳怀龙主编：《从桃花源到夏都——庐山近代建筑文化景观》，同济大学出版社2012年版，第17页。

② 徐青：《风景名胜区文化景观价值体系研究——以庐山为例》，中国建筑工业出版社2019年版，第141页。

是庐山著名的“三大名寺”。

南北朝时期，庐山道教文化景观发展迅速。南朝宋大明五年（461），陆修静来此修道，创建太虚观。太虚观成为庐山道教发展壮大的重要基地，陆修静在此处修道收徒多年，改革天师道并使其成为南北朝的天师道正统。魏晋南北朝时期，庐山已经成为著名的隐居之地，隐者中最著名的当属陶渊明。

唐贞元年间，李渤、李涉两兄弟隐居在庐山五老峰读书。李渤因养白鹿被称为“白鹿先生”，其读书处山丘环绕，像朝天的洞穴，因此被称为“白鹿洞”。南唐昇元四年（940），南唐开国皇帝李昇在白鹿洞建“庐山国学”。“庐山国学”又称“白鹿洞国学”，是与南唐国子监齐名的高等学府，国子监九经教授李善道士任白鹿洞的首任洞主。[①]唐代庐山寺庙发展进入了鼎盛时期，开元年间建立的千佛塔，是庐山存世年代最早的古塔；东林寺规模空前扩大，鉴真和尚也曾来寺内弘法。此时庐山道教也发展迅速，道教文化景观迅速增多，庐山北麓新建了一大批道观，成为道教活动的重要场所。另外，唐朝时期很多文人墨客比如李白、白居易因为爱慕“神仙之庐”，来庐山筑草堂居住。“虽然因年代久远，隐士隐居庐山的古迹大多不存，但传颂千年的诗篇、营造建筑及园林环境的思想和手法、命名的自然景物等，缔造了庐山作为理想隐居地的意向”[②]，也为庐山景观营造了浓厚的人文氛围。

宋朝时期是庐山书院文化景观发展的鼎盛时期。江州地方人士在南唐庐山国学旧址上新建了白鹿洞书院。太平兴国二年（977），宋太宗御赐“九经”给白鹿洞书院，使书院名扬天下，名列宋初“四大书院”之一。宋代理学开

① 任黎秀编著：《世界遗产（文化景观）地——庐山》，科学出版社2009年版，第33页。

② 徐青：《风景名胜区文化景观价值体系研究——以庐山为例》，中国建筑工业出版社2019年版，第126页。

1927年的白鹿洞及洞内石碑（《亚细亚大观》第5辑）

山鼻祖周敦颐晚年时来到庐山，在莲花峰下开设濂溪书院讲学，影响很大。南宋时，理学家朱熹亲自任白鹿洞洞主，还邀请著名学者陆九渊等人来此讲学。此后，朱熹为振兴白鹿洞书院，采取了如修建书院房屋、筹措院田、四方聚书、聘师招生、定规制、设课程、确定教学形式等一系列措施，对后来书院的发展、学校的建设产生了重大影响。①

元代庐山的寺庙景观、白鹿洞书院等得到修复，但很大一部分在元末战乱中又被毁坏。明太祖朱元璋十分重视对明王朝建立有功的周颠，周颠隐居庐山之后，他为周颠重建了天池寺，建造了御碑亭和访仙亭，还敕封庐山为“庐岳”，使庐山成为国家祭祀的圣山。明正统三年（1438），白鹿洞书院再次得到重建，并得以恢复往日荣光。万历年间，明神宗曾赐佛经给庐山黄龙寺，东林寺也得以修复，庐山的寺院景观又得以发展起来。清朝时期，康熙和乾隆帝对白鹿洞书院推崇有加，对书院赐书、赐额，在使庐山理学的地位达到顶峰的同时，也实现了建构国家认同感以巩固其统治的政治目的。②

① 任黎秀编著：《世界遗产（文化景观）地——庐山》，科学出版社2009年版，第34页。

② 徐青：《风景名胜区文化景观价值体系研究——以庐山为例》，中国建筑工业出版社2019年版，第172页。

咸丰八年（1858），根据列强与清廷签订的《天津条约》，九江成为通商口岸，大量的外国人进入九江及庐山地区。光绪二十一年（1895），英国传教士李德立以强权和欺诈手段低价“租借”庐山牯岭地区，凭借此处绝佳的风景与环境，李德立在此划分地块并高价出售给外国人建造消夏别墅。光绪三十一年（1905），牯岭东谷已经建成别墅147座，初具规模。同时，为了给别墅区的居民生活和工程建设提供各种服务，租界区以西的居民小镇也发展起来。据调查，牯岭镇1917年已有别墅560座，分属英国、美国、德国、瑞典、俄罗斯、芬兰、法国、奥地利、挪威、瑞士、丹麦、葡萄牙、意大利、日本和比利时等15个国家；紧随其后，荷兰、希腊、捷克等国家的国民又相继来此兴建别墅，延至1933年，别墅达848座，形成具有一定规模、有多国居民居住的市镇。[①]民国时期，庐山成为国民政府的“夏都”，是南京之外的第二个政治中心，并新建了一批别墅和其他现代建筑。

二、文化景观构成

以庐山“奇、秀、险、雄”的自然景观为底色，加上千百年来人们在庐山的活动叠加形成的特有的文化景观，使庐山成为一座集优美风景和宗教文化景观、书院文化景观、别墅文化景观、政治文化景观于一体的千古名山。

庐山是一座宗教文化名山。庐山佛道两教历史悠久，寺庙、道观众多，是著名的宗教文化圣地，至今仍是全国佛教八大道场之一。庐山也是世界著名的佛教圣地，早在1942年世界佛教联合大会就曾在庐山召开。庐山还是道教名山，是道教“三十六洞天”之一，道观众多，陆修静在庐山开创道教南天师派。鸦片战争后，随着外国侵略者进入中国，伊斯兰教、基督教、天主教、东正教等宗教及其教派，均先后在庐山修建寺堂、传播教义、

① 仨黎秀编著：《世界遗产（文化景观）地——庐山》，科学出版社2009年版，第44页。

广收门徒……遂使庐山出现今日世界罕见的一山兼具六大宗教派别的现象。[①]

庐山是一座书院文化名山。从南唐“白鹿洞国学”算起，白鹿洞书院至今已有千余年历史。书院的教育理念影响广泛深远，朱熹任洞主期间制定的学规《白鹿洞书院揭示》，后被宋理宗手抄并颁给太学，之后更被全国各大书院尊为办学方针和院规。其中的“博学之，审问之，慎思之，明辨之，笃行之”等内容至今仍被很多学校作为校训。庐山对儒家理学的思想发展具有重要意义，理学开山鼻祖周敦颐在庐山建濂溪书院，理学代表人物朱熹、陆九渊等人“在白鹿洞书院留下了清晰而深刻的思想足迹，把白鹿洞书院营造为理学的神圣殿堂，为后世书院与理学文化结下不解之缘奠定了基础，树立了榜样”[②]。

1927年庐山牯岭远眺
（《亚细亚大观》第5辑）

庐山是一座别墅文化名山。庐山现存别墅636栋，风格多种多样。一方面，如胡适所言，庐山近代别墅群代表了西方文化

① 任黎秀编著：《世界遗产（文化景观）地——庐山》，科学出版社2009年版，第44页。

② 任黎秀编著：《世界遗产（文化景观）地——庐山》，科学出版社2009年版，第39页。

入侵中国的大趋势；另一方面，它又是一座世界别墅博物馆。庐山别墅造型多变，风格各异，是世界别墅建筑综合展示的大舞台。“据调查，现存的636栋别墅中，没有一栋式样是相同的”[①]；从建筑艺术风格上看，庐山别墅集合了仿哥特式、拱券式、巴洛克式、圆顶屋式、日本仿唐式、平顶屋式等各种风格，使庐山牯岭等地区成为具有浓厚异域风情的空间。同时，这些别墅的规划和布局与周围环境有机融合，其建造很少改变原有地形，往往根据地势和水流进行设计，与中国园林建筑“天人合一”的建造理念不谋而合；而且，建造别墅的是中国工匠，建造技艺用的是中国传统工艺，主要建筑材料是本地石材。正如联合国教科文组织专家所言，庐山别墅是中国人自己建造的，不是外国人建造的，它是中国文化的一部分。

庐山还是一座政治文化名山，在中国近现代风云变幻的政治舞台上留下了浓墨重彩的印迹。民国时期，蒋介石在这里召开过11次重要会议；1949年新中国成立后，毛泽东主席在庐山主持过3次会议，很多党和国家领导人都曾经在庐山工作、居住和生活过。

庐山会议旧址（《中国庐山》）

① 张雷：《庐山别墅——中西合璧的建筑交响曲》，《中华民居》2009年第9期。

三、田园山水文化

“把握文化景观遗产的价值……强调和突出人类与自然的相互关系和综合作用才是其价值的核心所在。而庐山文化的精神价值正是以山水审美为其精神内核，以和谐田园为人生皈依的人与自然、人与环境的相互呼应和共同创造。”[①]自古以来，中国的文人墨客以庐山自然景观作为审美对象，创作了大量的田园诗、山水诗和山水画，塑造了庐山独特的田园山水文化，实现了自然价值和人文价值的有机融合。

魏晋南北朝时期隐逸之风盛行，士大夫寄情山水，向往田园，庐山成为他们理想的归隐之地。大诗人陶渊明隐居庐山，是第一位将田园生活和自然景观写入诗歌的诗人，也是田园诗派的创始人。“陶渊明隐居庐山时创作的《桃花源记》，影响极大，其塑造的桃花源意象，最后成为整个东亚区域最具有吸引力的理想世界典范。”[②]陶渊明之后，越来越多的文人士大夫到庐山归隐，筑草堂，置田园，一边耕读一边创作，用田园诗和山水诗寄托理想。陶渊明提倡的回归自然、崇尚自然和田园生活的思想，亦耕亦读的生活方式，教育了一代又一代平民和知识分子，成为他们的精神支柱，深深影响了中国文化，为庐山和世界注入了富有哲理的新风。[③]

庐山是中国山水诗的发源地之一。庐山景色秀美，山水俱佳，是文人士大夫寄托心灵和抒发情感的书写创作对象。第一位用诗歌书写庐山的人是东晋高僧慧远，其《游庐山》是最早的庐山山水诗。被称为山水诗奠基人的谢灵运曾数次到庐山游览，创作多首庐山诗，《登庐山绝顶望诸峤》《入彭蠡湖

---

① 李宁宁、吴国富:《庐山文化论略》,《鄱阳湖学刊》2011年第2期。

② 徐青:《风景名胜区文化景观价值体系研究——以庐山为例》，中国建筑工业出版社2019年版，第160页。

③ 欧阳怀龙主编:《从桃花源到夏都——庐山近代建筑文化景观》，同济大学出版社2012年版，第16页。

口》等都是有关庐山的山水诗名篇。唐代是庐山山水诗发展的黄金时期，据不完全统计，唐五代时期共有110余人300多首诗记写庐山，而大部分都是写庐山山水的，王维、孟浩然、李白、韩愈、贾岛、白居易等都在其中，其中李白的《望庐山瀑布》、白居易的《大林寺桃花》等成就最高。[1]宋明时期庐山文化更盛，山水诗的创作也有很大进步，有数百名文人创作庐山山水诗，其中苏轼的《题西林壁》、范仲淹的《游庐山》、欧阳修的《庐山高歌》、朱熹的《三峡桥》等是其中名篇。清代仍有大量庐山山水诗被创作出来。流传至今的庐山山水诗有四五千首之多，成为中国诗歌发展史上的重要华章。

1938年庐山白鹿洞书院附近的山石、溪流及树木（〔日〕岛崎役治摄，《亚细亚大观》第14辑）

庐山还是中国山水画的发源地。东晋画家顾恺之所作《庐山图》被认为是中国第一幅山水画，对后世山水画创作有着深远的影响。自此之后，历朝历代都有画家以庐山为审美对象创作绘画，为中国山水画艺术宝库留下了许多佳作，具有一定代表性的如东晋顾恺之的《雪霁望五老峰》、五代荆浩的《匡庐图》、南宋马远的《庐山雪霁图》、明代沈周的《庐山高图》、明代唐寅的《庐山图》等。

田园山水文化是庐山文化的重要组成部分，田园诗、山水

① 罗龙炎：《庐山山水诗在中国山水诗中的地位》，《九江学院学报（社会科学版）》2006年第2期。

诗、山水画为庐山景观增添了诗情画意的文化氛围，为庐山景观注入了浓厚的人文精神。

四、保护与开发

由于庐山有巨大的自然风光优势，有集中的人文因素以及独特的政治地位，因此长期以来备受人们关注。1949年新中国成立后，政府十分重视对庐山的保护，建立了庐山管理局，以后庐山相继被列入“国家级自然保护区”和“风景名胜区”，1996年被列入世界文化景观遗产，2004年被评为世界地质公园。一道道耀眼的光环，使得庐山成为很多人首选的旅游胜地。为管理好这一重要遗产地，庐山风景名胜管理局委托国内权威机构编写了《庐山风景名胜区总体规划（2008—2027）》（以下简称《总体规划》），为保护和开发庐山提供了近期、中期和远期的指导方案。

在《总体规划》的指导下，结合近年来的工作实践，对庐山名胜遗产地的保护、开发和利用，还要继续做好以下几个方面的工作：第一，庐山所拥有的“世界文化景观”“世界地质公园”“国家级风景名胜区”三块金字招牌，虽然其范围、内涵各不相同，但是作为一个整体，三者之间的管理要统一、协调；第二，要严格按照《总体规划》的要求，加强保护和开发，避免过度商业开发，科学把控游客量，杜绝有损保护和开发的现象；第三，改善旅游季节“冷热不均”的现象，加大对庐山冬季依然美丽并别有风情的宣传，同时提升相关旅游产品，特别是冬季旅游产品的开发水平；第四，处理好当地居民与遗产保护、旅游开发的关系，充分调动当地居民参与的积极性，让他们从中获得收益，使他们成为建设好庐山的重要力量。

参考文献

[1]欧阳怀龙主编:《从桃花源到夏都——庐山近代建筑文化景观》,同济大学出版社2012年版。

[2]徐青:《风景名胜区文化景观价值体系研究——以庐山为例》,中国建筑工业出版社2019年版。

[3]任黎秀编著:《世界遗产(文化景观)地——庐山》,科学出版社2009年版。

[4]江西省旅游局、庐山风景名胜区管理局、中国旅游出版社编:《中国庐山》,中国旅游出版社1995年版。

[5]张雷:《庐山别墅——中西合璧的建筑交响曲》,《中华民居》2009年第9期。

[6]李宁宁、吴国富:《庐山文化论略》,《鄱阳湖学刊》2011年第2期。

[7]罗龙炎:《庐山山水诗在中国山水诗中的地位》,《九江学院学报(社会科学版)》2006年第2期。

(陈少峰)

酷暑清凉地　佛寺在其中

——五台山文化景观

五台山塔院寺白塔（〔德〕恩斯特·伯施曼摄于1906—1909年）

五台山，雄踞山西省东北部，五峰环绕，峰顶如台，因此而得名。这里地势高峻，草木葱茏，山花飘香，流水潺潺，夏无炎热，所以自古便被称为“清凉山”。“一部佛国史，百座艺术宫”确切地概括了五台山固有的文化特色。随着时代和社会的发展，五台山也在不断前进，发挥着自然和历史对她的厚赐，展示出她特有的魅力。

一、清凉胜地五台山

五台山位于山西省忻州市五台县东北隅，以台怀镇为中心，整体面积为2837平方公里。五台山坐落在太行山系的北端，由一系列大山和高峰组成，其中突起的五座主峰，如五柱擎天，故最早称“五峰山”。后来，人们发现“五峰耸出，顶无林木，有如垒土之台”，又改名为“五台山”。此外，它还有“清凉山”“紫府山”“圆光山”“白云山”“雁门山”“灵鹫山”“五龙山”及“中国地质博物馆”“清凉胜地”“佛教圣地”等别称。

五台山属太行山脉，山南山北各有溪流分别注入清水河和滹沱河。由于五座台顶所处方位不同，分别称为东台、西台、北台、中台、南台，其中东、西、北、中四台，位于同一道山脉，如新月状排列。只有南台居一方，与四台遥遥相望。五峰以内称台怀，为五台中心区，五峰以外称台外。

东台又称“望海峰”，台顶犹如鳌鱼脊，威风凛凛地耸立于台怀镇东北10千米处，海拔2795米。台顶面积最小，仅7万平方米。据传若是能登上山顶楼台便能远眺东海日出，故将顶上的楼台命名为“望海楼”，如今虽然楼台已毁，但登此顶晨观日出，眺望群山秀色，依旧能欣赏到云海变幻，体会到其中的壮丽非凡。据史载，隋文帝曾下诏在五台各建一座寺庙，供奉名目不同的文殊菩萨。东台顶原建有一座望海寺，内供文殊像。

西台距台怀镇13千米，海拔2773米，面积约28万平方米。台地的周围群山环绕，岩石幽深，峰顶旧建法雷寺，供奉狮子吼文殊像。每逢皓月当空，只见那银光泻地，层峰朦胧，万籁俱寂，十分美丽壮观，因而取名“挂月峰”。

南台距台怀镇南面12千米，海拔2485米，台顶面积约为14万平方米。这里山峰耸立，烟光凝翠，繁花似锦，色彩缤纷，因此取名为“锦绣峰”。顶上建有普济寺，内供智慧文殊佛像。农历四月，北面四台还是冰天雪地，而南台山腰却已百花怒放。

北台又称“叶斗峰”，约距台怀镇5千米，是五台最高的峰，海拔3061.1米，台顶面积37万平方米，顶天立地，有“华北屋脊”之称。北台的特点是台高、风猛、雷击。台顶建有灵应寺，内供无垢文殊佛像。《清凉山志》载：“在其下仰视，巅摩斗杓……风云雷雨，出自半麓。有时下方骤雨，其上曝晴……时或猛风怒雷，令人惊怖。常有大风，吹人坠涧，若槁叶耳。”

五台山菩萨顶康熙皇帝御笔题写的“五台圣境”石牌坊（赵中浩摄于2006年11月）

中台又称“翠岩峰”，距台怀镇10千米，台顶面积约15万平方米。与四台相比，中台的主要特点是大。台顶有一巨石，“立如奔马，卧似喘牛”，长有斑斑苔藓，在阳光的照射下，丹碧生辉。中台的西北面有太华池，北有甘露泉，东南有玉龙池，池旁还有三株泉，是南北五溪流水的发源地。台顶有演教寺，内供孺童文殊菩萨。还有明朝建的祈光塔，四角各有小塔，象征东、西、南、北、中五台。

（一）“中国地质博物馆”

五台山地质古老，地貌奇特，是著名的国家地质公园。其地处华北大陆的腹地，与恒山、太行山相连接，相对高差达2400多米，大面积暴露了不同层次的地壳岩层和地质构造，完美展示出中国大陆基底的地质构造和地质组成，是由超过25亿年的世界已知古老地层构成的最高山脉。在漫长的地球演进中，五台山经过了“铁堡运动”“台怀运动”“五台运动”“燕山运动”，形成了由“五台群”绿色片岩及“豆村板岩”构成的“五台隆起”，不仅有古夷平面、冰川地貌、独特的高山草甸景观，更有第四纪冰川及巨大剥蚀力量造成的“龙幡石”“冻胀丘”等冰缘地貌的奇观。可以说，五台山拥有独特而完整的地球早期地质构造、地层剖面、古生物化石遗迹、新生代夷平面及冰缘地貌，完整记录了地球早期地质演化历史，具有世界性地质构造和年代地层划界意义和对比价值，是全球地质科学界研究地球早期演化以及早期板块碰撞造山过程的最佳记录，也是开展全球性地壳演化、环境演化、生物演化对比研究的典型例证，世间稀有，弥足珍贵。

五台山独特的地质地貌，造就了其特有的生物环境和动植物种类。这里计有维管束植物97科354属595种，是中国同纬度植被类型最丰富和保存较完整的地区。自然植被分布垂直变化，可以说是亚洲大陆东部具有代表性的山地植被生态景观区，尤其是其山顶的亚高山草甸景观与青藏高原的高寒草甸景观极为相似，是华北山地独具特色的自然生态景观类型。五台山的药用植物也十分丰富，中草药种类多达300种。此外，五白山的观赏花卉植物有45种125属171种，饲用牧草仅亚高山和高山草甸地带就有74种。除了植物，五台山的野生动物种类也比较丰富。据资料记载，在海拔1000—3061米的山地，分布有昆虫117种；被列为国家重点保护的兽类，有豹、石貂、麝、青羊、豹猫等；被列为国家重点保护的鸟类，主要包括金雕、勺鸡、大鸶、隼、雕鸮等。

（二）清凉胜地

显通寺大雄宝殿（〔德〕恩斯特·伯施曼摄于1906—1909年）

据气象台资料记载，五台山台顶平均气温为-4℃，7月至8月最热，分别为9.5℃和8.5℃，在五台北部阴谷处甚至还有终年不化的“千年雪”“万年冰”。即便是在盛夏，台怀镇的最高气温也只有27℃，因此凉爽宜人的五

五台山谷地及其寺院群
（〔德〕恩斯特·伯施曼
摄于1906—1909年）

台山成为夏日避暑胜地。关于这里的温度情况，还有一个有趣的传说。

相传在很久之前，五台山并不是现在这副模样，气候十分恶劣，冬天飞沙走石，夏天酷热难耐，当地百姓苦不堪言。文殊菩萨一心普度众生，救苦救难，便化作化缘和尚到东海龙王那里去借清凉无比的歇龙石，龙王心想这石头重达万斤，一个老和尚无论如何也是无法运走的，便放心应允了他。文殊菩萨谢过龙王便来到石块前，将巨石变为弹丸，塞进袖筒翩然而去，龙王后悔莫及却为时已晚。再说这五台山因这石头，立刻变为了一个无比清凉的地方，百姓终于不需为酷热烦恼。这流传千年的故事，除了灵动巧妙地“解释”了温度低的缘由，还引出了五台山的主要宗教信仰——佛教。

五台山有着漫长的严寒期、充足的雨量、分布复杂的风速风向、变化多端的气候，对于人类生存来说未免过于恶劣，然而对于佛教徒来说无疑是一块苦行与隐修的圣地。实际上，五台山的这种气候条件有利于让佛教徒在清心寡欲的生活条件下，用苦行磨炼自己的身心意志。众所周知，佛教追求的是内心的“清凉”，而当佛教徒处于这种外在的“清凉”环境中时，有利于其内心产生一种“天人合一”的清凉境界。

（三）佛教圣地

五台山是驰名中外的佛教圣地，在我国佛教史上具有重要地位。它与四川峨眉山、安徽九华山、浙江普陀山并称为“中国佛教四大名山”，并以其建寺历史悠久和规模宏大，居于佛教四大名山之首。五台山寺庙不像南方寺庙那样精美秀丽、小巧别致，而是宏伟壮观、庄严古朴，既具有历史的连续性，又具有各个朝代的特殊性。古往今来，朝代更迭，唯有寺庙依存，将建筑的历史与文化娓娓道来。

显通寺位于台怀镇中心地，是五台山历史最久、规模最大的寺庙。该寺现占地面积8万平方米，各种建筑400余座，规模浩大。显通寺周围山峦起伏，寺内殿阁巍峨，还有苍松翠柏点缀其间，佛教气息浓郁。在全寺的中轴线上，寺前铜塔耸立，七重殿宇从南到北布局，分别为观音殿、文殊殿、大雄宝殿、无量殿、千钵殿、铜殿和藏经殿，各殿各具特色，无一雷同，

显通寺藏经阁（〔德〕恩斯特·伯施曼摄于1906—1909年）

辉煌壮丽。

塔院寺在显通寺南侧，原是显通寺的一部分，至明永乐年间与显通寺分开独立起寺，院内修建了一座白塔，因此取名为塔院寺。人们进入台怀镇，首先映入眼帘的就是高大的塔院寺白塔，非常引人注目，也常被看作五台山的标志。这座大白塔，是我国建筑史上的一项巨大成就。在当时科学不发达的情况下，能将整座塔建造得粗细相间，方形与圆形互相搭配，造型优美，比例适中，巍峨壮丽，让人十分钦佩。

菩萨顶位于显通寺北侧的灵鹫峰上，从下往上仰望，层层台阶犹如天梯，直达菩萨顶上的梵宇琳宫。相传文殊菩萨就居住在山顶上，故起名叫菩萨顶，亦称文殊寺。该寺规模宏大，占地约3万平方米，有殿堂房舍430余间，均为清代参照皇宫模式重建。其瓦为三彩琉璃瓦，砖为青色细磨砖，非常豪华，居五台山诸寺之首。寺居山巅，门前筑有台阶108级，据说是暗指山西旧属108个县；也有的说是象征人间有108种烦恼，香客一步步踏过它们，

20世纪初的五台山菩萨顶山门前台阶（〔德〕恩斯特·伯施曼摄于1906—1909年）

21世纪初的五台山菩萨顶山门前台阶（侯贺良摄）

方能瞻仰菩萨真容。

当然，五台山现存寺庙和古寺遗址很多，无法一一介绍，但这些寺庙依山就势，错落有致，大多集中于台怀寺庙集群区，其余的则沿着五座台顶的方向辐射出去，可谓“曲径通幽处，深山藏古寺”。坐落在崇山峻岭之中的古寺庙，富有浓郁的古刹风韵，使整个寺庙群和五座台顶和谐统一，形成了一处恢宏壮阔、气象万千、富有浓厚宗教色彩的佛教圣地。

二、和而不同的五台山佛教文化

五台山佛教虽未独立地开宗立派，但以兼容并包的宽广胸怀在不同的历史发展时期容纳过中国佛教各宗在此传播，中国佛教的兴衰在五台山留有深深的印痕。五台山佛教文化的连续性、完整性及其丰富内涵，在中国佛教文化中极具代表性和突出意义。

（一）独一无二的中国佛教发展史

不得不说，佛教文化是五台山最鲜明的文化类型和文化标识。五台山佛教文化源远流长、内蕴深厚、影响巨大，在千余年绵延不断的发展历程中，逐渐形成了与其他佛教名山相区别的鲜明的文化特色，被汉藏佛教徒共同确认为文殊菩萨的道场。北魏时期五台山的文殊信仰就逐渐兴起，至隋初五台山的五个台顶各建文殊塑像及寺庙。当然，除了拥有众多的历史文物遗存，五台山还有相当丰富的文献资料。中唐时清凉国师澄观在大华严寺作《大方广佛华严经疏》六十卷，可见文殊信仰在中唐时期已成为五台山信仰的主体。此后1000多年，文殊信仰在五台山不断发扬光大，成为中国佛教文化的重要组成部分。正如任继愈先生所说，五台山文化是中国传统文化的缩影，中国传统文化的精华部分，很多方面都可以在五台山佛教文化里体现出来。可以说，五台山佛教史就是一部浓缩的中国佛教史。

上图：20世纪初的五台山显通寺核心区（〔德〕恩斯特·伯施曼摄于1906—1909年）

下图：2006年11月的五台山显通寺（赵中浩摄）

（二）和而不同的五台山文化

除了最为突出的佛教文化，道教、儒学也是五台山文化的重要组成部分，释、道、儒三教融合是五台山文化的显著特征。儒家思想在中原地带一直居正统地位，所以在五台山文化中，儒家思想观念占据很大比重。道教作为中国土生土长的宗教，其存在与活动时间都要早于佛教。在东晋时代，道教就已经在五台山地区广为流传，神仙观念也已深入人心，古文献中记载的传说故事都说明曾有道教人士活动于此。在五台山，不论是儒学、道教抑或是其他民间信仰，都被纳入佛教信仰中。如五台山寺庙壁画反映的内容，有佛、菩萨、道教神仙、天地日月、四海龙王、山神土地、阎罗判官、帝王后妃、农民士兵等，是五台山三教合一的历史见证。

此外，五台山是中国唯一的汉传佛教与藏传佛教共处一山的佛教名山与“皇家道场”，数百年来在促进汉族、藏族、满族、蒙古族等多民族团结方面，发挥了特别重要的作用。

（三）积德行善的佛教信徒

尽管在千余年的发展过程中，五台山佛教容纳了很多不同的派别，但无论是从教派创立的缘由，还是他们“诸恶莫做，众善奉行”的基本道德价值取向，都完美融合共同构成了独特的五台山佛教文化，有着鲜明的地方特色。五台山文化孕育于“天人合一”的山水之间，寄托着和谐与共的理想与追求，对僧人以及信众保护五台山的自然环境、积德行善起到了重要的作用。五台山的僧人信奉“守不杀戒，奉慈忍行，守死不拔生草”“克己修行，护庙植林，关怀人民疾苦”，他们秉持做善事必有善报的理念，开笼放鸟，修桥铺路，植树造林，积德行善。例如五台山僧人护林植树已成习惯，寺庙周围树木大多为僧人所植。20世纪50年代末至60年代初，僧人植树造林，涌现出大量的护林模范；到1985年，已经有成片树林2万亩，零星树木15万株；1988年以来，又在近山寺庙区种树4700多亩，对五台山森林植被的保护做出了贡献。五台山佛教信仰体现的救众生于危难，不畏强权、舍己为人的精神，也引导着僧众行善，所以五台山的高僧大德自古就有布施的传统。改革开放以来，五台山僧众在当地佛教协会的领导下，积极发扬“利乐有情，慈悲济世”的大乘佛教精神，成立了五台山佛教功德慈善总会，经常为贫困山区修桥筑路、捐款捐物，为地方修建希望小学。仅2008

五台山十方堂木雕（〔德〕恩斯特·伯施曼摄于1906—1909年）

年南方冰冻雨雪灾害和汶川大地震，功德慈善总会就以各种方式捐助现金千余万元，支援受灾地区的恢复重建工作。另外，五台山佛教功德慈善总会还在山西大学设立了“关爱贫困学生慈善助学”资助金，每年资助10名山西籍家境贫困且品学兼优的在校大学生。上述事例体现出五台山佛教文化在自然环境保护和贫苦百姓救助等方面起到的积极作用。

三、结语

五台山荟萃了北魏以来历朝历代的古迹文物，融汇了佛教、道教、儒学和三晋文化的精华，有着“世界佛教文化中心”“世界佛教圣地”“中国佛教四大名山之首”“中国佛教建筑艺术宝库”“中国宝塔艺术展览馆”“中国佛教音乐奇葩”“中国佛教造像艺术博物馆”等诸多美誉，是弥足珍贵的世界文化景观遗产。保护地方文化与景观是全世界人民追求文化多样性共同努力的方向与期许，然而仍会存在一些问题等待我们进一步解决，比如如何通过开展以佛教文化为主题的活动，对五台山佛教文化进行深入的研究与保护。此外，在对五台山旅游业进行开发时，要发扬五台山文化景观遗产自身的特点，突出其文化景观遗产的价值，重视在“保护中开发，开发中保护”的原则，避免过度开发与消耗。

参考文献

[1]UNESCO, Convention concerning the Protection of the World Cultural and Natural Heritage, 1972.

[2]UNESCO, Operational Guidelines for the Implementation of the World Heritage Convention, 2005.

[3]曹如姬:《山西五台山寺庙建筑布局及空间组织》，太原理工大学硕士学位论文，2005年。

[4]王素玲:《生态哲学视阈下的高等教育生态观》,《安徽农业大学学报(社会科学版)》2007年第6期。

[5]朱明烨:《近期五台山寺庙建筑保护途径案例分析》，太原理工大学硕士学位论文，2013年。

[6]凌伯雄:《五台山世界文化景观保护研究》，中国地质大学硕士学位论文，2013年。

[7]五台山旅游网:《五台山佛教历史概述》，http://www.wutaishan.com.cn/fojiao/2007/fojiao_1754.shtml，2007-02-28。

（顾纯纯）

诗情画意　佳景无时

——西湖文化景观

2011年，西湖申遗成功，以“世界文化景观遗产”的身份列入《世界遗产名录》。西湖文化景观主要包括秀美的自然山水、独特的“三面云山一面城”的城湖空间特征、“两堤三岛”的景观格局、著名的系列题名景观“西湖十景”、西湖文化史迹和西湖特色植物，具有丰富的历史文化内涵、独特的审美特征以及突

1926年的西湖白堤全景
（《亚细亚大观》第2辑）

出的精神价值。

一、发展历程

西湖文化景观的形成肇始于公元9世纪的唐朝中叶，这一时期杭州地区经济发展迅速，城市建设和西湖治理颇受重视。唐穆宗长庆二年到四年（822—824），著名诗人白居易任杭州刺史，对西湖进行了大规模的整治，疏通六井，将旧有拦湖大堤加高数尺。为纪念白居易对西湖的整治，人们将这条拦湖堤称为“白公堤”。白居易热爱杭州更爱西湖，“未能抛得杭州去，一半勾留是此湖”，他对西湖景观的塑造和诸多以西湖为题的诗歌创作，“第一次把西湖纳入城市景观形态的价值体系，并从这一独特的视角出发来发现西湖的美、认识西湖的美”[①]，所以很多学者认为西湖文化景观的形成，自白居易始。

灵隐寺飞来峰造像（陈少峰摄）

五代十国时期是西湖文化景观发展的重要时期。十国之一的吴越国定都杭州，历三代五王，为西湖文化景观的建设做出了重要贡献。开国皇帝钱镠曾派20万人疏浚西湖，保护并美化了西湖的自然环境；吴越国的5位国君都信仰佛教，在西湖及其周围建造了大量的寺庙、宝塔、经幢和石窟造像，一时之间吴越国成为“东南佛国”。这一时期的很多

① 陈文锦:《发现西湖——论西湖的世界遗产价值》,《城市学研究》2015年第1期。

佛教建筑和遗存经过历朝历代的维护、重建得以保存至今，如保俶塔、雷峰塔、六和塔、净慈寺、灵隐寺、飞来峰造像等，成为西湖文化景观中文化史迹的主要构成部分。

北宋时期，西湖又迎来了一位对文化景观发展起关键作用的历史名人。元祐五年（1090），苏轼任杭州知州，见西湖淤塞严重，遂作《杭州乞度牒开西湖状》，向朝廷奏议疏浚西湖，认为“杭州之有西湖，如人之有眉目，盖不可废也”。奏议得到朝廷允许后，苏轼组织了20多万人疏浚西湖。在处置挖出的大量淤泥和葑草时，苏轼提出用它们在湖中修筑一条湖堤，这就是著名的“苏堤”。在湖水最深处，苏轼命人建造三塔作为标记，规定苏堤至三塔范围内不准开发葑田，这一工程可算妙手偶得，“三潭印月”由此而生。苏轼在西湖文化景观演变、完善的过程中发挥了重要作用，正如林语堂先生在其著作《苏东坡传》中所说：“苏东坡与今日的西湖是密不可分的。”

西湖圣因寺石经幢（〔德〕恩斯特·伯施曼摄于1906—1909年）

南宋时期是西湖文化景观的成形时期。南宋迁都临安（杭州），西湖文化景观的营造受到前所未有的重视。偏安一隅的南宋朝廷，给西湖增景添彩的，除在凤凰山一带营造宫殿园苑外，又在西湖四周修建御花园40多座，对西湖的管理也十分精心。[1]这一时期对西湖文化景观最终成形具有标志性意义的，是“西湖十景”

① 吴庆洲：《杭州西湖文化景观的兴废及其启示》，《南方建筑》2013年第5期。

的提炼与命名。酷爱艺术的宋高宗赵构下令成立南宋画院，会集了当时全国最优秀的画家。他们云集西湖，以西湖山水为题材潜心创作，以顶尖艺术家的眼光将西湖最佳的审美角度和时空元素呈现于画面，并为其题名。南宋画院著名画家陈清波绘画并题名“断桥残雪”“三潭印月”“雷峰夕照”“苏堤春晓”“南屏晚钟”，画家马远绘画并题名“柳浪闻莺”“双峰插云”和“平湖秋月”，再加上“曲院风荷”和“花港观鱼”就构成了“西湖十景”。“南宋‘西湖十景’的出现，使西湖的自然景观被赋予了文人对美学和生活的追求，形成了‘西湖文化’，是一次划时代的人文化过程。”①

康熙题写的“平湖秋月”（陈少峰摄）

元代对西湖环境缺乏治理，自然风光有所退化，这一时期文化景观的发展主要体现在石刻造像上，“成为我国南方石刻造像的艺术瑰宝。元代西湖石刻造像数量众多、雕刻精美、保存完好，主要集中在西湖灵隐飞来峰一带，刻制的年代有题记可查”②。

至明中期，由于长时间疏于治理，西湖趋于残破，秀丽风光不再。弘治十六年（1503），杨孟瑛任杭州知州，决心效仿白、苏二公，上奏明廷《开湖条议》，获得批准后他组织劳力疏浚西湖。疏浚时挖出大量淤泥，杨孟瑛令人将一部分运至苏堤，把苏堤加高加宽，另一部分则在西里湖修建了一条南北走向的湖堤，堤上

① 卢贤松编著，苏英摄影：《新西湖揽胜》，杭州出版社2009年版，第25页。

② 孙跃：《西湖的历史星空》，浙江大学出版社2012年版，第105~106页。

建有六桥。这次抢救式治理使“西湖始复唐、宋之旧”，人们为了纪念杨孟瑛的这一善举，将新修湖堤称为“杨公堤”。湖心亭、小瀛洲形成于嘉靖至万历年间，湖中三塔在明朝天启年间得到重建。

18世纪是西湖文化景观发展的兴盛时期，主要得益于清朝皇帝对西湖的偏爱。康熙、乾隆皇帝都曾数次游览西湖，均亲自题写“西湖十景”，御笔题写使西湖景观更负盛名，同时得到更好的建设和维护；乾隆偏爱龙井茶，又题“龙井八景”，使龙井风景名噪天下。清代康熙和乾隆皇帝亲自为“西湖十景”题写景名，以及由此带来的景观空间、观景点的规范，“使西湖十景的美誉度达于极臻，并且在西湖上形成了十景完整的空间序列”[①]。

二、要素构成

西湖文化景观由六大景观要素构成，即西湖自然山水、“三面云山一面城”的城湖空间特征、“两堤三岛”的景观格局、“西湖十景”题名景观、西湖文化史迹和西湖特色植物。

在人们的疏浚和治理下，西湖被白堤、苏堤等划分为外湖、小南湖、西里湖、岳湖、北里湖五片水域，环抱于三面丘陵之间，水光潋滟，山色空蒙。西湖自然山水既是西湖文化景观的景观要素，也是其自然载体。

西湖三面环山，其东南、西南、西北为丘陵，东北开阔的平原上于隋唐时期开始兴建杭州城，杭州城市的发展与西湖有着密切的关系。“三面云山一面城”的城湖空间特征构成了西湖画卷的远景，将湖水置于独特的空间背景之中。

“两堤三岛”指的是白堤、苏堤、湖心亭、小瀛洲和阮公墩，代表了历

① 陈文锦：《解读西湖：西湖文化景观的特色和构成》，《中国文化遗产》2011年第2期。

代杭州地方官员疏浚和美化西湖的成果，是自然与人工的完美结合。它们分布于整个西湖水域，是西湖重要的景观，具有极高的观赏价值，同时它们又分割、架构了西湖景观的空间格局，“形成了一系列独特而丰富的大尺度景观观赏层次，是‘杭州西湖文化景观’具有整体架构作用和广泛影响力的景观要素”[①]。

“西湖十景”题名景观是以中国古典诗词意境和山水画审美组合命名的景观单元，是西湖文化景观最核心的景观元素。“它们以世代传衍的特定观赏场所和视域范围，或依托于文物古迹，或借助于自然风光，呈现出系列性的观赏主题和情感关联，分布于西湖水域及其周边地带，是‘自然与人的联合作品’，属于中国原创的山水美学景观设计系统‘题名景观’留存至今的最经典、最完整、最具影响力的作品，并具有突出的‘文化关联’特性，是‘杭州西湖文化景观’中最具创造性精神和艺术典范价值的核心要素。”[②]

夕阳下的雷峰塔（陈少峰摄）

西湖文化景观历经一千多年的发展，由于政治、历史、区位、文化等原因，融汇和吸附了大量中国儒释道文化的各类史

① 陈同滨、傅晶、刘剑：《世界遗产杭州西湖文化景观突出普遍价值研究》，《风景园林》2012年第2期。

② 陈同滨、傅晶、刘剑：《世界遗产杭州西湖文化景观突出普遍价值研究》，《风景园林》2012年第2期。

西湖畔的岳飞夫妻墓（〔德〕恩斯特·伯施曼摄于1906—1909年）

迹。如雷峰塔是一座著名的佛塔，“雷峰夕照”是西湖十景之一，同时因为其与“白蛇传”的密切关系而具有神话色彩。明嘉靖年间，侵入杭州的倭寇纵火焚烧雷峰塔，灾后塔砖裸露，因民间盛传塔砖具有“辟邪”功能，雷峰塔屡遭盗挖并在1924年轰然坍塌，仅剩遗址。现在的雷峰塔遗址和地宫作为文物保护单位被保存于复建后的新塔之中。再比如埋葬忠骨英魂的岳飞墓，位于西湖栖霞岭南麓，是南宋抗金名将岳飞的长眠之地。这里陈列着岳飞手迹和后人凭吊岳飞的诗词碑刻，还有构陷岳飞的罪魁祸首秦桧及其夫人的跪像。岳飞墓旁有岳王庙，内有众多讴歌和纪念岳飞的匾联，皆出自书法名家之手。此外，西湖文化史迹还包括保俶塔、六和塔、净慈寺、灵隐寺、飞来峰造像、文澜阁、抱朴道院、钱塘门遗址、清行宫遗址、舞鹤赋刻石及林逋墓、西泠印社、龙井等，它们是西湖作为“文化名湖”的支撑要素，也赋予了西湖文化景观深厚的文化底蕴。

“在西湖景观设计营造过程中，设计者们针对景观的审美特色、文化寓意和精神追求在各景点特别配置了独特的植物品种。这些特色植物与自然山水、人工景物一起构成了西湖景观。”[①]特色植物赋予了西湖景观更加明显的四时变化，“尝爱西湖春色早。

① 张炜、马军山、韩林：《杭州西湖文化景观的景观价值要素分析》，《中国城市林业》2011年第6期。

腊雪方销，已见桃开小”“接天莲叶无穷碧，映日荷花别样红”“重湖叠巘清嘉，有三秋桂子，十里荷花”“一杯且为梅花醉，莫待梅花作雪飞”……春桃、夏荷、秋桂、冬梅装点着的西湖美景，经中国历代文人的书写而闻名天下。此外，茶树也是西湖的重要特色植物，西湖龙井茶园及其景观是中国茶禅文化的重要载体。

三、文化内涵与审美特征

西湖申遗专家组组长陈文锦先生指出，西湖本质上是一种文化形态，这是其核心价值和内涵所在。西湖一千多年的形态演变过程，是从自然湖泊到文化名湖的过程，西湖是多元传统文化的复合载体。

首先，西湖是士大夫的精神家园，是儒家文化和精英文化的载体，是中国文人的“诗和远方”。从白居易到苏东坡，从南宋皇族和御用画师到明代杭州地方官员，从清朝执政者到天下文人雅士，他们在遵循自然规律管理维护西湖的同时，也按照儒家审美取向塑造西湖、书写西湖、描绘西湖、题名西湖。所以，西湖在自然里，在亭台楼阁堤塔楹联里，在流传千古的诗词歌赋里，在意境悠远的水墨丹青里，在诗情画意的十景题名里，更在文人士大夫的向往和想象里。其次，西湖文化史迹中包含着丰富的“唐宋佛教禅宗文化、血缘社会传统忠孝文化、传统文人士大夫的隐逸文化、中国江南传统的藏书文化以及唐宋时期茶禅文化”[①]。再次，西湖还是许多著名神话传说和民间传奇的关联地。如“白蛇传”里断桥相识、白娘子永镇雷峰塔，“梁山伯与祝英台”（杭州版本）里万松书院（民间称梁祝书院）同窗共读，“济公传说”中灵隐寺里佯狂济世、神通广大的道济和尚，使西湖具有了浪漫色彩和

---

① 陈文锦：《解读西湖：西湖文化景观的特色和构成》，《中国文化遗产》2011年第2期。

雷峰塔上俯瞰西湖（陈少峰摄）

世俗温度。

在长期的历史演进中，西湖成为以自然山水为依托、以儒家审美为导向的中国山水之美的典范，呈现出诗、画、景的完美融合，形成了东方视觉艺术传统审美的“诗情画意”。如苏东坡所写，“西湖天下景，游者无愚贤。深浅随所得，谁能识其全”，说的就是西湖的美是多层次的，每个人眼中的西湖之美是不一样的。

西湖之美首先是自然美。大美西湖，“美在山水之间也”。“中国式的美一定是一种以自然美为根基与核心的艺术美，一定是自然美升华的艺术之美，并且与中国文化对‘天’即神圣自然的思想和信仰密不可分，血肉相连。”[①]西湖的自然美得以保存流传至今，离不开历次西湖疏浚整治工程，清除淤泥、拆除豪强们在湖面的“违章建筑”、退葑还湖等措施都是为了保护西湖的自然环境。历代杭州地方官员对西湖的维护管理似乎在集体无意识地遵循着同一条规律，那就是在尊重自然规律的前提下尽量维护西湖的原貌，保持“西子”一张纯净的面孔。即使需要为它进行“浓妆淡抹”，不论是造堤建桥还是种花栽树，都是在保护西湖水质、优化西湖功能的前提下对自然环境的改善与美化。西湖周围的建筑，包括寺庙、院落甚至是皇帝行宫，其选址与

① 黄会岚：《〈西湖美学札记〉评介》，《美育学刊》2016年第2期。

设计也顾及着西湖的环境，或藏于湖边，或隐于山上，绝不破坏西湖的自然和谐。西湖千百年来维持的中正平和的自然之美，为创造“诗情画意”的空间保留纯真的画布和背景，体现的正是中国“天人合一”的传统美学观。

西湖之美又在其人文之美。人们徜徉于西湖山水之间，感受其风光旖旎的同时，还会被它浓厚的文化底蕴和人文思想所震撼。每一个景点都有底蕴，每一幢建筑都有历史，每一处景观都有故事，每一处楹联匾额都有典故，甚至每次四时变化、花开叶落都有描写它们的诗歌。

西湖之美尤在其意境之美。这是中国传统山水美学和园林景观的最高境界。“‘西湖十景’就是中国最具经典和影响的系列景观意境，它们的重要性在于提示了西湖山水之美在不同空间和时序中的景观主题和诗画意蕴，全局优雅生动，起到画龙点睛作用。”[①]“苏堤春晓”“曲院风荷”“平湖秋月”“断桥残雪”“花港观鱼”“柳浪闻莺”“三潭印月”“双峰插云”“雷峰夕照”“南屏晚钟”的景观题名，名词、动词、数词和形容词的奇妙组合，描绘出一幅悠远的立体画卷，有四时变化，有晨昏交换，有远景近景，有听觉味觉，有动态静态，有色彩风韵，题名将景观要素提炼出来又留下无限的想象空间。“西湖十景”的文、景、画相互交融，创造出一种可意会而难言传的景观

西湖畔皇家藏书阁（〔德〕恩斯特·伯施曼摄于1906—1909年）

① 李一凡：《论西湖意境文化》，《中共杭州市委党校学报》2009年第6期。

意境。如研究者所言，这是需要在东方思维方式和东方审美习惯下去感悟的美。“西湖十景”题名景观作为中国园林景观的典范，对后来中国其他地区乃至日本、朝鲜、韩国等的景观设计具有深远的影响。

四、保护与开发

申遗工作有力推动了对西湖文化景观的保护与开发，经过10余年的不懈努力，西湖景区水域扩大，水质变优，景点面貌改善。特别是2002年，西湖景区在全国率先“免费开放”，促使游客大增，同时也为西湖景区的管理带来诸多挑战，有关方面还应该在新的挑战面前做出积极的应对。例如，进一步优化和丰富旅游线路，减轻中心景区的压力；进一步提升旅游产品的开发，加快杭州旅游业态转型，改变仅是西湖观光游一枝独秀的局面。西湖是杭州人的西湖，是世界的西湖，也是所有游客的西湖，大家要努力提高主人翁意识，积极参与西湖保护与宣传，做到文明旅游。

参考文献

[1]卢贤松编著，苏英摄影：《新西湖揽胜》，杭州出版社2009年版。

[2]孙跃：《西湖的历史星空》，浙江大学出版社2012年版。

[3]陈同滨、傅晶、刘剑：《世界遗产杭州西湖文化景观突出普遍价值研究》，《风景园林》2012年第2期。

[4]张炜、马军山、韩林：《杭州西湖文化景观的景观价值要素分析》，《中国城市林业》2011年第6期。

[5]黄会岚：《〈西湖美学札记〉评介》，《美育学刊》2016年第2期。

[6]李一凡：《论西湖意境文化》，《中共杭州市委党校学报》2009年第6期。

[7]陈文锦：《解读西湖：西湖文化景观的特色和构成》，《中国文化遗产》2011年第2期。

[8]陈文锦：《发现西湖——论西湖的世界遗产价值》，《城市学研究》2015年第1期。

[9]吴庆洲：《杭州西湖文化景观的兴废及其启示》，《南方建筑》2013年第5期。

（陈少峰）

雕刻山地成梯田　水渠灌溉稻谷熟

——红河哈尼梯田文化景观

云南多山，亦多梯田。哈尼梯田至今已有1300多年历史，规模宏大，遍布于云南南部红河哈尼族彝族自治州元阳、红河、金平、绿春四县，总面积约100万亩，其中元阳县哀牢山是哈尼梯田的核心区。当地的梯田修筑在山坡上，梯田如等高线般从海拔2000米的山巅一路蜿蜒至山脚下，最多处有3700多级，景观十分壮丽。作为云南梯田的代表作，哀牢山哈尼梯田被誉为“中国最美的山岭雕刻”。1993年，法国摄影师阎雷拍摄了反映哈尼梯田的图片专题《山的雕刻者》以及同名记录片，哈尼梯田第一次为外界所知，并被欧洲媒体称为“1993年度新发现的世界七大人文景观之一”。

元阳哈尼梯田（〔法〕阎雷摄于1993年）

红河哈尼梯田遗产区面积为16603公顷，缓冲区面积为29501公顷，包括了最具代表性的集中连片分布的水稻梯田及其所依存的水源林、灌溉系统、民族村寨。在过去的1300多年间，哈尼族人发明了复杂的沟渠系统，将山上的水从草木丛生的山顶送至各级梯田。他们还创造出一个完整的农作体系，包含饲养水牛、鸭、鱼类，并且种植当地主要的谷物——红米。当地居民崇拜日、月、山、河、森林以及其他自然现象（包括火在内），他们居住在分布于山顶森林和梯田之间的82个村寨里，这些村寨以传统的茅草"蘑菇房"为特色。

2013年6月22日，第37届世界遗产委员会在柬埔寨首都金边召开，会议一致审议通过将中国的"红河哈尼梯田文化景观"列入《世界遗产名录》。世界遗产委员会认为，红河哈尼梯田文化景观所体现的森林、水系、梯田和村寨"四素同构"系统，符合世界遗产标准，其完美反映的精密复杂的农业、林业和水分配系统，通过长期以来形成的独特社会经济宗教体系得以加强，彰显了人与环境互动的一种重要模式。

一、红河哈尼梯田的形成过程

梯田稻作农耕种植方式，并非仅为红河水系南岸的哈尼族所独有，但就其规模、历史、人文内涵而言，哈尼族聚居区的梯田具有典型的代表性，故而形成了红河哈尼梯田文化景观。

哈尼族是一个跨境分布的民族，目前主要聚居于中国云南红河地区，缅甸、泰国、老挝、越南等国也都有分布。哈尼族分布区域为北纬21度至26度、东经99度至104度的海拔800—2500米之间的半山区。哈尼族历史悠久，源于古代氐羌部落族群，曾经主要生活在中国西北甘青地区，后经过漫长的迁徙历程定居于云南南部的群山峻岭之中，成为今天的哈尼族。

利用山区自然条件开垦梯田，是哈尼族的特长和延续千年的传统。但哈尼族何时开始耕种梯田，无明确记载。哈尼梯田出现的具体时间上限，学术界也给出了不同的解释。大部分学者援引《尚书·禹贡》的记载，推断哈尼族在距今3000至2000年前的春秋战国时期已掌握了梯田耕作技术。《尚书·禹贡》说："华阳、黑水惟梁州。岷、嶓既艺，沱、潜既道。蔡、蒙旅平，和夷底绩。厥土青黎，厥田惟下上，厥赋下中，三错。""和夷"是史籍记载的古老民族，有关研究者认为"和夷"即哈尼族的先民，并认为以上文字记录的是哈尼族在梯田里进行稻作农耕的生动场面。

又有很多研究者认为，红河哈尼梯田文化景观的历史应该追溯到1300年前的唐代。在汉文史籍中，对云南出现梯田的明确记录始见于唐代的《蛮书·云南管内物产》(成书于863年)，"从曲靖州以南，滇池以西，土俗唯业水田"；"每耕田用三尺犁，格长丈余，两牛相去七八尺，一佃人前牵牛，一佃人持按犁辕，一佃人秉耒。蛮治山田，殊为精好……每一佃区，佃疆畛连延或三十里。浇田皆用源泉，水旱无损"。可见在唐代晚期，当地世居民族已精于耕种山地水田，而且他们已经在有效地利用天然水源，以至于在出现旱灾的情况下仍能确保满足生产生活用水的需要。在宋、明、清三代相关文献中，亦分别能找到云南、梯田、哈尼族梯田等词语的相关记载。南宋范成大的《骖鸾录》记载："岭阪上皆禾田，层层而上至顶，名梯田。"元代农学家王祯《农书》有言："梯田，谓梯山为田也。夫山多地少之处，除磊石及峭壁，例同不毛。"明代徐光启则将梯田列为七种田制之一。同时，在元阳县生活的傣族人中曾经流传着这样一个传说：女人(武则天)做皇帝的时候，哈尼族人将已开垦的河坝梯田和村寨慷慨地赠予了傣族。如口述史无误，则可推算在武周时期(690—705)，哈尼族已经在元阳县境内开垦梯田了。

现在，在遗产申报区内的全福庄还完好地保存有一块向全福庄和箐口两个村庄分配水量的分水石。据全福庄哈尼族家谱记述，这块分水石是哈尼族第四十七代祖先安放的。依此算来，这两个村庄定居在此开垦梯田，已经有大约一千年的历史。所以最晚在公元9—10世纪时，哈尼族已经开始利用

穿着蓝色衣服的哈尼族村民在修整梯田（〔法〕阎雷摄于1993年）

分水石等水利设施向各村庄、梯田分配水量，以满足村寨生活用水需要和对梯田进行人工灌溉。

元末明初，红河、元阳地区开始实行土司制度。该制度适应了当地的社会经济状况，并对梯田的发展产生了积极的影响，促进了梯田的开垦与管理，为红河哈尼梯田文化景观形成今天庞大的规模奠定了基础。

清嘉庆《临安府志·土司志》记载："纳更司，唐、元无闻，明洪武间，有龙嘴者，始以开辟荒山，给冠带，寻授为土巡检，隶临安。"明《土官底簿·更山巡检司巡检》中有这样的记载："龙政，车人寨冠带火头，系和泥人……"明倪辂集《南诏野史》下卷记载，"窝泥，有和泥、斡泥、哈泥、路弼等名"，它们均为"哈尼"的不同称谓。由此可判断，龙嘴属哈尼族，这是哈尼族首领开拓梯田的例证。可见元末至明，红河当地土司和哈尼族首领带领人们积极开荒建造梯田，大大促进了梯田的建设和发展。

经过明朝的拓展，至清代红河哈尼梯田已基本形成当前的规模。清代吴应枚《滇南杂咏三十首》其一："梯田百级计双耕，曲直高低地势成。芒种未过秧出水，山农日日听雷鸣。"清《滇南志略》卷二《临安府》记载："临属山多田少，土人依山麓平旷处开作田园，层层相间，远望如画。至山势峻极，蹑坎而登，有石梯磴，名曰梯田。水源高者通以略彴（卷槽），数里不绝。"

依山势开垦出的阶梯状哈尼梯田（侯贺良摄于2013年6月）

作为人类劳动创造的物质文化实体，梯田几乎成了哈尼族的标志，它凝结着哈尼族悠久的历史，沉淀着哈尼族丰厚的文化，维系着哈尼族多彩的生活。如今在当地，传统的耕作体系仍很活跃。遗产地的功能、实践、传统知识得到延续，传统仪式和风俗等也得以沿用。例如，作为每个村庄最“神圣”的地方，“寨神林”保持着存在了上千年的活力，而且村里常能见到身着土布民族服装、佩戴银饰的哈尼族妇女身背藤条筐穿梭其间。

二、红河哈尼梯田的遗产构成及景观特点

红河哈尼梯田文化景观是以哈尼族为主的各族人民因地制宜，利用“一山分四季，十里不同天”“山有多高，水有多高”的特殊地缘优势共同开创的农耕文明，体现了当地世居民族在人居环境选择、生态环境保护、社会结构建构、水资源支配利用、生产方式管理等方面的独创经验。

哈尼梯田遗产地世居哈尼、彝、汉、傣、苗、瑶、壮7个民族，其中以哈尼族人口最多，约占总人口的70%。遗产区内共有

82个村寨，其中老虎嘴、坝达、多依树三个文化景观区内的梯田分布最集中、养护最完善。

（一）三大梯田片区

遗产区位于元阳县中部山区，包含了红河哈尼梯田中规模最大、最集中的三组水稻梯田片区，即坝达、多依树、老虎嘴片区，总面积为16603公顷。三大主片区是红河哈尼梯田的核心区。哈尼族将沟水分渠引入田中进行灌溉，因山水四季长流，梯田中可长年饱水，保证了稻谷的生长和丰收。开垦的梯田随山势地形变化，坡缓地大则开垦大田，坡陡地小则开垦小田，甚至沟边坎下石隙也开田，因而梯田大者有数亩，小者仅有簸箕大，往往一坡就有成千上万块。如此众多的梯田，在茫茫森林的掩映中，在漫漫云海的覆盖下，构成了神奇壮丽的景观。

泛着水光的元阳哈尼梯田
（侯贺良摄于2013年6月）

坝达梯田片区位于遗产区北部中段，属麻栗寨河流域。该片区梯田景观以秀美见长，农家山寨散布于层层梯田之间，形成一幅幅“梯田水乡”的画卷，让人流连忘返。坝达梯田从海拔800米的麻栗寨起，连绵不断的成千上万层梯田，一直伸延至海拔2000米的高山之巅，把麻栗寨、坝达、上马点、全福庄等哈尼族村寨高高地托入云海中。

老虎嘴梯田片区位于遗产区南部，属阿勐控河和戈它河流域，包括勐品、硐浦、阿勐控、保山寨等梯田。该片区山高谷深，地势陡峭，梯田建设在沿箐谷由东向西排列的陡峭谷地上，梯田景观以险峻、高峭的整体布局和独特的水源灌溉系统为主。老虎嘴梯田是元阳山势最险峻、气势最恢宏壮观的梯田，堪称“大地雕塑”的最高典范。

多依树梯田片区位于遗产区北部东段，属大瓦遮河流域，包括多依树、爱春、大瓦遮等连片梯田。该片区梯田沿大瓦遮河由南向北排列，以坡度平缓、连片面积巨大、整体气势壮美而著称。而且，多依树梯田一年有两百天云海缭绕，云海、梯田、山寨的绮丽风光是摄影者的最爱。

（二）“四素同构”的空间结构及景观特点

红河哈尼梯田文化景观的魅力在于，人类在确保“天人合一”的状态下对自然的利用达到了极致，森林、村寨、梯田、水系“四素同构”的景观格局真实、生动地展现了这种极致状态及其演进规律。元阳县境内遍布崇山峻岭，所有的梯田都修筑在山

炊烟袅袅的村落镶嵌在元阳哈尼梯田中间（侯贺良摄于2013年6月）

坡上，梯田坡度在15度至75度之间。以一座山坡而论，梯田最高达3700级，这在中外梯田景观中是非常罕见的。

“四素同构”为哈尼梯田的空间结构，即森林在上、村寨在中、梯田在下、水系贯穿其中，呈现出林—寨—田—水的立体格局特征。位于山顶的森林保存涵养灌溉所需的水，水在石缝间流淌，条条沟渠形成了一个复杂的系统，能让水在村寨内和不同村寨之间流动。在梯田之上、山顶森林之下海拔800米至2500米的山区，是哈尼族的村寨，每个村寨有50 —100户，村民住房全是哈尼族特有的建筑“蘑菇房”。每年从4月底到9月底，哈尼族百姓都会种植他们最主要的粮食作物红米。水田由水牛来耕，田里还养着鱼和鸭子，不仅可以增加肥力，还是人和动物的美餐。灌溉用水来自溪水、泉水和雨水，由森林储存，通过一个由沟渠和竹管构成的重力灌溉系统分流到田地里。自流井则为村民和牲畜提供饮用水。

这一空间格局形成了科学的物质循环和能量流动：最高处的

水光潋滟的元阳哈尼梯田
（侯贺良摄于2013年6月）

林地为村庄和梯田提供水源，梯田又为处于较低海拔的森林提供水源，然后再补给位于更低海拔的梯田，形成了林养田、田育林的生态系统之物质和能量大循环。

1. 森林

森林主要分布在东、西观音山的连接地，也是三大梯田片区的接壤地带，面积多达6496.84公顷，占整个遗产区面积的39.13%。海拔2000米以上的山区几乎全部为森林所覆盖，森林树种主要是亚热带常绿阔叶林。按照当地的传统，山林被分为水源林、寨神林、村寨林和用材林、薪炭林等，每类林地都以其独特的功能与生产生活紧密联系。寨神林至今还有着特殊的意义，当地哈尼族老百姓相信，森林里住着保佑他们和平兴旺的“天神”奥玛和“地神”阿奥，村民们会在此祈祷和平、健康和财富。

2. 村寨

气候温和的半山腰是理想的居住地。哈尼族人在半山腰的向阳坡上建造房屋，形成村落；在村寨周围开辟菜园，修筑道路与各村连接。寨子中的“蘑菇房”是哈尼族传统民居的典型形制。这种民居外形近似正方体，土砌或石砌墙体，平顶上竖立屋顶木架，其上铺盖四斜面或者双斜面茅草顶，因远望外形犹如朵朵蘑菇而得名。“蘑菇房”一般有三层：最下面一层是牲口圈，中间一层供人居住，最顶层用于储藏粮食。它们排列紧凑，高低错落，在山顶树林和周围梯田的环绕中显得生动而和谐。

3. 水系

由于受到南面海洋性季风和海拔高度悬殊的影响，高山区云雾缭绕，降雨丰沛。另外，从炎热河谷的江河湖泊中蒸发升腾的水蒸气再次化为雾雨，在林中汇成水潭和溪流，孕育低山河谷的河流或湖泊。

4. 梯田

从村寨边至山脚河谷的整个下半山是层层梯田。哈尼族农民依着山势，利用每一寸土地、每一个角落开辟梯田。梯田每层大小不一，小者如澡盆或簸箕，大者有数亩之广，层层叠叠，直挂山腰。在梯田间修有道路，行走方便，易于耕作。红河哈尼梯田有四绝：一是面积大，形状各异的梯田连绵成片，每片面积多达上千亩；二是地势陡，从15度的缓坡到75度的峭壁上，都能看见梯田；三是级数多，最多的能在一面坡上开出3700多级梯田；四是海拔高，梯田由河谷一直延伸到海拔2000多米的山巅，达到水稻生长的最高极限。

三、红河哈尼梯田的价值

在2013年6月22日被联合国教科文组织列入《世界遗产名录》之前，红河哈尼梯田文化景观的生态文化价值就已经不断被认识和发掘，先后拥有“国家湿地公园”（2007年）、“全球重要农业文化遗产”（2010年）、“中国重要农业文化遗产”（2013年）和“全国重点文物保护单位”（2013年）等称谓。

红河哈尼梯田文化景观所体现的森林、水系、梯田和村寨“四素同构”系统，符合世界遗产的价值标准：

第三条标准：红河哈尼梯田完美地反映出一个精密复杂的农业、林业和水分配体系，该体系通过长期以来形成的独特社会经济宗教体系而得以加强。红米（稻）是梯田的主要作物，其耕作（种植）是通过一个复杂的耕作和饲养一体化体系。在该体系中，鸭为幼苗提供肥料，鸡和猪为更成熟的稻苗提供肥料，水牛在水田里劳作为下一年的耕作做准备，生活在梯田里的螺蛳以各种害虫为食。稻米的耕作过程靠一个复杂的社会经济宗教体系得以维系，通过对自己和社区的田地尽责，该体系强化了人类同环境的关系，重申了自然的神圣性。这种被称为“人神合一的社会制度”以梯田的形式得以表现，是至今生命力依然旺盛的文化传统。

第五条标准：哈尼梯田彰显出人类与环境互动的一种重要方式，通过一体化耕作和水管理体系之间的调和得以实现，其基石是重视人与神灵以及个人与社区相互关系的社会经济宗教体系。从大量档案资料可以看出，该体系已经存在了至少一千年。

红河哈尼梯田文化景观的完整性和真实性得到保障。在完整性上，遗产地面积广阔，在其分布区域内，可以欣赏整个梯田体系，其所有的遗产特点和森林、水系、村寨和梯田都得到充分的展示，主要的物理属性都没有受到破坏，传统的耕作体系至今还很活跃，也得到了很好的保护，而且这些梯田能够很好地应对气候变化和干旱。在真实性上，遗产真实地保存了景观元素和景观格局的传统形式，延续了景观功能、用途和传统知识，沿袭了传统仪式、信仰和习俗。

红河哈尼梯田文化景观因其独特的地理、气候、植被、水源条件和生产、生活体系，以及哈尼族的族源、文脉、历史、信仰、习俗、社会合作机制等因素，而具备中国南方、南亚和东南亚等地的山地水稻梯田景观所不可取代的特征和意义。独特而壮美的哈尼梯田与自然和谐地融为一体，被当代人誉为“伟大的大地雕刻”。

参考文献

[1]王清华:《哈尼族梯田农业的水资源利用与管理》，杨圣敏主编:《民族学人类学的中国经验》，黑龙江人民出版社2005年版。

[2]马翀炜、罗丹:《哈尼梯田历史溯源及景观价值探析》，《西南边疆民族研究》2019年第1期。

（张　卡）

临江岩壁现“鬼影” 祭祖敬神大场景

——左江花山岩画文化景观

在中国的西南边陲，广西壮族自治区崇左市境内广泛分布着典型的西南喀斯特地貌，左江及其支流明江蜿蜒流淌，曲折盘旋于喀斯特地貌的群峰中。绵延100多公里的左江流域的悬崖峭壁上，分布着众多古老而神秘的岩画，组成世界上最大的单色岩画群，被统称为“左江花山岩画”。它是广西左江流域早期人类生存活动的连续性篇章，描绘了壮族先民的生产活动、审美意识、哲学思想、宗教信仰、经济发展、民族迁移、民族战争等众多内容，是多层次造型结构的文化积累和远古时期造型艺术的典范，也是全人类的重要文化艺术遗产。

位于崇左市龙州县棉江村的岩画（《左江花山岩画文化景观》）

2016年7月，在土耳其伊斯坦布尔举办的第40届世界遗产委员会会议上，中国世界文化遗产提名项目“左江花山岩画文化景观”符合世界遗产第三条、第六条标准，顺利进入《世界遗产

名录》。左江花山岩画是中国南方乃至亚洲东南部区域规模最大、图像数量最多、分布最密集的岩画群，是世界岩画艺术的代表作之一，被称为“无字天书”“断崖上的敦煌”。

一、左江花山岩画的发现及其绘制年代

（一）左江花山岩画的发现

目前，对左江花山岩画最早的记载可追溯到宋代。宋人李石的《续博物志》卷八有“二广深溪石壁上有鬼影，如澹墨画。船人行，以为其祖考，祭之不敢慢”的记载。据学者考证，该书中写的“二广深溪”，应该是指今广西左江流域，而“鬼影”和“墨画”，就是指左江花山岩画。

腰间配戴环首刀的舞者（《左江花山岩画文化景观》）

明人张穆《异闻录》：“广西太平府有高崖数里，现兵马持刀杖，或有无首者。舟人戒无指，有言之者，则患病。”清康熙《思明府志》卷二：“花山，在府西八十里，其山近水，怪石嵯峨，现人形、马、象，执戈刀旗鼓之类，遇者观之，有所敬畏。”光绪《宁明州志》卷上：“花山距城五十里，峭壁中有生成赤色人形，皆裸体，或大或小，或执干戈，或骑马。未乱（乱指太平天国起义）之先，色明亮；乱过之后，色稍黯淡。又按，沿江一带两岸石壁如此类者多有。”

从以上史籍方志记载可知，当时的记录者并不知所记载的岩画的由来，更

不知其含义和作用，所以把岩画神秘化了。

1951年1月，广西省立博物馆派人调查花山岩画。1956年8月，广西少数民族社会历史调查组成立后，前往宁明县对明江两岸岩画进行考察，在明江下游沿岸共发现7处岩画，并对部分岩画进行了临摹。这是新中国成立后对左江花山岩画组织开展的第一次正式考察。从此以后，左江花山岩画开始引起历史、考古、民族、美术学界的关注。

（二）左江花山岩画的绘制年代

历年来，研究人员针对左江花山岩画的绘制年代开展了大量、深入的调查研究工作，取得了丰富的研究成果。基于这些成果，目前学界的共识是：左江花山岩画的绘制年代为战国至东汉年间（约公元前5世纪至公元2世纪）。研究人员主要使用的断代方法是岩画与器物对比法、科技测年法两种。

二、左江花山岩画的主人

据历史文献记载，商周至东汉时期（公元前1600年—公元220年），在中国广西左江、邕江至郁江两岸，以及海南等地，生活着骆越族的先民。因此，左江花山岩画的绘制者是当地的骆越人。考古材料证明，生活在广西地区的骆越人创造的独具特色的文化，与当地旧石器时期和新石器时期的文化是相衔接的。骆越人及其先民创造了发达的文化，为岩画的产生奠定了良好的基础。虽然“骆越”的称呼在东汉以后逐渐消失，但其后裔一直在这片土地上繁衍生息。

三、左江花山岩画的内容及艺术特点

“花山”在壮语中称“岜莱”，意思是“有画的山”。在崇左市，凡被称为花山者，其崖壁上均绘有岩画。

左江花山岩画文化景观位于广西壮族自治区崇左市宁明县、龙州县、扶绥县及江州区境内，由岩画密集分布且最具代表性的3处文化景观区域组成，包含38处岩画点（共109幅岩画4050个图像）、岩画所在的山体和对面的台地，以及约105公里的左江、明江河段，面积总计6621.6公顷。

左江花山岩画广泛分布在左江及其支流明江两岸的崖壁上。岩画点大都位于江河拐弯处面向来水的高大峭壁上，画面大多距水面15—100米，最高达130米，对面往往有开阔的台地。独特的选址，使岩画与山崖、河流、台地共同构成一个相对封闭的景观场域，令人心生敬畏。作画的岩面，大多选择宽大、平整、基本垂直于地面或上部外凸下部内凹的灰黄色崖壁，这种崖壁具有一定的孔隙度，对颜料有很好的吸附和承载作用。岩画画面大多朝南，在阳光的照射下视觉效果强烈。

其中，以宁明县花山岩画单位面积最大、画面最集中、内容也最丰富。宁明县花山岩画整个崖壁面向江边倾斜，岩画最高处距江面90余米，最低处也有10米，总面积8000多平方米，是世界上单幅面积最大的涂绘类岩画。

动物图像（《左江花山岩画文化景观》）

（一）左江花山岩画的绘画内容

左江花山岩画可追溯至公元前5世纪

至公元2世纪，共包括38处岩画点及与岩画密切相关的喀斯特地貌、河岸和台地景观，生动地展示出在中国南方曾盛极一时的铜鼓文化及其仪式特征。蜿蜒的左江及其支流明江将喀斯特地貌削切出无数陡峭的岩壁，古骆越人便在这些沿江的岩壁上绘制花山岩画，展示了骆越人的生活场景及仪式特征。

人物群像（《左江花山岩画文化景观》）

左江花山岩画露天、临江、峭壁的独特选址，对作画技术有着极高的要求。根据对与岩画相关的遗迹和岩画周边地形地势的分析，骆越人至少采用了三种方式靠近崖壁进行岩画绘制，即自下而上攀缘法、直接搭架法、自上而下悬吊法。岩画的绘制技法主要有写意法、勾边填涂法、重复涂绘法及以点定位法四种。绘画颜料使用的是在岩画区域内较为常见的赤铁矿，其主要成分是氧化铁，也称红土、铁红。颜料中使用的黏合剂，经检测含有植物性胶结材料（植物树液）。岩画的图像大多采取平面塑造即投影单色平涂的创作方法，用特制的软笔在岩壁上涂抹图像轮廓，形成剪影般的艺术效果，造就了花山岩画粗犷的外貌及活跃的动感，具有极其强烈的艺术感染力。

左江花山岩画画面内容丰富，主要由人物、动物和器物组成，其中人物是岩画的主体图像，占全部图像的85%以上，所表达的主题具有原始宗教的意义，是群体性祭祀场景的真实记录。画面多为众多的侧身人像围绕着一个形象高大、装束特殊

铜鼓图像(《左江花山岩画文化景观》)

的正身人像，正身人像的形态与侧身人像有明显区别，脚旁往往都有犬类。众多的侧身人像和形体较小的正身人像应为祭祀的主体；居于画面中心、形体高大显赫、装束特殊的正身人像，很多学者认为是祭祀的指挥或灵魂人物，也有可能其本身就是被祭祀的对象。高度格式化的人物动作形态和画面格局表明，画面所表现的不是即兴舞蹈，而是一种被某种观念强烈制约的形式固定化了的集体舞蹈，是当时人们举行原始宗教祭祀时集体歌舞的场面。同时，画面使用鲜明而强烈的赭红色颜料绘制而成，不仅有助于突出岩画祭祀文化的主题性，同时在视觉传达上更具冲击力和震撼力。其高度统一的“蹲式人形”图像表达方式、险峻的作画位置、神秘的原始宗教色彩、粗犷鲜艳的作画颜料等，都充分展现了古骆越人的聪明才智，反映了他们的社会生活和精神面貌。

岩画中的动物图像主要是狗，它们皆侧向，作小跑状，应是古骆越民族犬祭习俗的形象化，其中的犬是作为祭祀的牺牲而存在的。器物的典型图像主要有环首刀、扁颈短剑、铜鼓、铜羊角钮钟、船、圆圈图像。刀、剑一般佩戴在正身人腰部。铜鼓数量多，只画出鼓面，有的鼓面中心有芒，个别鼓面侧边有耳。这些图像在画面上交错并存，组合成一个个单元，排满整幅画面。其典型的组合是：以一个高大魁伟、身佩刀剑的正身人为中心，其脚下有一条狗，胯下或身旁置一面或数面铜鼓，四周或左右两侧有众多形体矮小的侧身人。这些画面可能是一场祭祀仪式的记录，是巫术文化的遗迹。由于长期暴露于野外，许多岩画画像的颜色逐渐减退，模糊不清，有的画壁已崩落，现正在研究抢救保护措施。

（二）左江花山岩画的分期与特点

综合考虑岩画画面艺术表现风格、画面内容和画面布局等方面的演变，左江花山岩画可大致分为四期。四期岩画图像的色彩浓淡不一，有的画面还有相互叠压的现象。

第一期：图像在宁明、龙州、江州、扶绥共18处岩画点均有发现，集中在左江下游区段；图像位置多在崖壁下部，画幅较小，写实手法突出。

第二期：图像分布与第一期大致相同，在27处岩画点均有发现，由第一期多见于下游发展到上、中、下游都可见到；图像位置明显比第一期要高，多在崖壁中部，画像构图趋于复杂。

第三期：图像分布与前两期大致相同，主要在24处岩画点发现；画像位置明显较高，中部少见，下部不见，画幅渐小，构图也趋于简单。

第四期：图像共分布在8处岩画点，多在中游地段，上游、下游少见；图像画面构图更为简单，图案化特征明显。

左江花山岩画经历了以上四个发展时期，基本反映了花山岩画的发展演变过程。由各期的情况来看，第一期应是开创期，图像有较浓厚的写实意味，图像种类不够繁多。第二期是鼎盛期，岩画分布地点最多，图像的种类及数量也最多，但图像的写实意味减弱，开始具有某些图案化的特征。第三期处于持续阶段，与第二期的特点大致相同，但岩画的分布地点、图像的种类及数量有所减少，而且此期图像更具图案化。第四期应是衰落期，岩画的分布地点、图像的种类及数量已大为缩减，图像已呈现出高度的简化和图案化，完全丧失了第一期图像的写实意味，而且前三期图像所表现的浓烈庄重的气氛也大为减退。这四期的发展轨迹是相互衔接和一脉相承的，各期之间有着密切的联系。左江花山岩画整体呈现出重点作画区域从下游逐渐向中上游发展的趋势，这可能与中上游和下游在地理环境方面存在的略微差异有关：与中上游相比，下游台地较多、面积较大，险峻程度稍小，因此，下游的生存环境相对较好，但中上游的“画布”更大、更多。

公元2世纪后，随着当地社会生产力的发展以及社会政治、经济、文化形态的变化，左江花山岩画的作画传统逐渐消失，最终成为历史的绝响。

四、左江花山岩画的价值

花山岩画是左江流域岩画群的代表，也是目前为止中国发现的单体最大、内容最丰富、保存最完好的一处岩画，至今已有2000多年的历史。其融整体（左江岩画）的规模宏大、单体（自身）的气势雄伟、个体人物（岩画中）的体形硕大之三个特征于一体的雄阔气势，是国内其他岩画难以比肩的。

2016年7月，在第40届世界遗产委员会会议上，中国世界文化遗产提名项目“左江花山岩画文化景观”因符合世界遗产第三条、第六条标准，被顺利列入《世界遗产名录》。其中，第三条标准：左江花山岩画文化景观将独特的岩画和自然景观融于一体，生动地表现出公元前5世纪至公元2世纪期间，骆越先民在左江沿岸一带的精神生活和社会生活。这是目前该传统的唯一见证；第六条标准：左江花山岩画中的铜鼓及相关元素，与当地曾经广泛分布的铜鼓文化直接相关。现在铜鼓在中国南方仍被公认为是权力的象征。

左江花山岩画遗产的构成一般为完整的地理空间单元，且每一处遗产点都被山峦河流所环绕，历经2000多年的珍贵的岩画艺术、河岸森林及台

自然与人的共同作品（中国世界遗产网）

地被完好地保存。岩画艺术作品一般位于峭壁的顶端，受到当地居民的敬仰。现在，当地居民仍敬畏这些绘有岩画的山峦，一些祭祀活动仍在继续开展。

总之，左江花山岩画因其岩画画面阔大、图像数量密集、建构场面宏大、表现形式独特、色彩运用鲜艳，形成了强烈的视觉效应和精神震撼力，具有独特的美学价值。左江花山岩画文化景观是岩溶地貌中以岩画为核心，利用特定的自然环境而形成的“自然与人的共同作品”，其中的岩画无疑是人类岩石艺术文化景观中的范例，是世界岩画艺术的代表作之一。

参考文献

[1]广西壮族自治区文化厅、崇左市人民政府编:《左江花山岩画文化景观》，广西科学技术出版社2017年版。

[2]赵云:《左江花山岩画文化景观突出普遍价值解读——杰出的岩画艺术与独特的文化景观》,《中国文化遗产》2016年第4期。

[3]佚名:《左江花山岩画》,《世界遗产》2014年第Z1期。

[4]梁穆穆、陈锋:《左江花山岩画的产生、发展与消亡——从丹纳的“三要素”说起》,《美术学报》2018年第2期。

[5]邱玉红:《左江花山岩画与壮族文化研究综述》,《百色学院学报》2015年第1期。

（张　卡）

敬　告

为使读者对中国的世界文化及文化景观遗产有更加直观具象的认识，本书转用了国内外某些单位、个人官网和书刊上已公开发表的照片或绘图。出版者充分尊重图片作者的著作权，本书出版前曾设法取得有关作者或权利人的同意授权，但由于种种原因没能做到，在此谨向有关作者深表歉意。看到本书后，敬请作者或权利人及时提供有关身份和著作权等证明材料，以便出版者根据国家有关规定支付相应稿酬。

联系电话：0531-82098512（办）

电子信箱：qilupress@126.com